「社会的なもの」の人類学

フィリピンのグローバル化と開発にみる
つながりの諸相

関 恒樹
SEKI Koki

An Anthropology of the "Social"
Globalization, Development,
and Connectedness in the Philippines

明石書店

「社会的なもの」の人類学

フィリピンのグローバル化と開発にみる
つながりの諸相

目　次

序　章

　「社会的なもの」をめぐる新たな構想が、今日ほど求められている時代もない。原発事故による広範囲にわたる放射能汚染と被曝被害、国境を跨いで神出鬼没に発生するテロ攻撃、不安定就労による貧困の拡大、孤独の中で人知れず命を落とす老人たち。科学技術、国家、完全雇用、家族などわれわれが確実で安全と思い、生活の安定のために依拠してきた近代の諸制度の綻びが明らかになり、同時にそれら諸制度によっては保障しきれないリスクと不確実性によって、われわれの日常は広範かつ根深く浸透されているといえよう。「社会的なもの」とは、そのようなリスクと不確実性を低減するために、人びとの広範な連帯を生み出し、それによって一人ひとりの生を保障するための制度と思想であるといえる。しかし今日、「社会的なもの」の「後退」、「縮減」、「喪失」、「崩壊」が広く語られる一方、それに代わる新たな制度と思想の輪郭は、未だ明確になっていない。どのような形で「社会的なもの」をバージョンアップしてゆけばよいのか、議論は暗中模索の途上である。

　このような状況を背景とし、本書は「社会的なもの」の今日的動態と再編のあり様を明確化し、来るべき「社会的なもの」の輪郭を素描するための一つの試みである。文化人類学、あるいは地域研究のアプローチにもとづく本書では、このような試みをマクロな社会構造や制度、あるいは抽象的な思想や理論から考えるよりも、むしろ具体的な地域の固有性と、そこでのミクロな日常性から議論を起こしてゆく。そのための固有の場として本書が対象とするのが、フィリピンである。特に、今日のフィリピンにおける社会開発や社会政策が展開されるコミュニティ、そしてグローバル化が具体的に現出する場のエスノグラフィーを提示する。フィリピンは、しばしば「弱い国家」と公的制度の脆弱性、その裏返しとしてのインフォーマルかつパーソナルな制度の優位性によって性

格付けられると論じられてきた。しかし、そのことから「社会的なもの」の不在を結論づけるのは短絡的に過ぎよう。むしろ、今日のフィリピンにおけるグローバル化や開発の試みに伴う困難と矛盾の中から、いかなる「社会的なもの」のかたちが、萌芽的なものであれ明らかになるのか、そしてそれはいかなる普遍的な意義を持ち得るのかという点を論じたい。

とはいえ、「社会的なもの」の具現化としての福祉国家のゆくえに関する政策的、実践的な提言を行うことは本書の目的ではなく、それは筆者の能力を超えることでもある。むしろ本書は、今日のフィリピンが経験しつつある、開発とグローバル化のエスノグラフィーを検討することにより、近代西欧の経験にもとづく「社会的なもの」のモデルを、相対化することを試みる。つまり、一見普遍的な概念に思える「社会的なもの」が、いかにローカルな固有性に常に拘束され、文脈依存的な知（situated knowledge）として現出するかを明らかにする。それを通して、近代西欧という特定の歴史と空間に根ざした経験を特権化することを避けつつ、この概念の複数性・多義性と、そこに内包される可能性を考えてみたい。

第1節　「社会的なもの」とは？

「社会的なもの」は、一方でフォーマルな制度として、他方でインフォーマルな人と人の多様なつながりとして考えることができる。まず、それは19世紀後半から20世紀前半の西欧という特定の歴史的・地理的状況の中で生み出された制度と思想であるといえよう。特に、産業革命以降の急速な工業化の過程で生まれたリスクの共同管理のための連帯を要請する思想として捉えられる。つまり、工場労働において生じる事故、傷害、疾病、大衆的な貧困や失業など、それまで個人のリスクを保護する役目を担ってきた家族、共同体あるいは宗教・慈善団体などによっては負いきれなくなったリスクを、保険や扶助によって社会化するための仕組みであるといえよう[*1]。そのような思想は、家族、コミュニティ、市場、市民社会、そして自治体や国家などの諸制度・アクターから成る編成体として制度化される。そして1930年代から1960年代の欧米において、それは福祉国家として具体化し、1970年代までに成熟し安定したレ

ジームを構築した*2。換言すれば、それは国民という集合的アイデンティティ
と連帯を共有する人びとによって、リスクを集合的に管理・保障することを可
能にする制度であった。

　他方で、インフォーマルなつながりとしての「社会的なもの」は、「生存を
確保する最低限の資源をどのような回路で得ることができるのか」（カステル
2015：174）、あるいは「社会生存のリスクにたいする最低限の保証は誰によっ
てもたらされるのか」（カステル 2015：175）という根本的な問いに対する回答
であり、そこでは必ずしも西欧近代に生まれた「福祉国家」や「社会国家」は
前提とされていない。むしろロベール・カステルが論じるような、「国家なき
政策」（カステル 2015：184）、すなわち19世紀西欧における名望家による慈善
事業や社会的キリスト教、さらには雇用者による温情策などを含むものであっ
た。そこでの「社会的なもの」は、「支配者の被支配者にたいする監督や、時
には温厚、時にはより強権的となる後見を行使することによって、支配者と被
支配者のあいだで作用する関係であり、国家はその外部にとどまるべきだとさ
れていた」（カステル 2015：184）。

　フィリピンを対象とする本書では、「社会的なもの」を、福祉国家を可能と
するフォーマルな制度と思想としてのみ捉えることはしない。むしろ本書では、
生存のための最低限の資源を確保するための回路としてのインフォーマルなつ
ながりに注目しつつ、それがフォーマルな制度に開かれ、接合し、相互浸透す
る過程で立ち現れる「社会的なもの」に焦点をあててゆく。また、インフォー
マルなつながりへの注目は、本書の対象としてフィリピンを扱うことのみを理
由とするものではない。確かに、フォーマルな制度としての「社会的なもの」

＊1　森明子は、今日のヨーロッパにおける「ソシアルなもの」を論じる文化人類学的研究の中で、こ
　　のような19世紀後半から20世紀前半の西欧に現れたリスクを、今日のより不確実性を増す世界
　　のリスクと区別しつつ、「伝統的リスク」あるいは「産業‒福祉国家のリスク」と規定している
　　（森 2014）。また、今日の福祉国家の思想的基盤となった19世紀フランスの社会連帯主義に関す
　　る近年の研究としてロザンヴァロン（2006）、田中（2006）、重田（2010）を参照。
＊2　ここでの記述はヨスタ・エスピン゠アンデルセンの議論に依拠している。それによれば、福祉国
　　家とは19世紀末西欧における社会改良主義にそのルーツを持ちつつも、1930年代から1960年代
　　にかけて具体的な姿を現した、ある特殊な歴史的産物であるとされる（エスピン゠アンデルセン
　　2000：62）。

は、国家による再分配を通じて、人びとへの包括的な保護を可能にした。しか
しそれは、官僚主義的・行政的な人びとの生の類型化、規格化、そして管理と
引き換えに提供されるものであった。逆説的にも、そのような保護のもとで、
人々は積極的につながりや連帯を求める主体となるよりも、むしろ管理される
客体、あるいは従属的主体（第3節参照）となっていく[3]。管理と抑圧の装置
としての側面を持つ、フォーマルな制度としての「社会的なもの」が、インフ
ォーマルなつながりに浸透される過程で、いかに包摂的な共同性へと開かれて
いくのか、その潜在性と可能性に本書は注目していきたい。

第2節　「社会的なもの」の変容——問題の所在と意義

　今日、人文社会諸科学のさまざまな議論において、「社会的なもの」の変容
が指摘されている。特に、1970年代後半以降の欧米におけるグローバリゼー
ションとネオリベラリズムの急激かつ広範な浸透は、福祉国家の縮減と、「社
会的なもの」の衰退をもたらした[4]。しかし、そこで生じたのは単なる福祉国
家の不可逆的衰退や空洞化ではなく、新たなリスクに対応するための国家によ
る介入様式の再編であった（カステル 2015：223）。端的には、それは国家によ
る直接的介入から、非国家的アクターの活性化と動員による介入へという再編
であった。以下、その点をより詳しく検討してみよう。
　このような「ポスト福祉国家」と呼ぶことのできる状況は、新たなリスクの
出現によって特徴づけられる。それは、国民国家、完全雇用、男性の稼ぎ手と
女性の主婦で構成される核家族、階級（とそれにもとづくアイデンティティ）、

---

*3　同様な視点から、ブラジルの都市貧困層の間の連帯の可能性について論じた奥田若菜は、「市場
　経済における雇用から排除された人が、国家による再分配を通じた保護によって社会の周縁に置
　かれる」（奥田 2017：314）とし、そのような保護によっては社会的なつながりは生まれず、む
　しろ個人は一層孤立し、人々は切り離され、コミュニティは弱体化すると論じている。さらにア
　ンドレ・ゴルツは、「福祉国家が社会を生み出すものであったことは一度もなかった」と指摘し、
　そこにおいて「市民は行動する主体だったのではなく、社会手当の受給者として、社会保険の加
　入者として、納税者として行政的に管理される者、客体だったのである」（ゴルツ 1997：310）
　と論じる。
*4　ニコラス・ローズはこのような状況を指して、疑問符付きながら「社会的なものの死」を論じて
　いる（Rose 1996a）。

そして科学技術など、近代社会が内包するリスクを管理・保障するための諸制度が有すると信じられてきた確実性と安全性が除々に崩壊し、それら自身が新たなリスクを生み出してしまうという状況である。新たに生まれたリスクは、もはやかつてのように国民、あるいは特定の階層・階級など、集団に固有のものではなくなり、個人化するライフスタイル、ライフコース、アイデンティティ、嗜好などによって細分化され、個別化されたものとなる。もはや、リスクは国家や集団によっては十分に保障することができなくなったといえる。そのような細分化、個別化されたリスクが蔓延する中で、人びとの生存の保護は、国家による包括的規制や普遍的保障によってではなく、むしろ能動的市民と活性化されたコミュニティの創出と動員によってもたらされるものとされる。国家は、もはや指導や統制による直接的介入によらず、むしろ自由で、なおかつ自らを積極的に管理し、監査する主体を生み出すことによって統治するのである（Shore and Wright 2000）。

　このような非国家的アクターの活性化と動員を意図する介入とは、ローズらが論じるように、いわば「遠方からの統治（governing at a distance）」（Miller & Rose 1990）、あるいは「自由な主体を用いた統治（governing through free subjects）」（Rose, O'Malley, and Valverde 2006：90-91）として捉えられよう。また、それは社会を「自律化（autonomization）」（Burchell 1996：27）しつつ、「動員」（Donzelot 1991）することで可能となる。そこでは、国家は保護を与えるよりも、人びとを「励まし促す国家（エタ・アニマトゥール）」（ドンズロ、カステル2015：223より引用）となり、「受動的福祉国家」よりも「能動的国家」（ロザンヴァロン2006）となる。そして、近代福祉国家を支える思想であった連帯の再生産は、国家によって担われるよりも、むしろ「能動的で義務に忠実とされる市民一人ひとりに外注（outsource）される」ことになる（Muehleback 2012：11-12）。

　このような「社会的なもの」が今日経験する変容と再編を、近代西欧の経験を相対化しつつ、地域に固有の文脈に即して描き出すことは、われわれのおかれた時代を解読しつつ、必要とされる制度と思想を構想するための基礎的作業となろう。このことが、本書における問題の所在とその意義である。

第3節　「社会的なもの」と統治性——分析の視点

　ここでは、「社会的なもの」の再編という問題系を、文化人類学的考察の対象として分析する際の視点について述べてみたい。まず、本書では、「社会的なもの」を両義的な権力の作用する領域として捉える。すなわち、「社会的なもの」は、われわれの生を可能にし、保護し、さらにはさまざまな束縛から解放すると同時に、他方でそれはわれわれの生を規範化し、規律化し、管理する領域でもある。政治思想史の田中拓道が指摘するように、近代における「社会的なもの」の拡大は、「個人を伝統的集団への依存から実質的に解放する一方、新たな社会関係のうちに個人を埋め込むことで、個人を秩序維持に適合する存在へと規律化する」（田中 2006：256）*5。すなわち、「個人はこうした社会に帰属することで生への権利を保障される（社会権の保障）一方、教育、衛生、食事、家族・交友関係のあり方などを集合的に管理され、『リスク』の最小化を担う存在として把握される」のである（田中 2006：180）。このように、「社会的なもの」とは、「解放」と「規律」の両義性を合わせ持つ領域なのである（田中 2006）。すなわち、「社会的なもの」を考えることは、解放と規律化、主体化と従属化を同時にもたらす権力作用と、そこに絡めとられる生のあり様を明らかにすることであるといえる。それが、「社会的なもの」を文化人類学的に考察する本書の焦点であり、基本的な分析の枠組みである。以下、本書の分析枠組みをさらに精緻化しつつ述べてみたい。

　ミッチェル・ディーンによれば、今日の「社会的なもの」の再編は、それに伴う新たな権力と主体を顕在化させる（Dean 2010）。新しい権力作用の下に立ち上がる主体（subject）は、必要、欲望、権利、そして選択において自由な主体として措定される一方、その自由の条件としての従属（subjection）を抱え込む両義的な存在である。つまり自由を行使する責任を担いうるものとなるべく成型され、教導され、鋳造されてはじめて自由な主体は可能となる。そこでは、

＊5　一方、文化人類学の真島一郎も、「社会的なるもの」は、「抑止的規律」と「対抗的自由」、「従属化」と「主体化」、「他律的官僚制化」と「自律的連帯」などの二価性を内包するとしている（真島 2006）。

個人のみでなく、家族、近隣集団、コミュニティなどの非国家的アクターのエイジェンシー（行為可能性）がエンパワーされ、活性化され、称揚される。しかし他方では、それら活性化されたエイジェンシーの行為は、さまざまな評価と監査の物差し、すなわち「規範」、「基準」、「ベンチマーク」、「パフォーマンス指標」、「品質管理」、そして「ベスト・プラクティス標準」などによって監視され、測定され、計算可能なものとして把捉されるのである（Dean 2010：193）*6。

　このような、今日われわれが経験する権力と主体の相互交渉の性格を明らかにする上で重要な概念が、ミシェル・フーコーによって先鞭をつけられた統治性（governmentality）の概念である（フーコー 2006, 2007）。フーコーによれば、統治性とは、18世紀末から19世紀の西欧に現れたリベラリズムの政治経済学に端を発する統治のあり方といえる。それは、人間の生やその環境に対する統制的介入という形を取らず、むしろ「操作し、惹き起こし、助成し、なすがままに放置する」（フーコー 2007：436）ことを目標とする。フーコーは続けて次のように述べる。「つまり必要となるのはもはや統制することではなく管理することなのです。この管理の本質的目標は、物事を妨害するということであるというより、必要かつ自然な調整が働くようにとりはからうこと、さらには自然的な調整を可能にする調整を行うということになります。必要となるのはつまり、自然的な現象を枠付け、それによって自然的な現象が逸脱しないようにし、あるいは不器用・恣意的・盲目的な介入が自然的な現象を逸脱させないようにするということです」（フーコー 2007：436）。ここで述べられている「自然的な現象」とは何か。それは18世紀末以降の西欧における都市化と産業主義化の中で、有機体としての自律した機能を持つ領域として「発見」された経済、人口、そして社会であった。つまり、近代の統治性は、自然現象と同様の固有のメカニズムを持つ経済、人口、そして社会に内在的なプロセスに、直接的に介入することをなるべく避け、むしろそのような自然の流れを調整しつつ管理することを、根本的な目標とするものとして考えることができる。

---

*6　本書では、エイジェンシーと行為主体という語をしばしば互換的に用いる。エイジェンシーとは、われわれが社会的制度・構造や文化的規範に常に既に拘束されつつも、能動的に自らの生きる世界やアイデンティを構築していく創発的実践を意味している。

すでに明らかなように、統治性とは、制度や実体を伴った特定の国家、政府、あるいは法による統治ではなく、むしろ「人の行為を何らかのかたちで枠づけ、ある方向に導く方法・やり方」（米谷 1996：81）、あるいは人びとの「欲望を教育し、習慣、希望、信念を形成し」（Li 2007a：5）、それによって「人びとの行為を成型し、導き、あるいは影響を及ぼす活動」（Gordon 1991：2）として広く捉えることができよう。フーコー自身、このような統治性は「政治構造や国家による管理だけでなく、広く個人や集団の行為を導く方法をさしていた」と述べ、それが「子供の統治、魂の統治、共同体・家族・病人の統治」などに用いられたと考える（フーコー 1996：301）。その意味で統治とは、「制度化・法制化された政治的・経済的な服従のあり方だけでなく、〔他者の行為への〕多少とも反省化され計算された働きかけのしかた、他者が起こしうる行動に影響を及ぼそうとしてなされる全てを含意する。統治するとは、この意味で、他者の不確定な行動の領野を構造化することにほかならない」（フーコー 1996：301）。

　このような統治性の概念は、われわれが常識的に抱く権力観に根本的な再考を迫る。すなわち、統治性とは、通常考えられるような中心や上部から発せられる権力ではなく、むしろ人びとの生に密着しつつ、「内側からそれを規制するような権力形態」である（ネグリ＆ハート 2003：41）。それは支配と従属の一方向的回路を通してではなく、全てのアクターを同様に包み込む磁場として作用する。すなわち統治性は、抑圧し、搾取し、拘束する権力ではなく、むしろ生産的で、安全で、効率的な社会を支える主体を生み出し、生かす権力である。それは、もはや「徴収の機関、窃取のメカニズム、富の分け前を占有する権利、臣下からの生産物と財産と奉仕と労働と血を強奪するという形で行使される」権力ではなく、むしろ「生命に対して積極的に働きかける権力、生命を経営・管理し、増大させ、増殖させ、生命に対して厳密な管理統制と全体的な調整とを及ぼそうと企てる権力」としての生権力（bio-power）であるといえる（フーコー 1986：172-173）。アントニオ・ネグリとマイケル・ハートが述べるように、「このような権力の最高度の機能は、生をくまなく包囲することであり、そしてまたその主要な任務は、生を行政的に管理することである」（ネグリ＆ハート 2003：41）。それは、「死への脅しではなく、むしろ生きさせることを目的とする権力」であり、規律や監視によって、「より良き生を導くことでその力を

示す」権力である（檜垣 2011：3）。注意しなければならないのは、このような生権力の充満する社会は、人びとを「生きさせる（make live）」ために権力が介入する社会であるが、一方でそれに従えない人びとは「死ぬにまかせる（let die）」社会でもあるという点である（cf. Li 2009）。このような権力が、「良い権力」なのか「悪い権力」なのかを問うことは意味をなさない（檜垣 2011：11-12）。なぜなら、そのような問いを発する以前に、われわれはそのような権力の場を常に既に生きてしまっている。むしろ問うべきは、そのような権力によって何が生み出されたのか、あるいは生み出されないまま沈殿し、周縁化されているのかという点であろう。同様に、「誰（who）が」権力を握っているかという問いもここでは意味をなさない。むしろ、「どのようにして（how）」権力が流れ、作用しているかが問われねばならない。

　本書では、このような統治性の権力作用によって構成される領域として、「社会的なもの」を捉える。そこに位置づけられたわれわれ一人ひとりは、日常世界の末端にまで作用する微細な権力の効果によって、行為を枠付けされ、導かれ、主体として自己成型されてゆく。すなわち、「社会的なもの」とは、命令や統制によってではなく、自由な行為主体が行為する環境を構造化することで、リスクに対処しえる主体を生み出す権力としての統治性が作用する領域なのである（cf. Gordon 1991）。

　さらに、このような統治性と生権力は、近年のネオリベラリズムの浸透の中で、新たな展開を見せ、より具体的な権力作用として発現する。デヴィッド・ハーヴェイによれば、ネオリベラリズムとは、「何よりも、強力な私的所有権、自由市場、自由貿易を特徴とする制度的枠組みの範囲内で個々人の企業活動の自由と能力とが無制約に発揮されることによって人類の富と福利が最も増大すると主張する政治経済的実践の理論である」（ハーヴェイ 2007［2005］：10）。しかし、ネオリベラリズムは単に政治経済的制度やイデオロギーではなく、むしろわれわれの他者との関係性、アイデンティティ、人格といった最も内的で親密な領域にも浸透してゆく権力作用である。再びフーコーによれば、ネオリベラリズムの機能とは、「経済モデル、つまり需要と供給のモデル、資本とコストと利益から成るモデルを波及させて、それを社会関係のモデル、生存そのもののモデルとすること、それを個人の自分自身や時間や周囲の人びとや未来や

グループや家族に対する関係の形式とすること」（フーコー 2008［2004］：298）
である。このようなわれわれを取り巻くさまざまな関係性に浸透するネオリベ
ラリズムの作用により、個人の生そのものは「一種の恒久的企業」となり、社
会は「その最も細かい粒に至るまで企業モデルによって形式化し直」されるこ
とになる（フーコー 2008［2004］：297）。すなわち、ネオリベラリズムとは、自
己調整的市場の維持に適合的な価値観——例えば「自助」、「自己責任」、「自己
活性化」、「自己監視」、「アントレプレナーシップ」、「監査（オーディット）」、
「評価」、そして「説明責任」など——を基準にして、自己と社会を組織化して
ゆく極めて文化的な装置であるといえよう。

　それでは、今日のネオリベラルな統治性の浸透による「社会的なもの」の変
容（あるいは縮減や後退）は、われわれに対し、いかなる主体となることを要
請しているといえるであろうか。それを考えるためには、近年のリスク社会論
の諸議論が参考になる。それらの議論では、現代社会にて求められる主体とは、
何よりもまず、自らの日常をリスクによって構成されるものとして問題化し、
その回避や低減のために行動する「リスク・コンシャスな主体」であるとされ
る（東・市野澤・木村・飯田 2014）。ネオリベラルな統治性とは、同時にリスク
社会を起動させる装置、すなわち未来への漠然とした不安をそのまま放置する
ことを許さず、常にリスクとして数値化し可視化し、管理・操作の対象として
変換することをわれわれに迫る「リスクの装置」なのである。このようなリス
クの装置に絡めとられるわれわれの生において、自由と拘束、主体化と従属化
は、もはや明瞭に区別しがたいほどに結びつき、表裏一体となる。市野澤潤平
が述べるように、「雨水が地表に自由な流路を見つけているようで、その背後
には溝の形や高低差といった地形要素による定律があるように、リスクの〈装
置〉は、人びとが自由な思考と行動を保証されることによって、結果的にリス
ク・コンシャスとなっていくような、ある種の環境を構築する」（市野澤
2014：128-129）。

　本書では、ここまでに明らかにしたような、「社会的なもの」の再編に大き
な影響を及ぼすネオリベラルな統治性とそれが要請する主体のあり様を、フィ
リピンの事例を解釈するための基本的な分析枠組みとする。ただ、ここまでの
論述から明らかなように、主要な先行研究で論じられてきたネオリベラルな統

治性の概念と理論は、近代西欧の経験を純化し、抽象化した結果としての構築物である。その主唱者であるローズ自ら認めるように、彼が念頭におく統治性の分析は、ローカルなレベルにおける多様性や、状況依存的で複雑かつ雑多な現実を対象とする実証的研究ではなく、むしろ人びとの行為の統制（conduct of conducts）のための西欧近代に特有の「真理の編成（regime of truth）」の解明が意図されている（Rose 1999：19）。このような立場が内包する視点は、現代世界における多様な権力関係のあり様を、西欧起源の「ネオリベラルな統治性」という範型からの派生として位置づけ、一元化するものであるといえる。それに対し、より複数的で、かつ状況依存的に多様な形態をとり得る概念として「社会的なもの」を捉える本書では、フィリピンという具体的なフィールドにおける人びとの実践と語りを考える中で、統治性の概念をも相対化・脱中心化していくことを試みたい。

第4節　「社会的なもの」の人類学——先行研究の整理

　ここでは、現代世界におけるネオリベラルな統治性の浸透と「社会的なもの」の再編を論じる文化人類学の先行研究を整理し、そこに本書の議論を位置づけることを試みる。冷戦終結以降のグローバルな変容を理解しようとする文化人類学研究において、「グローバリゼーション」や「トランスナショナルな文化的過程」に代わって、「ネオリベラリズム」が有力なカテゴリーとして浮上してきたのは、2000年代に入ってからであり、特に9・11のアメリカ同時多発テロ以降の政治経済的状況においてであった（Ganti 2014）[7]。それは、市場志向の政治経済改革、金融危機、そしてテロとの戦いのグローバルな広がりの中で、それまで経済的豊かさを享受してきた先進諸国の日常が、新たな不確実性と不安に包まれるようになった状況への、文化人類学からの対応であったといえる。あらゆる現象を市場原理主義として画一化、単純化する傾向が、しばしば批判されるのも事実であるが、アン・アリソンらが指摘するごとく、ネオ

＊7　ネオリベラリズムを対象とした近年の文化人類学研究のレビューとしてはGanti（2014）の他にRichland（2009）などを参照。

リベラリズムは今日の世界に真摯に対峙する文化人類学研究が言及を避けることのできないキーワードとなっている（Allison and Piot 2011 : 5）。

　多岐にわたる蓄積を見せるネオリベラリズムの文化人類学研究のなかでも、本書の議論と深い関連性を持つのは、「政策の人類学（anthropology of policy）」と呼ばれる一連の研究である（Shore and Wright 1997, Russell and Edgar 1998, Shore, Wright, and Però 2011, Clarke, Bainton, Lendvai, and Stubbs 2015, cf. Okongwu and Mencher 2000）。その嚆矢となったのは、1997年にクリス・ショアとスーザン・ライトによって編集された論文集『政策の人類学――統治と権力への批判的視点』である（Shore and Wright 1997）。ショアとライトによれば、政策は「家族」や「社会」と同様、きわめて文化人類学的な現象であり、研究対象であるという。政策の人類学にとり、政策は「文化的テキストであり、多義的な意味を内包する分類の装置であり、現状を正当化し、あるいは非難するためのナラティブであり、特定の人びとをエンパワーする一方で、別の人びとを沈黙させるように作用するレトリックの装置であり、言説の集積体である」（Shore and Wright 1997 : 7）。特に政策の人類学は、社会政策が持つ統治の側面に注目する。その場合の統治とは、「外部」あるいは「上部」から便益や制裁を通して人びとを統制するものではなく、むしろ人びと自身が社会秩序の維持に貢献するように、彼ら自身の内在的な行動規範に働きかけるような複雑なプロセスである。つまり、それは自由で、合理的かつ倫理的な個人のエイジェンシーと主体を生み出し、それに働きかけることを通して作用する権力のあり方なのである（Shore and Wright 1997 : 6）。政策の人類学が問うのは、次のような諸問題である（Shore and Wright 1997 : 3）。いかにして政策は特定の人びとを権力の対象として構築するのか、そして、そこではどのような主体とアイデンティティが形成されているのか。政策に用いられる言説はどのような変遷を経て「真理」としての権威を付与されるのか。いかにして特定の政策において規範的な言説が用いられることで、問題が枠付けされ、その解決策に関する特定の方法が「唯一可能なもの」として正当化されるのか。他方で、それ以外の考え方や語り方が周縁化され、排除されていくのか。このように、政策の人類学は、フーコーの権力論の影響の下に、実証的かつプラグマティックな政策研究とは異なる、新たな視点を提示したのである。

　さらに 2011 年には、上記論文集のバージョンアップ版ともいえる『政策の世界——人類学と現代的権力の分析』が出版されている（Shore, Wright, and Però 2011）。そこでは、前作ではかならずしも十分に扱われていなかった社会政策の統治性とネオリベラリズムの関係が、より詳細に論じられている。特に、9・11 以後の欧米社会における監視の強化、安全とリスク管理に関する強迫観念的傾向は、国家の機能が民間へと外部委託されつつも、国家による規律化とコントロールの効果はむしろ強化されるという逆説的状況が、論文集全体の背景として設定される。このような状況の中で、政治的な意図のもとに生み出されながらも、科学的客観性と中立性を装うことで統治を達成する「政治の技法」としての政策が、新しい人口の管理の方法として今日の生権力を構成していることが論じられている。

　これら一連の政策の人類学研究と基本的問題関心を共有するのが、同じく 1990 年代以降の欧米の公的機関（たとえば医療、司法、高等教育など）に浸透した統治の性格を、「オーディット・カルチャー（audit culture）」として論じた諸研究である（Strathern 2000）。そこでは、人びとがいかに経済的効率性の観点から自らのパフォーマンスをモニターし、監査、評価する主体として構築されるかに注目しつつ、新たな統治性の性格が論じられる。国家はもはや指導や統制によって介入することはなく、「監査可能（auditable）な存在」として自己管理する主体を生み出すことによって統治するのである（Shore and Wright 2000 : 58）[8]。

　さらに、1990 年代以降の欧米におけるポスト福祉国家が直面するさまざまなリスク、例えば「新たな貧困」、格差、高齢化社会などに焦点を当てる人類学的研究も蓄積されてきた（Goode and Maskovsky 2001, Kingfisher 2002, 2013, Morgen and Maskovsky 2003, Muehlebach 2012、森 2014）。特に、アメリカ、カナダ、イギリスなどをはじめとするアングロサクソン諸国を対象とする研究では、ネオリベラリズムが決して社会に均質に浸透することはなく、きわめて人種、階層、そしてジェンダーに特化された影響を及ぼすことが議論される

---

[8]　同様の視点による、近年のアメリカを中心とした欧米の大学における、ネオリベラルな改革とその帰結に関する近年の文化人類学的研究として、Hyatt, Shear and Wright（2015）がある。その議論は、法人化後の日本の国立大学の状況を考える上でも示唆に富むであろう。

（Goode and Maskovsky 2001）。文化的類型化のシステムとしてのネオリベラリズムは、健康体の労働者やフレキシブルな企業家精神の持ち主としてのアイデンティティを称揚する一方で、母親や主婦としてのアイデンティティを周縁化しつつ、「貧困の女性化（feminization of poverty）」を帰結せしめる。それは同時に、労働し、税を納める意欲を持った、「援助に値する貧者（deserving poor）」と、福祉に依存する「援助に値しない貧者（undeserving poor）」を峻別し、後者と黒人（特に女性）、母子家庭、都市ゲットー居住者などのイメージを結び付ける言説を紡ぎ出す。そのような言説によって、女性の貧困は構造的な問題ではなく、個人的な病理の問題であると受け止められてゆく（Kingfisher 2002, 2013）。一方、アンドレア・ミュールバックは、国家による社会的サービスが衰退する近年のイタリアにおいて、奉仕、犠牲、そしてボランティアなどへの感情的な献身が称揚され、人びとに内面化されることで、「倫理的市民（ethical citizenship）」と呼べる主体が生み出され、社会福祉の無償の担い手となっていく状況を論じている。常識的理解に反し、ここではネオリベラリズムは特定の倫理と道徳、それを支える感情を惹起することで、ポスト福祉国家に人びとを動員していく（Muehleback 2012）。最後に、森明子編集による論集は、今日のヨーロッパの地域的文脈において「ソシアルなもの」が、どのような人と人とのつながりとして構成されているのかを問うている（森 2014）。ヨーロッパにおける20世紀前半までの「伝統的リスク」あるいは「産業−福祉国家のリスク」に対処するための連帯の思想や保険の制度は、「予想不能、想定外の規模、因果関係の特定不能」などの特徴を持つ今日の「新しいリスク」に対処することができず、そのための新たな「ソシアルなもの」の形もいまだ見えていない。そのような状況認識のもとに、単に「福祉」とも客観的実体としての「社会」とも異なる、流動的で文脈依存的な、人と人の多様なつながりとしてのソシアルの現われを、たとえ萌芽的な形であれ、ヨーロッパ各地のミクロな日常生活の事例から検討している。福祉国家の危機を経験するヨーロッパにおいて生じているのは、国家、市場、コミュニティといったそれぞれの制度の配置の転換であり、公的なものと私的なものの境界面の変容であることが論じられている。

　ここまで整理してきた諸文献は、福祉国家の危機、連帯の喪失、ネオリベラ

リズムの浸透といった状況を背景に、新しいリスクに直面する「社会的なもの」の変容を論じている点で、本書とその基本的関心を共有するものであり、本書も少なからずこれらの先行研究に依拠している。しかしながら、一見して明らかなように、これら諸研究の欧米中心主義は否定しがたいであろう。この点に関し、現代中国を研究対象とする文化人類学者のアンドリュー・キプニスは、ここに述べた諸研究の多くが参照するローズやディーンを中心とする、いわゆる「ガバメンタリティ学派」には、「比較」の視点が決定的に欠如しているとして批判を展開している（Kipnis 2008, 2011）。彼によれば、ネオリベラルな統治の諸要素、「遠方からの統治（government at a distance）」、「自己修練（self-cultivation）」、「自己規律化（self-discipline）」の称揚、「計算可能性（calculability）」の重視などは、近現代西欧以外の場所や時代にも、さまざまな意味づけや解釈を施されつつ広く存在していたはずである。にもかかわらず、そのように本来多様であるはずの統治の技法を、相互に比較する視点なしに、近現代西欧を起源とする「ネオリベラルな統治性」のもとに一括りにし、序列化することは不毛であると論じる（Kipnis 2008：284, 2011：5-8）。例えば、現代中国の教育現場や共産党幹部による地方行政などの局面では、各自のパフォーマンスを数値化し監査の対象とする、いわゆるオーディット・カルチャーが隅々に至るまで浸透している。しかし、人びとはこのような傾向をネオリベラルな統治性として語ることはなく、むしろ社会主義的な集産体制に由来するものとして解釈しているという。「社会的なもの」を広義にとらえ、その複数性に注目する本書は、このようなキプニスの批判を基本的に共有する。

　それでは、ネオリベラルな統治性と「社会的なもの」の変容を論じつつも、近現代欧米を特権化しない視座に基づく文化人類学研究にはどのようなものがあるだろうか。以下では、本書と密接に関連する4点の研究に触れたい。最初に取り上げるのは、環アジア太平洋地域のさまざまなトランスマイグラント（出稼ぎ労働者、高度専門職移民、留学生など）の事例に基づき、ネオリベラリズムの状況依存的（situated）な現出形態を論じたアイファ・オングの研究である（Ong 2006）。オングによれば、ネオリベラルな生権力と統治性は、固有の民族誌的文脈から発せられる、人びとからの「多様な要求や異議申し立てに対応すべく、複数でしばしば相互に矛盾するような戦略を伴い、そして多様かつ

偶発的な結果をもたらす」と論じる（Ong 2006：7）。つまりネオリベラルなマーケットの論理は、地域社会に咀嚼される過程で常にさまざまな屈折を加えられ、各地に飛び地的な「例外的状況（exceptions）」を生み出す。そのような例外的状況を支えるのは、宗教（特にイスラーム）、エスニシティ、インフォーマルな関係性（例えば華人の間での「関系（guanxi）」関係・人脈）など、親密で原初的な紐帯である。それらローカリティに埋め込まれた（embedded）紐帯が、脱領域的（disembedded）な市場の論理と併存することで、ネオリベラリズムは常に「例外としてのネオリベラリズム（neoliberalism as exception）」として存在する。そのような「例外としてのネオリベラリズム」は、一方でフレキシブルな労働市場に適応するべく馴致された生産的市民的主体を生み出し、その生を保護し増強していく。しかし他方では、そのような保護と安全の対象外として見捨てられる主体（すなわち「ネオリベラリズムからの例外（exception to neoliberalism）」）をも生み出していく。オングは、これら「例外としてのネオリベラリズム」と「ネオリベラリズムからの例外」という、同時進行する2つのプロセスの葛藤と接点を明らかにしていくことこそ、今日の人類学に課せられた課題であるとする（Ong 2006：25）。

　次に検討するのは、アフリカ南部諸国における、貧困削減を目指す社会政策として近年導入されつつある、さまざまな現金給付政策を事例に、グローバル・サウスにおける新たな福祉国家のあり方を模索するジェームス・ファーガソンの研究である（Ferguson 2015）。ファーガソンの議論の要諦は、途上国の社会開発が前提としてきた、「生産」への特権的焦点を、むしろ「分配」へと移行させてゆく点にある。つまり、西欧近代の福祉国家と「社会的なもの」は、正規雇用の下での賃労働者男性が核家族を支えるという社会を前提としている。しかし、このモデルは、非正規雇用、無職、インフォーマル部門就労が一般的であるアフリカ南部諸国においては有効ではない。なぜなら、そこでは、何らかの財やサービスを自ら生産する「生産労働（productive labor）」よりも、むしろ他所、他者によって生産された財やサービスを分配する実践としての「分配労働（distributive labor）」が卓越しているからである。露天商、物乞い、ストリート商売、さらには売春などのインフォーマル・セクターの労働は、すべてこの意味での分配労働である。一般的に分配労働は、生産労働に比して、否

定的、あるいは二次的な価値づけをされてきたが、むしろ人びとによる積極的な社会関係の維持と再構築によって可能となる生存保障であり、その労働としての側面は再評価されるべきである。途上国の開発に従事する人びとのあいだでの常套句となっている、「人びとに魚を与えるのではなく、魚の釣り方を教えよ」という文句は、財の分配ではなく、生産とそのための教育を重視する。しかしそのようなアプローチは、富の生産とそのための雇用機会が、きわめて不均等に配分されている今日の世界において、常に有効であるとは限らない。むしろ、生産労働への正規雇用の機会が限られているアフリカ南部諸国のコンテキストでは、偏在する財をいかに公正に分配するか（すなわち魚の与え方）が社会政策の焦点となる。今日のアフリカ南部諸国における非拠出型（non-contributory）で無条件のさまざまな現金給付政策（具体的には老齢年金、母子給付、ベーシック・インカム給付など）の導入は、これらの地域における社会政策が、生産的労働に適した人材を育てる（teach a man to fish）ことを主眼とするものから、むしろ地球上に偏在する富の分配への権利を確保する（give a man a fish）ことを主眼とするものへと移行しつつあることを示唆している。ファーガソンによれば、このような状況は、人びとと国家双方における、「（再）分配」、「承認」に対する新しい考え方、さらにそれに基づく新たな「分配の政治（distributive politics）」を示唆する点で、人類学的にも興味深いテーマとなる。新たな「分配の政治」においては、現金給付の受給者（あるいは受給者に依存する人びと）は、何らかの生産的活動に従事せずとも、「市民の正当な分け前（citizen's rightful share）」という観念を動員しつつ、負い目の観念やスティグマを生ぜしめる贈与や恩恵としての福祉の受益者としてではなく、「そこに存在すること（presence）」のみによって得られる「正当な分け前（rightful share）」の権利を主張できることになる。そのような政治において人びとにより動員される資源は、抽象的観念としての「市民権」や「自由」ではなく、顔の見える有力者との間に取り結ばれるパーソナルな従属と依存関係であり、人びとは、ヒエラルキカルな社会秩序に自らを積極的に組み込むことで、生存のための分配労働に従事するのである。

　次に取り上げる2点の研究は、南米の事例である。どちらも、貧困層の間に見られるクライエンテリズムの規範の再検討に基づき、1990年代の新自由主

義的社会政策と、2000年代におけるそれへの批判という状況におかれる、南米の福祉国家と「社会的なもの」の模索に関する研究である。クライエンテリズムとは、貧困層（クライアント）と政治的エリート、あるいは両者を架橋する政治的ブローカー（パトロン）の間に見られる、忠誠と庇護にもとづく、票と財・恩恵の個別的かつパーソナルな交換関係である。ここで検討する研究は、従来公的資源の私的流用としてネガティブに捉えられてきたパトロン−クライアント関係の再考、あるいは再評価ともいえる議論である。まずアルゼンチンの首都ブエノス・アイレスのスラムを対象とした民族誌であるハビエール・アウジェーロの研究は、パトロン−クライアント関係を公的なものの私事化という一面のみによって理解することを批判し、むしろなぜこのような関係が持続するのかという点に注目する（Auyero 2001）。彼によれば、クライエンテリズムは、貧者の生存の必要を提供し、日々の問題を解決するためのパーソナルなネットワークである。それは、単なる財やサービスの分配のネットワークではなく、人びとが現実を秩序立てるための象徴的システムであり、それによって貧者は自らの貧困の経験の固有の意味を理解し、アイデンティティを構築することになる。このような貧困層の「問題解決ネットワーク（problem-solving network）」としてのパトロン−クライアント関係は、政治の近代化や経済の成長に伴って周辺化されたり根絶されたりするものではなく、むしろインフォーマルではあるが持続的で浸透力のある制度として、「社会的なもの」を構成する一部となっているのである。

　次に、アーロン・アンセルの研究は、ブラジルを対象に、国内でも貧困率の高い北東部における、条件付現金給付を中心にした社会政策パッケージの事例を検討している（Ansell 2014）。「ゼロ・ハンガー（Zero Hunger）」と呼ばれるその政策パッケージにおいては、政府など福祉の提供者によって政策の目的達成のために必要とされる「効率」、「透明性」、「アカウンタビリティ」などが説かれる。同時に、受益者と政治的ブローカーの間のパトロン−クライアント関係は極力排除されるべきものとされる。しかしながらアンセルによれば、規範的民主主義に基づく社会政策パッケージが、貧者の苦しみにとって真の解決をもたらさない中で、パトロネージとクライエンテリズムは根絶されるどころか、むしろ強者と弱者との間の「間主観的な共感（intersubjective compassion）」に

基づく「親密な階層性（intimate hierarchy）」として、貧者の生を支える道徳的な価値として再確認され、人びとの間に深く浸透している。

　ここまでレビューしてきた4つの研究に共通する問題意識は、近現代西欧を対象とする「社会的なもの」の議論が、統合的な国民国家と、そのもとでの正規雇用の賃労働者社会を特権的なモデルとしていることの限界であろう。正規雇用、透明な市場、民主主義などのフォーマルな制度が機能しづらい諸社会においては、むしろインフォーマルな紐帯が強力な浸透性と持続性を持った生存のための保障となる。これらの研究は、そのようなつながりの持続性に焦点をあてつつ、グローバル・サウスにおける「社会的なもの」の再編と、新たな福祉国家のあり方を模索する試みであるといえよう。本書も、このような問題意識を共有するものである。しかし、単に、フォーマルでパブリックな制度が弱い国々において、「社会的なもの」はインフォーマルな紐帯によって担われていると指摘するだけでは、何ら新規性のあることを述べていることにはならないであろう[*9]。つまり、単にインフォーマルなものの「持続」、「残存」、「耐久性」を論じるのみでなく、むしろインフォーマルなものがフォーマルなものと絡み合いつつ、新たな関係性として現出する動態にこそ焦点をあてる必要がある。さらに、インフォーマルな紐帯が、新たなリスクに直面する人びとによって再解釈され、再帰的に捉え返される中で、新たな意味、価値、倫理を付与されつつ活性化する様態に注目しつつ、そこから開ける「社会的なもの」の可能性を論じることが求められよう。本書では、先行研究では十分に扱われていない、このような側面を論じることを試みる。

第5節　「社会的なもの」とフィリピン──事例の位置づけ

　「脆弱な国家」や「未発達な公共圏」といった言葉で語られがちなフィリピンは、「社会的なもの」の議論にとっては、きわめて意外な事例とも考えられよう。では、なぜフィリピンを本書の事例として検討するのか。以下では、そ

＊9　例えばそのような指摘は、社会政策研究の分野などでは既になされている。Gough and Wood（2004）を参照。

の点を明確にする。

　言うまでもなく、フィリピンは、欧米や日本はもとより、東アジア諸国とも異なる近代の道を歩んできた。あえて単純化の謗りを恐れずに述べれば、フィリピンの経験する近代の特徴とは、堅固な産業資本主義に支えられた近代福祉国家を経ずに、あるいはその成熟を待たずに、グローバリゼーションとネオリベラリズムの急速かつ強力な影響に晒されているという点であろう。ある側面では、フィリピンも東アジア諸国と同様、いわゆる「圧縮した近代」を経験しつつあるともいえるであろう＊10。しかし、その一方でフィリピンは東アジア諸国が経験しているような急激な低出生率や高齢化の兆しは見られない。むしろ、特に貧困層の間での出生率は高く、その多くはスラムに滞留し、肥大化するインフォーマル・セクターを構成している。また、フィリピンにおいては、国民統合、産業化、社会福祉、社会保険といった「第1の近代」のプロジェクトと、「第2の近代」のプロジェクト、つまりグローバル化によってもたらされる新たなリスクと不確実性に柔軟に適応可能なフレキシブルな主体の育成というプロジェクトが、同時進行的に併存している状況が認められる。すなわち、いささか図式的ではあるが、「第1の近代」を経ないまま、あるいはその完成を待たずして、「第2の近代」が急速に浸透しつつ、両者が併存しているのが、今日のフィリピンであるともいえよう。この点をリスクの点から言い換えれば、フィリピンにおいては、「伝統的リスク」あるいは「産業－福祉国家のリスク」（森 2014）と、「新たなリスク」が、重複しつつ並存しているということであろう。つまり、今日のフィリピンでは、貧困、飢え、病い、傷害といったいわゆる「伝統的リスク」と、他方で「新たなリスク」、例えば海外契約雇用における不確実な就労、コールセンターなど多国籍企業のアウトソーシング業務請負を中心とするBPO（Business Process Outsourcing）産業における不安定な「感情労働」の卓越化（cf. Fabros 2016）、気候変動によって頻発化・甚大化する自然災害などの諸リスクが同居する。このように、フィリピン社会を対象と

＊10 落合恵美子や張慶豐は、韓国、中国、台湾、シンガポールなど、東アジアの新興国が、欧米や日本などのように安定し、かつ数十年持続した、近代的福祉国家体制を経験しないまま、ポスト福祉国家の諸特徴、特に「超低出生率（ultra low fertility）社会」へと突入しつつある状況を、「圧縮した近代（compressed modernity）」と呼んでいる（落合 2013、張 2013）。

する時、近代をめぐるさまざまな言説におけるカテゴリーや分類の境界はあいまいとなり、異なるとされてきたカテゴリーは、むしろ重複、併存している状況が見えてくる。そして、西欧近代の福祉国家をモデルとした場合には、周辺や例外として捉えられがちなこのような状況は、いわゆる「グローバル・サウス」においては、多かれ少なかれ共有されているものと思われる。前節で紹介したファーガスンは、インフォーマル・セクターが卓越し、賃労働の完全雇用という社会モデル自体が例外である南部アフリカの事例によって、「グローバル・サウス」からの福祉国家論を論じた。同様に、フィリピンから展望する「社会的なもの」の議論は、特殊な事例にとどまらない、一般性を持ちうると考えられる*11。

　次に、「社会的なもの」を論じる際の、フィリピンの事例の位置づけを、フィリピンの近現代史の検討から明らかにしたい。フィリピン政治史研究のパトリシオ・アビナレスとドナ・アモロソによれば、フィリピンでは、その近現代史を通して、国民国家に基づく公共圏が形成されることはなく、むしろ私的な紐帯に基づく財とサービスの交換関係、すなわちパトロネージとクライエンテリズムによる資源の分配が卓越してきた（Abinales & Amoroso 2005）。その背景として、アビナレスとアモロソは、フィリピンにおいては、その近現代史を通じて、「国家と社会の関係におけるジレンマ（dilemma of state-society relations）」、つまり両者の拮抗状況が存在したことを指摘する。ここで注意しなければならないのは、一般にフィリピン研究において「社会」という言葉は、本書で言うところの「社会的なもの」とは、むしろ正反対の事柄を示すということである。それは、通常「社会的勢力（social forces）」と同一の意味で用いられ、家族、親族、有力政治家との間のパトロン－クライアント関係など、む

＊11　フィリピンの事例が持つ一般性ということを考える上で、ネグリとハートの論じる、1950年代以降のイタリア経済の変容に関するコメントは示唆に富む。彼らは、「イタリア経済は一つの段階（工業化）を完成することのないまま、もう一つの段階（情報化）へと移っていった」とし、イタリアのケースは、「その他すべての遅れた経済にとっての一般的なモデルとして有効でありうる」と述べる（ネグリ＆ハート 2003：373）。すなわち、イタリア経済の変容は、「相対的に遅れた経済が、支配的地域が経験したのと同じ段階を単純に追いかけるのではなく、むしろ代替的かつ混合的な諸パターンを通じて発展していくのだということを明確に証明している」（ネグリ＆ハート 2003：372）とし、このような状況を、情報化とネットワーク化によって規定される今日のグローバリゼーションの特徴として論じている。

しろインフォーマル、パーソナル、個別的な関係の束によって構成され、国家を中心とした公的領域に対抗する勢力を意味する。それでは、このような意味での社会と国家との間の「ジレンマ」、あるいは拮抗状況とは、どのような事態を意味しているのだろうか。

　まず、フィリピンにおいては、「社会的勢力」が優勢になることに対しては、個別の利害追求が、国家による公的利益の追求を阻害することにつながるという、主にミドルクラスからの批判が根強く存在してきた。しかし、他方でそのような「社会的勢力」に対抗しうるほどに国家が強くなる傾向は、人びとの間に強い嫌悪を生み、同様に回避されてきたのであった。そのような「強い国家」に対する嫌悪を理解するためには、フェルディナンド・マルコス大統領（在位1965年 – 1986年）政権期を振り返る必要がある。なぜなら、マルコス大統領期の経験によって、今日のフィリピン市民の間には、いわば独裁の集合的記憶が生み出され、沈殿しているといえるからである。アジアの多くの国々で、開発独裁と呼ばれる政治手法が取られた1970年代から1980年代の時期、フィリピンでも同様な政治体制が、マルコス大統領のもとで敷かれた。そして、マルコス大統領の開発独裁期こそ、いわばフィリピンにおける「社会的なもの」がもっとも包括的、かつ可視的に展開された時期といえるのである。例えばこの時期、マルコス政権は「新しい社会（*Bagong Lipunan*）」を標語に、都市計画、社会住宅の供給、インフラや社会サービスの供与、そして社会秩序を維持するための人びとの規律化などを、強力な国家による介入によって進めた*12。しかし、このような上からの「社会的なもの」の展開は、人びとにとって、恩恵よりも、強圧的な人権侵害と民主主義の抑圧というトラウマを残したのであった*13。このようなトラウマによって、その後の政権においても、「社会的勢力」に対抗し得るほどに国家が強大になる傾向は、人びとの政権に対する強い恐れ、疑念、そして批判を生み、しばしば退陣要求の運動へと結びついたので

---

*12 この時期に政府によって建設が進められた公共の建造物から、そこに投影された「近代性（modernity）」の観念を論じた研究にPinches（1994）がある。

*13 マルコス政権による戒厳令は、共産党武装勢力や南部のイスラーム武装勢力による治安の悪化を理由に、1972年に施行され、公式には1981年に停止されたが、実質的な人権抑圧と独裁体制は1986年2月の政変まで続いた。

あった（Abinales & Amoroso 2005：9）。

　すなわち、アビナレスらの議論によれば、このような国家と社会（的勢力）の拮抗により、フィリピンにおいて「社会的なもの」の形成は阻まれてきたといえるのである。事実、これまでの社会科学的諸研究においては、フィリピンにおける「社会的なもの」は、常に欠如として論じられてきた。そのような議論の代表として、アメリカ人歴史学者アルフレッド・マッコイが編集した論集があげられよう（McCoy 1994a）。マッコイによると、フィリピンの政治を特徴づけるのは、数世代にわたって存続する有力な地方政治家の家族と、それら家族によるレント、すなわち国家が自由かつ公正な市場の競争を制限し規制することによって、特定の集団が独占的に享受することができる権益の追求である（McCoy 1994b）。フィリピンの国家は、このようなレントを追求するファミリー（すなわち「社会的勢力」）によって侵食され、骨抜きにされてきたとされるのである。

　このようなフィリピン近現代史の議論からは、「社会的なもの」の事例としてフィリピンを対象とすることは、一見困難であるように思える。にもかかわらずフィリピンを事例とすることの意味を考えるために、フィリピン史の泰斗レイナルド・イレートの議論を検討してみたい。イレートは、「弱い国家」とレント・シーキング・ファミリーのみによって一元的にフィリピン社会を論じようとするマッコイらの議論を、アメリカ人研究者によるオリエンタリズムであり、現実よりも、むしろアメリカが植民地化した他者に投影したイメージ、すなわち「植民地主義的イメージの再生産」であると批判する（Ileto 1999）＊14。そして、イレートは、「家族／国家」、「個別的（particularistic）／国民的（nationalistic）」、「暴力／法」、「クライエンテリズム／真正な民主主義」といったオリエンタリズムが内包する本質化の戦略としての二分法的（そして、常に前者に否定的価値を置く）思考を回避しつつ、むしろ「パブリックかつナショ

＊14　ただし、このようなイレートの批判にたいして、リサンドロ・クラウディオはルイシタ農園における調査から、弱い国家とレントを追求するエリート・ファミリーの卓越という見方は、外部の研究者によるオリエンタリズム的ラベルではなく、むしろいかなる政治的勢力によっても、期待する恩典と生活の向上が得られない農園労働者たち自身が、自らの現実を理解するために用いるタームであると論じている（Claudio 2013：91）。

ナルな領域」と「プライベートかつローカル、あるいは家族的な領域」の双方に同時に属しつつ、あるいは双方を行き来する実践から開ける政治空間に注目することの必要性を説く（Ileto 1999：61）。それによって、単に政治エリートや地方ボスの権威による一元的な支配と、そこに組み込まれ服従するクライアントという、一面的なフィリピン社会理解を避けることが可能になるのである。

　このようなイレートの議論は、「社会的なもの」の再編を考察する本書における事例としてのフィリピンの意義を考える上で、非常に示唆に富む。脆弱な国家と公共圏、国内社会階層間の深刻な格差と分断、クライエンテリズムの政治、そしてインフォーマル・セクター就労の突出などの諸特徴は、欧米の近現代が経験した福祉国家をモデルとするとき、「社会的なもの」の不在、欠如としてのみ捉えられる。しばしば、それらはフィリピン社会の抱える病理として、「ゆがんだ文化（damaged culture）」（Fallow 1987）として語られもした。しかしながら、本書では、第3節でレビューした諸研究、特にファーガソン（2015）、アウジェーロ（2001）、アンセル（2014）が試みるような、フォーマルな制度とインフォーマルな制度の絡み合いによって生み出される、新たな紐帯や連帯のかたちに注目したい。それは、イレートが論じるような、パブリックな領域とプライベートな領域の双方を行き来しつつ開かれる新たな政治空間であり、生存を確保する最低限の資源や、生存を脅かすリスクに対する最低限の保障が提供される回路である。フォーマルな制度のみによるリスクの包摂の限界が、途上国、先進国を問わず、世界の各地で一層明らかになりつつある今日、これまで否定的な価値を付与されてきた、さまざまなインフォーマルなつながりに注目することで、「社会的なもの」を再構想してゆく必要がある。このような試みにとって、フィリピンは貴重な事例研究の対象となるであろう。

第6節　本書の構成と各章の概要

　本書は序章と終章の他に、3部に分かれた9つの章で構成される。第1部「都市における貧困とクライエンテリズム的なつながり」では、スラム在住の都市貧困層が直面するリスク、特に土地、雇用、教育など基本的な生活の資源や機会へのアクセスがきわめて限られていることから生じるリスクに注目する。そ

して、人びとと地方政治家など資源を有する者との間のクライエンテリズム的なつながりが持つ意味について考察する。第2部「海域社会における資源管理とコミュニティ的つながり」では、地方の漁村社会を対象に、海域資源の枯渇による不確実性を経験する、零細漁民たちのリスクに注目する。そのようなリスクに対し、コミュニティに依拠しつつも外部に開かれたつながりが果たす役割を検討する。最後に、第3部「トランスナショナルな社会的場における移動と親密なつながり」では、フィリピンから海外への出稼ぎや移住に伴い拡大するトランスナショナルな社会的場（transnational social field）に内在するリスクに注目する。そこにおいて、コミュニティ、家族、そして同胞などの親密なつながりから生じる共同性について考察する。終章では、これらの諸事例が、今日の「社会的なもの」の再想像／創造において持つ意味を考察したい。

　第1章と第2章は、マニラ首都圏マリキナ市の貧困層地区の住民を対象にした、政府の社会政策に注目する。第1章では、しばしば「スクウォッター（不法占拠者）」と侮蔑的に呼称されるスラム住民の間に、合法的土地所有者を生み出すことを目的した、コミュニティ抵当事業（Community Mortgage Program, CMP）を検討する。本プログラムの制度的詳細は本文に譲るが、本章ではこれを単に土地供給を目的とする社会政策ではなく、自らの住む土地を合法的に所有する市民にふさわしい倫理、道徳、価値観、生活様式を醸成するための、シティズンシップ・プロジェクトであると捉える。実施の主体として重要なアクターは、受益者住民によって組織される住宅所有者アソシエーション（Homeowner's Association）である。土地取得に至る過程では、この組織によってメンバー間に（特にローン返済のために）勤勉、節約、責任などの価値意識の涵養が計られる。つまり本プログラムは、受益者住民組織による、彼ら自身の活性化とエンパワーメントに依拠しているといえる。しかし、本章の資料は、このようなプログラムによって一定数の合法的土地所有者が生まれる一方、住民組織の一部の者が地域政治家との間のパトロン－クライアント関係によって結びつき、あるいはそのように疑われることによって、住民間に新たな摩擦軋轢、分裂、周辺化が生じていることを示唆する。つまり、制度設計上は、自己活性化とエンパワーメントを旨とする社会開発プログラムが、施行の過程において、私的で個別の利害の交換関係にもとづくクライエンテリズム的な紐帯

という全く異なる論理と共存し、さらにはそれによって侵食されていく状況が明らかになる。しかし、本章ではこのようなクライエンテリズムによって公共政策が侵食されてゆくという一面のみを結論とするのではなく、そのようなインフォーマルなつながりによってこそ、都市貧困者たちが外部の資源にアクセスすることが可能になっている点を論じる。

　第2章では、スラム住民への条件付現金給付（Conditional Cash Transfer, CCT）の事例から、クライエンテリズム的なつながりと、それを媒介とした具体的な財やサービスの直接的供与が、住民によって要請され、希求されることを明らかにする。本章で対象とする条件付現金給付プログラムの要諦は、住民自身が子どもの教育や家族の健康、衛生などを維持、促進し、「人的資本への投資」を積極的に行うことを条件に、政府から現金が支給されるというものである。プログラム施行の過程では、人びとは単に政府からのばらまきや施しに依存する存在ではなく、「人的資本への投資」を自発的に希求し実践するアクティブな市民的主体となることを求められ、それに適した価値観や道徳の内面化が図られる。しかしながら、このようなプログラムによって、自然災害、不安定なインフォーマル・セクター就労、家庭崩壊など、スラムの現実に内包されるリスクから人びとの生存を保障することには限界がある。このような現実を前に、受益者からは、条件を付けるのではなく、貧困者へのより直接的で手厚い給付を求める批判的な声が挙がる。このような声は、自己活性化と自助努力に依拠した包摂を目指す政府のプログラムに対し、より親密かつパーソナルな紐帯に基づくパトロネージを、持てる者と持たざる者の間の再分配の論理と倫理として希求するものである。

　第2部の各章では、主にフィリピン西部に位置する、パラワン州の沿岸漁村の事例を用いる。フィリピンでは、1998年に漁業法が施行されて以降、海域資源管理に関する制度化が進行した。この資源管理レジームを特徴づけるのは、資源管理に関する権限の地方自治体への委譲と、資源利用者のコミュニティの動員である。そこでは、従来オープンアクセスに近い形で存在した海域が、限定的な資源利用者によって排他的に利用される空間として境界づけられ、囲い込まれ、さらにそこに存する資源の市場価値に応じた区画化、類別化が行われる。このような資源管理レジームは、自然環境の管理であると同時に、あるい

はそれ以上に、特定の合理性を身につけた人間自身の自己管理を要請する。それは自然の管理者としての主体を立ち上げ、規範化し、規律化するための装置であるといえる。第3章では、このような資源管理レジームが制度化される過程を具体的に追っていく。そしてそのような制度化が、しばしば村落の伝統的な資源利用形態と対立し、漁民たちの生業を拘束し、さらには漁民間に新たな分断と周辺化を生じさせる状況を提示する。

　第4章は、調査地村落で進行した資源利用形態の再編の事例を通し、漁民たちが資源管理の制度を自らのコミュニティの状況に、より適合的な形で読み替え、運用していくという意味での、制度の「文脈化」の実践に注目する。これは、資源管理レジームによってもたらされた新たなリスクへの、コミュニティによる対応であるといえるが、その場合のコミュニティは、閉鎖性と均質性に基づく伝統的共同体ではなく、むしろ地方自治体やNGOなどさまざまなアクターへと開かれた共同性によって特徴づけられる。このように本章では、コミュニティ的紐帯と市民社会的公共性を、二項対立的に捉えることを避けつつ、むしろ親密圏と公共圏の重なる領域における共同性としての「社会的なもの」が、海域資源に依存しつつ生きる人びとの生存に果たす意義を検討する。

　第5章では、焦点を個人に移し、ある漁民のライフヒストリーを提示する。そのライフヒストリーに見られる生業活動の変遷からは、第3章、第4章で検討した資源管理レジームによって個人がその漁撈活動を大きく拘束され、制限を受けつつも、一方ではそこから新たに生み出された生計の機会を利用して生きていることが分かる。そこから明らかになるのは、資源管理レジームが要請する規範化や規律化を一元的に内面化した主体ではなく、また反対にそのような規範化、規律化に抵抗する主体でもない。むしろ、その時その場で利用可能な生計機会を利用しつつ、やりくりするエイジェンシーの姿が浮かび上がる。そのようなフレキシブルな生計戦略を可能にしているのが、彼が漁村コミュニティとの間に持つ、さまざまなつながりであり、ネットワークであった。本章は、資源管理レジームによってもたらされたリスクに対し、新たに生成する共同性によって人びとがいかに対処しているのかという、第4章で扱ったテーマを、個人のレベルに照準を合わせつつ、論じなおすことを目的とする。

　第3部は、フィリピンからの海外出稼ぎや移住によって拡大するトランスナ

ショナルな社会的場に焦点を当てる。フィリピンでは、政府海外雇用庁を中心に、国家が自国民の海外就労を積極的に後押しする。しかし、このことは国家が海外出稼ぎ者や移住者のために、手厚い福祉や保障を準備していることを必ずしも意味しない。むしろ政府は、出稼ぎ者・移住者にさまざまな技能や資格取得の機会を提供することで、彼ら自身が海外でのさまざまなリスクを軽減し予防する主体となることを要請する。このような海外出稼ぎ、移住政策における国家の後退が、トランスナショナルな社会的場に新たなリスクを生み出す。例えば、出稼ぎ先での紛争、雇用主からの虐待、長期の別離による家族の崩壊などである。これらのリスクに対し、国家が十分な保障を提供することができないなか、人びとの生存を支える「社会的なもの」はいかにして可能になるのであろうか。第6章は、貧困層出身の、ある海外出稼ぎ労働者の妻のライフヒストリーを検討する。そこから、個人が、近隣集団、草の根住民組織、NGO、メディアなど諸アクターとのネットワークを、いわば「下から」作動させ、活用することで、必要とされる財やリソースにアクセスする様子を描く。

　第7章では、ミドルクラスの海外移住に目を向ける。その多くが、フィリピン国内で正規雇用の専門職に就くミドルクラスの人びとが、欧米先進国に移住を希望する背景には、どのような動機があるのであろうか。インタビュー結果から明らかになるのは、彼らの移住は、必ずしも経済的必要を動機とせず、むしろ国家や、それを構成する上層、下層など他階層の人びとへの不信、そして未だ学齢期にある子どもたちに、より良い将来を得させるための家族戦略が、背景にあることである。脆弱な国家によってもたらされるリスクと不確実性は、ミドルクラスの人びとにとって、先行きの見えない閉塞感と不安として経験される。彼らにとっての海外移住は、子どものためにより望ましい教育と生活環境を得ることを通したリスク回避の行為として理解できる。

　そのようなミドルクラスの親に連れられてアメリカに移住した子どもたちに焦点を当て、彼らが移住先にて経験する困難を検討するのが第8章である。子どもたちが、移住先アメリカの白人社会や、さまざまなエスニック集団との間で、摩擦軋轢を抱えることは事実であるが、同一エスニシティであるフィリピン系移民集団内においても、さまざまな相互理解上の問題を抱えている。本章では、学齢期にフィリピンを去り、親のいるアメリカに移住した、いわゆる

「1.5 世代」の子どもたちのアイデンティティが、同年代ながらアメリカ生まれの第2世代とのさまざまな差異の認識のもとに、語られる状況に注目する。白人主流社会と同様な価値観、行動様式を身につけたフィリピン系第2世代との関係において、しばしば1.5世代の子どもたちは劣等感や不安を感じ、周辺化を経験する。その一方で彼らは、第2世代との差異を最も鮮明に表わす契機として、また「われわれフィリピン人のコア・バリュー」として、「家族」を語る。彼らの語る「家族」とは、第2世代に対して対抗的に構築されるアイデンティティの表象であり、移民社会における、自らの立ち位置を確保するための象徴的リソースである。第7章、第8章の事例から明らかになるのは、グローバル化と脆弱な国家によってもたらされるリスクに対し、人びとは、家族の生活戦略として海外移住を選択し、家族・親族のネットワークを活用してトランスナショナルな社会的場に適応を試みているということである。そして、そのような場を構成するさまざまな他者との間で経験する葛藤、抑圧、摩擦軋轢、周辺化の中で、アイデンティティを構築するための資源となっているのが、家族との親密なつながりなのであった。

　第9章では、家族や親族の紐帯を中心にしながらも、それがパーソナルな親密圏を越えて、トランスナショナルな社会的場における、より広い共同性としての「社会的なもの」へと結びつく可能を検討したい。具体的には、7章、8章で取り上げたミドルクラスと同様、家族の戦略として海外移住を計画しつつも、フィリピン国内で、海外出稼ぎ者のためのNGO活動に従事する人びとの事例を検討する。ミドルクラスによる差異化と卓越化の行為である海外移住は、確かにフィリピン国内の他階層との間の格差、分断を顕在化させる。しかしその一方で、ミドルクラスの人びとは、まさに彼らの「ミドル」という位置ゆえに、「落ちることへの恐怖」を抱え込まざるをえず、海外移住は彼らにとって、決して安全を保証された行為ではなく、むしろ無一文になるリスクさえ内包する行為なのである。このような海外移住に内包される両義性によって、ミドルクラスの人びとは、フィリピン国内の他者、他階層の人びととのつながりを完全に断ち切ってしまうことはできず、むしろ彼らとの接合と共同性を求めざるをえない。ただし、国家が後退し、不確実性を内包するトランスナショナルな社会的場において、強固で持続的な階層間の連帯はもはや望めない。そこに見

出されるのは、状況に応じて人びとがつながる回路を維持した、差異と接合の両義性を含んだ、ゆるやかなネットワークとしての共同性である。そして、そのようなネットワークを可能にするのは、単にミドルクラスの利己的な利害関心とは限らず、むしろ「同胞（kapwa）」とのつながりの希求であるといえる。

　終章では結論として、各章の事例が、「社会的なもの」の再編とその再想像／創造という本書全体の目的にとってどのような意味を持つのかを議論する。各章の議論から明らかになったのは、今日のフィリピンにおいて、国家は「社会的なもの」を構成するアクターとしては大きく後退し、むしろ個人、家族、住民組織、コミュニティ、NGOなどのさまざまな非国家的アクターを活性化し、動員することで、「社会的なもの」を作動させ、リスクへの対処が目指される状況であったといえよう。その意味で、各章の事例は、本書がその分析枠組みとして措定したネオリベラリズムの統治性としての「遠方からの統治（government at a distance）」と、それによる「社会的なもの」の動員の事例と見ることも可能であろう。しかしながら、各章の事例から明らかになったのは、これまでの統治性論が十分には論じてこなかった、ネオリベラルな統治性の浸透とともに、活性化するインフォーマルかつ親密なつながり、ネットワーク、そして共同性の様態であった。都市貧困層の間では、パトロネージとクライエンテリズムの私的で親密な紐帯が、新たに捉えなおされ、希求されていた。漁村の資源管理レジームのもとでは、親密圏と公共圏の重なり合う部分に生じるコミュニティ的共同性が、新たな分断と排除にもかかわらず構築されていた。さらに、トランスナショナルな社会的場の経験は、移住者たちの間に「家族」や「同胞（kapwa）」の新たな意味を生み出し、それが移住に伴うリスクに対処する資源として動員されていた。終章においては、ネオリベラルな統治性の浸透とともに作動し、活性化する、これらインフォーマルな制度、紐帯、共同性が、「社会的なもの」の構想にとって持つ意味を考察したい。

第1部

都市における貧困と
クライエンテリズム的なつながり

マリキナ市マランダイ地区の家族

プロローグ

　第1部を構成する2つの章では、序論において述べたネオリベラルな統治性に浸透された社会政策が、フィリピンの都市空間においていかに施行され、住民に影響を及ぼしているか、また住民がそのような統治性の下で、いかなる実践を展開しているかに注目しつつ、「社会的なもの」の展開について検討してみたい。特に、スラムの貧困層に対する社会政策プロジェクトを事例としつつ、プロジェクトを推進するために動員されるフォーマルな制度や規範と、インフォーマルな制度としてのクライエンテリズム的なつながりが相互不可分なまでに融合している状況を検討する。ここでのクライエンテリズムとは、貧困層と政治的エリートの間に見られる、票と財・恩恵の個別的かつパーソナルな交換を中心とした相互依存関係である。たしかにこのような関係性は、汚職と腐敗の温床、市民社会の発展を妨げる障害、「弱い国家」の由縁として、特に国内のミドルクラスから常に厳しい批判に晒されてきたのは事実である。しかしここでは、貧困層の語りと実践に示唆される、弱者と強者との間の親密な相互依存と互酬性が持つ意味について考えてゆきたい。

　以下では第1章、第2章への導入として、今日のフィリピンの都市空間、特に貧困層居住地区の生活に大きな影響を及ぼす、ネオリベラルな都市統治とは何かということに関して、基本的な視点を提示してみたい。その上で、以下の2つの章がフィールドワークの対象とした、マニラ首都圏マリキナ市の都市統治の特徴に関してまとめてみたい。

　ハーヴェイが指摘したごとく、ネオリベラルな都市統治とは「都市管理主義（urban managerialism）」から「都市のアントレプレナー主義（urban entrepreneurism）」への移行として、その性格を捉えることができる（Harvey 1989）。それは、国家の補助と規制に依拠した中央集権的で多大な財政支出を

伴う都市計画から、より分散、拡散したフレキシブルな統治への移行であるといえよう。そのような統治は国家による直接的介入にはよらず、むしろ自発的結社・アソシエーション、民間企業、コミュニティ、そして個人といった非国家的アクターの動員にもとづいて行われる。しかしながらこのプロセスは単なる国家の「政治的撤退」や「不干渉主義（abstentionism）」を意味せず（Osborne and Rose 1999：751）、むしろそこには国家の持続的な「統治する意志（the will to govern）」（Rose 1996b：53）が示唆されている。なぜなら国家は、非国家的諸アクターによる自己統治の活動を促し、刺激し、成型し、そして触発することで、それら諸アクターと新たに協働しつつ統治するからである（Osborne and Rose 1999：751）。このような国家と非国家的アクター間の新たな協働にもとづく都市のアントレプレナリズムによって、公共と民間の境界は不明瞭になり、例えば地方自治体の運営は、限りなくビジネスの論理と企業のシステムに浸透されていく（Swyngedouw et al. 2002, Weber 2002）。

　第1部の各章が対象とする都市スラムなどの貧困層地区の統治は、特に住民たちを効率的で生産性の高い労働力として主体化し、動員していく。このような傾向は、欧米先進国社会に関して論じられてきた、「ワークフェア（workfare）」と類似した体制として考えられる。そこでは、福祉（ウェルフェア）は権利として享受されるものではなく、労働（ワーク）を条件としてはじめて与えられるものとされる。ワークフェアの下では、社会福祉に依存した住民の主体は、労働に適合的な主体へと改変をせまられる。そこに内包される矛盾は、ジェイミー・ペックによって指摘されたように、それが「職の無いもののために雇用を生み出すことではなく、むしろ誰も欲しない職への就労に適合する労働者を創出する」（Peck 2001：6）という点にある。すなわち、「今日のワークフェアの政策は、人々の福祉への要求を退け、その一方で『流動化』する労働市場において人々に低賃金で不安定な職に就くことを強いる。フーコー的にいえば、それは新たな経済に適合したフレキシブル、自律的、そして規律的な『従順な身体』の創出を通して達成されるのである」（Peck 2001：6）。このような効率的で生産性の高い労働力として主体化された都市住民は、同時に、自らのコミュニティに存在するリスクを見出し、管理し、軽減してゆく「リスク・コンシャスな主体」（序章第3節参照）たることを要請される。市民的主体

のコミュニティは、リスクに対する継続的な監視と精査によって維持されるが、そのような監視の作用は、コミュニティ内の貧困者、無職者、放浪者といった住民を潜在的犯罪人というリスキーな存在に類型化し、スティグマを付与し、それによって周縁化し排除していく（Osborne and Rose 1999）。しかし、その際の排除は明示的で強圧的な権力によって行われるのではなく、コミュニティ内で共有されるような特定の基準、モデル、あるいは規範に適応できる主体と適応できない主体を生み出すことを通して実現される。能動的かつ自律的な市民的主体による統治とは、必然的にこのような包摂と排除、あるいは非意図的・潜在的な排除をも含む、非包摂のプロセスを内包すると考えることができよう。

　それでは、このようなネオリベラルな都市統治は、調査対象地であるフィリピンにおいて、いかなる形で現出しているのであろうか。1990年代以降の民主化と地方分権化、そして経済の自由化が一層すすんだフィリピンにおける都市の統治を特徴づけたのは、都市計画の民営化と「能力付与（enablement）」アプローチであった（Shatkin 2000, 2007, 2008）[1]。このアプローチにおいては、財やサービスは市場を通して最も効率的に提供されるという論理の下に、中央政府の介入による都市の統治、計画、サービスの供与は最小限に抑えられるべきとされた。むしろ中央政府の役割は、地方政府、市場、民間セクター、NGO、近隣住民組織などに能力付与を行うことによって、住宅や土地といった財の再分配を担わせることにあるとされた（Shatkin 2000）。このような状況を背景に、近年の首都圏マニラにおいては、民間セクターからの巨大な投資の流入により、ショッピング・モールやコンドミニアムが建設され、さらにLRT（ライト・レール・トランジット、軽量の都市旅客鉄道）や幹線道路におけるオーバーパス（高架交差道路）やアンダーパス（地下道）などのインフラが急速に整備されている。しかしながら都市地理学のガヴィン・シャトキンは、このような民間主導による都市開発が、しばしば「ニューリッチ」（cf. Pinches 1999）と呼ばれる新興富裕層やミドルクラスの便益にもっぱら供される一方、

---

*1　フィリピンの地方分権化と、それが有する貧困削減に対する制度的限界に関するより一般的な議論としては、Bird and Rodriguez（1999）、Eaton（2001）を参照。

下層の都市貧困層の福祉や利益は「素通り（bypass）」していると指摘する。そして、ミドルクラスのための飛び地的で私的空間が、スラムや公共空間を「素通り（bypass）」しながら結びつく今日のマニラの都市景観を、「素通りと埋め込みの都市化（bypass-implant urbanism）」として論じている（Shatkin 2004, 2008）。

　第1部の二つの章では、マニラ首都圏マリキナ市の貧困層地区の事例から、このようなネオリベラルな都市統治を背景として展開される社会政策を具体的に検討してゆく。フィリピンにおけるスラム住民と都市貧困に関する研究は、3年以上に及ぶ住み込みと観察にもとづいて、スラムの濃密な日常世界を描き出したランダ・ホカノの古典的民族誌（Jocano 1975）以降、豊富な蓄積がなされてきた。しかしながら、その中には政府の土地政策や公共住宅供給などの諸政策に関する評価・提言を目的とする、モノグラフや報告書の域を出ないものも少なくない[2]。その一方で目を引くのが、スラムに住む人びとの主観的意味世界とアイデンティティを、下層労働者階級とミドル・クラスの複雑な相互交渉に注目しつつ論じた都市人類学者マイケル・ピンチェスの研究（Pinches 1992a, 1992b）、そしてスラムにおける居住の権利を求める実践に注目しつつ、住民組織と人びとのエイジェンシーの可能性を論じた研究（Berner 1997, 2000, 2001, Parnell 2002）などの人類学や社会学の分野の研究である。

　一方で、都市貧困層を対象とする政治学的研究は、貧困層の政治参加と彼らの民主主義の捉え方に関して、貴重な議論を提供している。例えば、マニラ首都圏の貧困層を対象とした投票教育キャンペーンに注目したフレデリック・シャッファーの研究は、貧困層が抱く民主主義や理想的政治家に対するイメージが、中間層やエリート層のそれとは顕著に異なるものであり、そのような差異が、今日のフィリピンにおける階層間の断絶をより深刻なものにしていると論じる（Schaffer 2005、本書第7章参照）。　同様な視点から、貧困層と中上流階級との間に存在する象徴的境界線構築の実践を、政治的デモや路上での示威行動に注目しつつ論じる研究も見られる（Garrido 2008, 2013a, 2013b）。また、日下

＊2　例えば、Antolihao（2004）、Ballesteros（2005）、Casino（2001）、Lee（1995）、Llanto and Orbeta（2001）、Manasan（2002）、Murphy（2008）、Porio（2004）、Rebullia et.al.（1999）、Veneracion（2004）など。

渉はスラムに住む街頭商人の事例から、「大衆」と「市民」の間に存する道徳的対立と、そこから生起する「二重公共圏」について論じ（日下 2007、2008、2013、Kusaka 2010）、木場紗綾はしばしば非合理的・非道徳的存在として排除、周辺化されるかに見えるスラム住民たちが、実は合理的選択に基づいた生存戦略を展開している状況を実証的に検討している（木場 2012）。さらに、スポーツ社会学の成果である石岡丈昇の研究は、マニラのスラムにおけるボクシングジムに集うボクサーに注目しつつ、彼らの身体に刻み込まれる権力作用と貧困世界の関係を描いた貴重なエスノグラフィーである（石岡 2012）。

　ここに概略したように、フィリピンの都市貧困層を対象とした近年の諸研究には、政策評価的な報告のみでなく、長期のフィールドワークに基づいてスラムのミクロな生活世界とマクロな構造の両者を解き明かす貴重な研究が蓄積されつつある。第1部の2つの章では、このように階層間の微細な差異に焦点をあてながら、貧困層の主体に作用する権力関係を論じる諸研究と呼応しつつも、差異を内包しつつ接合される「社会的なもの」の可能性について考察してみたい。

第1章
侵食されるアソシエーション
スラムの土地供給事業とクライエンテリズム的なつながり

　本章ではスラム住民に対する土地供給を目的とした政府の社会政策プロジェクトに注目しつつ、プロジェクトを推進するフォーマルな制度として登場したアソシエーションが、インフォーマルな制度としてのクライエンテリズム的なつながりに侵食され、融合している状況を検討する。第1節では、まず調査地であるマニラ首都圏マリキナ市の1990年代以降の市政の特徴を、プロローグにて指摘したネオリベラルな都市統治との関連性に注目して論じる。次に、集約的なフィールドワークを行ったマリキナ市マランダイ地区の概略を述べる。第2節では、本章が事例とする社会政策である「コミュニティ抵当事業（Community Mortgage Program、以下CMP）」の概要を述べる。特に、本プログラムの推進役である住宅所有者アソシエーション（Homeowner's Association、以下「アソシエーション」）の役割に注目し、1990年代以降の地方分権化の流れの中で、このようなアソシエーションが政府の政策に取り込まれてきた経緯を追う。第3節は、マランダイ地区でのフィールドワークで得られたデータによって構成され、本章の中心となる部分である。まず調査地におけるCMPの進展状況を検討する。いくつかのアソシエーションの事例を検討しながら、プログラムの成否を分ける要因に関して考察する。続いて、本プログラムからの受益を十分には得られず、むしろコミュニティ内で周辺化されてゆく露天商の人びとの実践を提示する。特に、彼らが、同業者によるアソシエーションを組織することで、いかにその周辺的位置の修正を試みようとしているのかを検討する。さらに、アソシエーションを動員したスラムの都市統治が、自助と自律の精神を内面化した市民的主体を育成することで、スラム居住者の土地保障という目標の達成を試みる一方、同時に地方政治家と住民間のクライエンテリズムをも作動させ、それによってアソシエーションの運営過程が侵食されている状

地図1−1
マニラ首都圏と
マリキナ市

況を描く。第4節では、結論として、アソシエーションのクライエンテリズムによるこのような侵食を、単に否定的に解釈する従来の立場を避けつつ、能動的市民的主体とクライエンテリズムという一見相反する論理が、CMPの進行過程にて併存する状況が持つ意味を考えてみたい。

第1節　マリキナ市の都市統治とマランダイ地区

　ここでは、マニラ首都圏マリキナ市の都市統治の特徴を検討したい。フィリ

ピンでは、1991年に共和国法7160号（通称Local Government Code of the Philippines、以下「地方自治法」）が制定されて以降、それまで中央政府によって担われてきた機能と権限の多くが、地方自治体に委譲され、地方自治体の首長の裁量の範囲が拡大された[*3]。このような時期にマリキナ市政に登場したのが、バヤニ・フェルナンド（Bayani Fernando）であった。彼は、1992年から2001年の間市政を握り、2001年以降2010年までは、その妻マリデス・フェルナンドが市長の座にあった[*4]。その後2010年5月の選挙では、反フェルナンド派の候補が、フェルナンド派の候補を破って当選した。しかし、フェルナンド夫妻によって始められた統治のスタイルは、基本的に今日まで踏襲されていると思われる。その意味で、今日のマリキナ市の統治を考えるうえで、地方分権化開始以降20年間に行われた、フェルナンド夫妻の統治手法が重要であると考え、以下ではその特徴を検討してゆく。

　マリキナ市はマニラ首都圏の東端に位置し（地図1-1）、2009年時点で49万6205人の人口と世帯数10万5351で構成される。バヤニ・フェルナンドがマリキナ市政に登場した1992年当時、マリキナ市の中心を流れるマリキナ川沿岸には、地方から流入した多くの不法占拠者によって巨大なスラムが形成されていた（写真1-1）。住民たちによれば、当時のマリキナは「雑草の生い茂る荒蕪地（talahiban）」、あるいは「（犯罪絡みの）遺体の遺棄場（tambakang ng bankay）」として知られていたという。そのような無秩序で危険なイメージで語られたマリキナにおいて、フェルナンドは「不法占拠者ゼロのコミュニティ」をその行政の目標として掲げ、「コミュニティを正そう（Ayusin natin ang komunidad）」と訴えつつ、その市政を開始したのであった。「秩序あるコミュニティ（maayos na komunidad）」が、彼の市政のキーワードであった（写真1-2）。それではその「コミュニティ」とは、どのような内実を持ったものとしてフェルナンドによって考えられていたのであろうか。その点を探るために、フ

＊3　このような流れを背景として、伝統的なパトロネージ政治に批判的で、政策や透明性をより重視する「ニュー・ブリード（new breed）」と呼ばれる地方政治家たちが登場した。そのような新たな政治手法を身につけた地方政治家の事例研究としては、Kawanaka（2002）を参照。

＊4　フィリピンでは、市長・町長など地方自治体首長の任期は3年で、2度まで再選選挙に出馬が許される。従って、再選されれば最長で9年間の任期となる。

ェルナンド夫妻の市政下で施行された、「コミュニティ」の生活を規制する主要な市条例を検討してみたい。特徴的な点は、それら諸条例においては、「コミュテニィ」は「公共の空間」と互換的に用いられているということである。表1-1は、コミュニティとしての「公共の空間」における人びとの振る舞いを規制する諸条例を示している。

　興味深いことに、それぞれの条例の前文では、特定の語やフレーズが繰り返し現われ、強調されている。例えば、住民たちの「健康」、「安全」、「治安」、「秩序」、そして「衛生」を生み出し、維持するために、住民一人ひとりの「規律（discipline）」、「礼儀（propriety）」、「高い道徳心（higher morals）」、そして「市民としての適切な行動（proper conduct to its citizenry）」が求められること。さらには、「公共の場（public places）」における「妨害（disturbance）」、「暴力（violence）」、「目障りな行為（nuisance）」を防ぎ、排除すること、それによって「公共の場」としての「コミュニティ」を作り出していくことなどである。すなわち、フェルナンドのマリキナ統治の目標である「コミュニティ」とは、都市住民の公共的関心事によって結びつく市民的空間であり、地縁血縁といった原初的紐帯にもとづく親密圏的共同体とは対極に位置するものとして捉えられていたといえよう。それは、自立した「市民」たちによる「清潔」で、「安全」な、「健康的」で、「規律」と「自助」の精神に基づく「コミュニティ」創出の試みであった[5]。

　さらに、そのような市民の共同体としてのコミュニティは、1つの企業であると考えられている。マリキナ市庁舎を訪れる人びとは、その内壁に掲げられたいくつかの重要な市政上の標語に気づくであろう。その中に、マリデス・フェルナンドによって語られた次のような文言がある。「私たちの市は民間企業のように運営される。そこには、利害関係者、勤労者、そして消費者がいる。私たちは、彼らを満足させるのみでなく、大いに喜んでもらうべき顧客として扱う

---

[5]　フェルナンド夫妻のイメージする、「秩序あるコミュニティ」や「市民」に関しては、Gonzalez（2009）やFernando and Maliwat（2009）などに明確に描かれている。これらの資料は、バヤニやマリデスへのインタビューのみでなく、住民、地方政府の役人、そして市会議員などによる多くの語りを収録している。また筆者自身による継続的な住民たちとのインタビューや会話も、これら資料における語りと同様の傾向が認められる。

写真1-1　マリキナ市内の貧困層集落（トゥマナ地区）

写真1-2　マランダイ地区に掲げられたバヤニ・フェルナンドのポスター。「秩序（*KAAYUSAN*）：それは都市生活にふさわしい規範と振る舞いを知ること」とある。

表1-1 「公共の空間」での活動について規制した主要なマリキナ市条例

（重要なものは太字）

条例番号 （施行年）	条例名	条例の目的と主な内容
59号 （1993年）	「マリキナの道路と歩道の使用を規制する条例」	・「歩行以外の目的でマリキナの公道、歩道のいかなる部分をも占有することは、違法行為である」（第2条）。 ・「公道・歩道での以下の行為は禁じられる：食料、雑誌、新聞などの販売。靴磨き。辻説法などの宗教的行為や物乞い。洗濯、洗濯物を干すこと、あるいは沐浴などの家庭内のルーティン」（第2条）。 ・「公共の安全と治安局」（Office of Public Safety and Security：OPSS, 市内の公共の場での商業活動を監視、規制するための機関）の設置を規定。
86号 （1994年）	「公共の掲示板、垂れ幕、標識などの撤去、破損などを禁じる条例」	・地方政府によって掲げられた全ての種類の掲示、標識などを保護することを目的とする。 ・「公道、その他の公共の場に掲げられた掲示、標識を撤去、破損、汚す行為は違法である」（第1条）。
74号 （1996年）	「歩道、公道、路地、公園、その他の公共の場所で、酩酊を引き起こす酒類を飲むことを禁止する条例」	・「公共の場における騒音、コミュニティ生活の妨害、暴力などは、歩道、公道、路地、公園、その他の場所で酒を飲む人びとによって引き起こされるということは周知の事実である。従って、公共の場での飲酒は禁じられ、従わないものは罰せられる」。
57号 （1999年）	「公道、歩道、その他の公共の場にて、ごみ、廃棄物、その他全ての遺棄物を燃やす行為を禁ずる条約」	・違反者に対しては、初回に2000ペソの罰金、2回目以降は毎回5000ペソの罰金が課される。
116号 （2001年）	**「マリキナ居住条例（MARIKINA SETTLEMENT CODE OF 2001）」**	・都市貧困層コミュニティにおける、土地改革、CMPを含む社会住宅プログラムなどの社会政策の提供に関する諸規則。 ・これらプログラムを推進するためにマリキナ居住局（Marikina Settlement Office, MSO）を設置。 ・飲酒、ギャンブル、違法駐車などコミュニティ内で禁止されるさまざまな行為、活動の包括的な規制。 ・各家屋にトイレを設置することを規定。従わないものには罰則。
163号 （2001年）	「市全域にわたって未成年が午後11時から午前4時の間、外出することを禁ずる条例」	・「市政府は、その市民に規律と適切な行動を促す真摯な努力の一環として、未成年の夜間外出禁止を実施する」。
73号 （2002年）	「ポイ捨て禁止条例」	・公共の場でごみ、とくにタバコのポイ捨てを禁ずる。

108号 （2002年）	「ドレス・コード条例」	・「マリキナ住民の間に礼儀、作法、高い道徳心を醸成するために、市は秩序と規律化のプロジェクトを一層推進する」。 ・何人たりとも、その住居の外の公共の場では、トップレスで動き回ること（歩行、ジョギング、駆け足、その他）は禁じられる（第3条）。 ・市場の売り子たちの服装は、以下のように規定される：a) Tシャツ、ブラウスなど、袖付きの上衣：b) ズボンあるいはスカート：c) 靴、サンダル、あるいはつっかけ靴：d) 生鮮食品売り場の売り子はエプロン着用（第4条）。
67号 （2003年）	マリキナ動物条例	・動物へのケアと保護のための条例。 ・「責任あるペット所有者」のための諸規定。 ・ペットの衛生と清潔さの維持のための諸規定。 ・「ペット犬の所有者は、犬を散歩に連れ出す際には、長さ2mの革ひもによってつなぎ、適切に口輪をはめなければならない」（第18条）。 ・「公共の場、公道、広場において動物を放し飼いにすることは禁じられる」（第19条）。 ・「公道、歩道、公有地、また下水溝、河川、その他の水路に、犬、豚、猫、ネズミなどの動物の死骸を捨てることは厳格に禁じられる」（第20条） ・「全てのペット犬所有者は、6ヶ月ごとに飼い犬に狂犬病ワクチン注射を施すこと」（第24条）。
145号 （2006年）	**「マリキナの平和、秩序、公共の安全と治安に関する条例」（The Marikina Peace, Order, Public Safety and Security Code of 2006)**	・コミュニティの平和、秩序、公共の安全、そして治安に関する包括的規則と違反者への罰則の規程。 ・「住民の間の快適で便利な生活を保全し、健康と安全を促し、平和と秩序を維持することを目的とする」（第2条）。

（We manage our city like a private corporation. One where there are stakeholders, workers, and customers. We treat them as our clients whom we want not only to satisfy but also to delight)」。このように述べるマリデスの行政は、「企業的アプローチ」と呼ばれる（Gonzalez 2009：68）。そこではマリキナを一つの企業として「経営する」ことが目指され、その投資価値を高めることが何よりも優先される（Gonzalez 2009：68-75）。マリキナの住民は、「企業家（entrepreneur）」であることを求められ、一方で彼らは「顧客」、あるいは「消費者」として捉えられ、彼らを満足させ、悦ばせることが市政の目標とされる。つまり、フェルナンド夫妻の都市統治とは、自律的で自助の規範を内面化した市民、そして

写真1-3　マランダイ地区の貧困層居住区

写真1-4　貧困層居住区の親子

高い生産性と市場価値を持つ企業家としての住民を生み出し、彼らによって「秩序あるコミュニティ」が運営されてゆくことであった。このように、1990年代以降のマリキナは、プロローグで指摘したネオリベラルな都市統治が如実に現出した事例として捉えることができよう。

　本章、そして次章が扱う事例は、マリキナ市を構成する16の地区（バランガイ、barangay）の1つであるマランダイ地区におけるものである*6。マランダイ地区（Barangay Malanday）の人口は2009年現在で5万3907人、世帯数1万1452世帯である。特徴的な点は、住民のおよそ半数の約6000世帯が合法的土地所有権を持たない不法占拠者（squatters）、あるいは非正規居住者（informal settlers）だということである（写真1-3、1-4）*7。住民の多くは、1990年代初頭まではマリキナの地場産業としての、靴製造の下請け、孫請けなどにより生計を立てていた。しかし、現在では中国からの安価な靴輸入により、マリキナの靴産業は完全な斜陽産業となってしまった（写真1-5）*8。その結果職を失った多くの住民は、露天行商やジープニー（乗り合いジープ）、トライシクル（小型バイクにサイドカーを付けた三輪タクシー）の運転手などの都市インフォーマル部門にて就労している（写真1-6、1-7）。収入面では、法定最低賃金（日430ペソほど、2011年現在1ペソは約2円）以下の者が大半である。

---

*6　バランガイはフィリピンの最小行政単位である。その人口規模は地方における数百人程度のものから、本章のマランダイ地区のように、都市部では数万人の住民をかかえる規模のものまで存在する。本章の主なデータは、2008年2月、2009年2月、3月、10月、2010年2月などの期間に、マランダイ地区に滞在して行った調査にもとづいているが、2016年3月に行った追跡調査から得られた情報も補足的に使用している。

*7　貧困層居住区を示す言葉として、一般的には「スラム」や「スクウォッター（不法占拠者）」が用いられる。しかし、これらは侮蔑的な意味合いを持つ語とされ、近年のフィリピンではより中立的な名称として「非正規居住地区（者）(informal settlement, informal settler families, ISFs)」が用いられている。基本的に本書においてもその語法に従う。なお、マリキナ市政府の見解では、本章の事例であるCMPの対象となった受益者たちは、非正規居住者には含まれない。しかし、彼らの合法的土地所有権が未だ確立されていないことは事実であり、その意味で、本章では彼らを非正規居住者として考察している。

*8　グローバル化に直面する地場産業の生存戦略という視点から、マリキナの製靴業の詳細な経営分析を行った最近の研究に福田（2012）がある。それによれば、マリキナ製靴業は、規模の零細性、労働集約的技術の使用、マニュアル加工を中心とする土着技術の使用といった、フィリピン地場産業の典型的性格によって特徴づけられる（福田 2012：73-74）。

第2節　CMPとアソシエーション

　CMP（コミュニティ抵当事業：Community Mortgage Program）とは、公有地や私有地に非正規居住する住民たちに、合法的な土地所有権を付与するために、コラソン・アキノ大統領（在位：1986－1992）によって1980年代末以降全国規模で導入された政策である。その特徴は、住民たちの「自助」、「競争」、そして「仲間圧力（peer-pressure）」を活用しながら、不法占拠者から合法的土地所有者への転換を計ろうとするものである（Karaos & Nicolas 2009, Lee 1995, Porio 2004）。CMPは、より広い文脈においては、国連をはじめとする国際開発援助機関が提唱する「能力付与アプローチ（enabling approach）」にもとづいている。このアプローチは、国家が、従来担ってきたコミュニティへの財やサービスの供給からは極力後退しつつ、自らの役目をコミュニティの動員と組織化のための調整、コミュニティによる決定と行動のサポートのみに限定することを眼目としている。そこには、資源の投資に関する効率的な決定は、受益者にもっとも近い草の根レベルのコミュニティにおいてこそ可能になるという基本的理念がある（United Nations Human Settlements Program 2003, cf. Hutchison 2007, Shatkin 2000, Reid 2005）。前節で述べたように、住民たちの自助努力によって、不法占拠者ゼロの「秩序あるコミュニティ」を生み出すことを目指していたバヤニ・フェルナンド市長は、このような性格を持つCMPを積極的に導入したのであった。本節では、まずCMPの概要を説明し、次に施行過程で重要な役割を果たすアソシエーションについて説明を加えたい。

　図1-1はCMPの基本的な流れを示している[9]。施行過程に関わる主なアクター、あるいはステークホルダー（利害関係者）としては、住民、地主、そして両者の仲介役となるオリジネーター（originator）が存在する。まず、事業の受益者となるためには、住民たちによってアソシエーションが組織されること

＊9　CMPに関しては、1992年に施行された共和国法7279号（通称Urban Development and Housing
　　Act of 1992,「都市の開発と住居法」）によってその基本原則が明文化された。そこで施行母体
　　とされた政府系金融機関である、National Home Mortgage Finance Corporation や Social
　　Housing Finance Corporation などによって細則が決められている。

写真1−5　現在のマランダイ地区の製靴業

写真1−6　道端で食べ物を売る露天商（マランダイ地区）

写真1−7　客を待つトライシクル運転手たち（マランダイ地区）

が必要条件となる。各アソシエーションは、200世帯をメンバーの上限とし、15人のメンバーが選挙によって役員に選ばれる[*10]。役職としては、会長（president）、副会長（vice-president）、書記（secretary）、会計（treasurer）、監査（auditor）、3人の広報（public relations officer）、そして7人の委員（board member）となっている。役員たちによると、メンバーの上限が200世帯に設定されている理由は、一人ひとりの融資返済をはじめとしたプログラムの履行をモニターする上で、最適の規模であるためとされる。

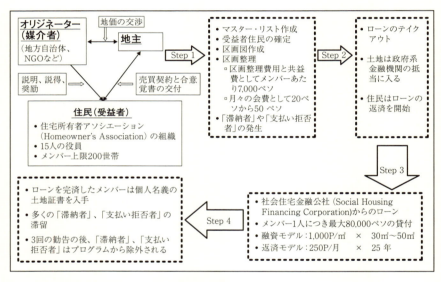

図1-1　CMPのアクターとプログラムの流れ

次に、住民と地主の仲介役になるオリジネーターは、住民参加型開発を専門とするNGOが担うケースが多いが、マリキナにおいては、市の行政機構内部にマリキナ居住局（Marikina Settlement Office、以下MSO）が組織され、オリジ

---

*10　しかしながら、表1-2からも明らかなように、メンバーの上限200世帯という規定は必ずしも遵守されていない。役員の選挙は2年に一度行われなければならず、役員は2回まで再選が可能である。しかし、本文中の事例からも明らかなように、長期にわたって選挙が行われず、役員の固定化が生じているアソシエーションも見られる。

ネーターを担っている。具体的には、オリジネーターは、住民に対しては
CMPの仕組みと規則を説明し、住民にとっての利益や権利、そして事業の必
要性などを丁寧に説明してゆく。一方、地主に対しては、合意可能な土地の価
格を交渉する。住民と地主間で土地価格の合意に至った場合、オリジネーター
は売買契約書（Deed of Sale）と合意覚書（Memorandum of Agreement）を作成
する。さらに、オリジネーターの重要な役割は、後述のように、住民が政府系
金融機関から土地取得用の融資を受けるための支援、そしてその返済のプロセ
スの管理を担うことである。

　CMPの各ステップにおいては、住民間に信頼と協力的な関係を醸成するこ
とが必要になる。特にアソシエーションは、プログラムの目的が完遂されるよ
う、住民を促し、モニターし、そして規律づけてゆく。プログラムの最初のス
テップは、受益者となる世帯主の名簿であるマスター・リストの作成である。
受益者となるのは、家屋の所有者に限られる。従って、借家人や間借り人は受
益者となれない[11]。人の出入りが激しく、世帯内には核家族のみでなく間借
りや同居する一時滞在の親戚や知人などを多く含む、都市非正規居住地区にお
いては、正当な受益世帯主を確定するためのリストを作成するということは、
容易な作業ではない。CMPは、その最初のステップから、住民たちの動機づ
けと協力が要請されるのである。

　ところで、上述の住民と地主との合意覚書（MOA）には、次のような規定
がある。「受益者の近親や遠い親戚が、受益者の住居に共に滞在する予定があ
る場合には、アソシエーションはオリジネーターに対して、それら親戚の到着
日を書面にて通知しなければならない。それら親戚は、1ヶ月を超えて受益者
の家屋に滞在することは出来ない」。さらに、「受益者が、与えられた区画を離
れ、就労などの目的で、一時的に遠方に滞在しなければならない場合には、ア
ソシエーションを通じて、オリジネーターに書面にて通知しなければならない。
通知は、当該受益者の出発5日前にまでになされなければならない。オリジネ
ーターは、受益者たちが付与された区画に居住しているかどうか、定期的に視

---

[11] この点に関して、CMPが、スラム住人の中でも最貧困層に属する借家人や間借り人を排除して
　　いるとする批判もある（Berner 1997）。

察する。当該区画を占有できる者は、受益者の直近の家族のみである」。これらの規定に読み取れることは、プロジェクトが、マスター・リストに記載された受益者とその直近の家族が、指定の区画に定住することを促し、コミュニティからの転出や移動、さらには親戚などの流入を抑制し、人びとの流動性を極力抑えることを意図していることであろう。まさに、CMPは、ジェームス・スコットが論じたように、コミュニティの複雑で「雑多（messy）な」現実を、「読解可能（legible）」にする作業を基礎にして展開されている（Scott 1998）。

　マスター・リストが作成された後には、区画図（subdivision plan）の作成をエンジニアに依頼し、それにもとづいて区画整理（re-blocking）を行う。区画整理の目的は、十分な幅の道や、避難場所、保育所、多目的ビルディングなど公的目的の建造物のための空間を確保することである。この過程で、迷路のように狭く曲がりくねった道と混然と軒を連ねる家々によって構成されるスラムに特徴的な空間は、見通しの良い碁盤目状の道路によって整然と区画化された空間へと変容してゆくのである（写真1-8a、1-8b、1-8c）。この段階で、アソシエーションのメンバーは、エンジニアへの支払いとアソシエーションの共益費として合計7000ペソ、加えて月々の会費として20ペソから50ペソの額を供出しなければならない。その多くが、法定最低賃金（2010年調査当時1日404ペソ）以下の、しかも不定期な収入に頼るインフォーマル・セクター就労のメンバーにとって、月々の会費を継続的に支払い続けることは容易なことではない。結果的に、定期的な会費の支払いができない「滞納者（delinquent）」や、敢えて支払いを拒否する「拒否者（recalcitrant）」が生まれることになる*12。しばしば「拒否者」は、「我々はここに長年居住してきた。なぜ今さら、自分の住む土地のために金を払わなければならないのか」という理由づけによって、支払いを拒否するのである（Lee 1995：536）。同じくマニラ首都圏にてCMPの調査を行ったマイケル・リーによれば、「（アソシエーションの）会計係は、供出金を滞納するメンバーに対して、継続的な支払いの必要性について根気強く説明し、時には巧みになだめ、すかしながら協力を求める技量が要求される」と

＊12「滞納者」、「拒否者」を指す英語原語には、プログラムに従わない住民に対して、政策執行側が抱く否定的ニュアンスが込められていると考えられる。そこで、以下ではこれらの語をカッコ付きで表記する。

写真1-8a　区画整理（re-blocking）前の密集した集落

写真1-8b　区画整理（re-blocking)のために壊される家屋

写真1-8c：区画整理（re-blocking)の終了した街路

いう（Lee 1995：536）。このような金銭の支払いという段階になり、住民の間には規律と責任という社会規範の醸成が、一層必要となってくるのである。

　区画図作成と区画整理が終了すると、アソシエーションは政府系金融機関である社会住宅金融公社（Social Housing Financing Corporation、以下SHFC）から融資を受ける「テイクアウト（take-out）」と呼ばれる段階に入る。しかしながら、後に見るように、2010年の調査時においてマランダイ地区にてテイクアウトの段階に至ったアソシエーションは、未だわずかであった。本章の議論では、アソシエーションがテイクアウトの段階に至ったか否かを、プログラムの成否を評価する一つの基準として捉えたい。SHFCからの融資は、一世帯あたり最大8万ペソまで可能である。世帯主はこの融資を最長25年かけて返済してゆくことになる。CMPのスキームのもとでは地価は1㎡あたり1000ペソに固定され、各世帯は30㎡から50㎡までの土地を割り当てられる。各世帯主の、平均的な月々の返済額は250ペソほどである。ほとんどのメンバーは融資の返済を25年かけて行うが、資金的に余裕のあるメンバーは繰り上げて返済を完了し、いち早く土地所有証書を手に入れる場合もある。

　アソシエーションは、月々の返済を怠る「滞納者」や「拒否者」に対し、さまざまな働きかけを行う。リーによれば、それらの働きかけとは、隣人としての親切な忠告や何らかの援助の申し出からはじまり、最終的には脅迫的な手紙が渡されることになる（Lee 1995：536）。これらの働きかけが奏功しない場合には、それら「滞納者」や「拒否者」は、アソシエーションによってコミュニティの土地からの退去を命じられ、より資金的余裕と支払い能力があると思われる世帯が代わりに加入することになる。

第3節　マランダイ地区におけるCMPの展開

　以下では、マランダイ地区におけるフィールドワークによって得られたデータにもとづき、CMPの実際の展開過程を検討してみよう。2009年から2010年の調査時において、マランダイ地区には27のアソシエーションが存在していた。表1-2は全てのアソシエーションに関して、世帯数、「滞納者」と「拒否者」の世帯数、市政における政治的支持、CMPの進捗状況を示したものである。

　まず表から理解できることは、全てのアソシエーションにおいて、少なからぬ数の「滞納者」、「拒否者」が存在するということである。いくつかのアソシエーションでは、多くの「滞納者」、「拒否者」が出たために、プログラムの続行が不可能になっている（例えば、表中のアソシエーション番号⑦、⑬、⑯、⑳、㉒、そして㉕）。対照的に、テイクアウト、すなわちSHFCからの融資の獲得に成功したアソシエーションも存在する（アソシエーション番号⑥、⑱、㉖、㉗）。しかしながら、一見成功しているようにみえるこれらのアソシエーションにおいても、「滞納者」、「拒否者」は存在する。このことは、一度融資を得られた後も、資力のみでなく、勤勉さや責任などの規範を要する月々の返済は、住民にとって容易ではないことを示している。例えば、アソシエーション㉗は、2002年にテイクアウトに成功したが、調査時において全メンバーの4割以上にのぼる300世帯もの「滞納者」がいる。またアソシエーション⑥は、2004年にテイクアウトに至ったが、40世帯の「滞納者」、13世帯の「拒否者」がおり、その数が全メンバーの2割を占める。2009年にテイクアウトにいたったばかりのアソシエーション⑱と㉖に関しては、いまだ「滞納者」「拒否者」はわずかであるが、今後数年の間に増加していく可能性は十分考えられる。ところで、これらテイクアウトに成功した4つのアソシエーションには、既に融資を完済して土地の所有者となったメンバーも存在する。具体的にはアソシエーション⑥に30世帯、アソシエーション⑱に12世帯、アソシエーション㉖に19世帯、そしてアソシエーション㉗に80世帯である。

　さらに表から分かることは、ほぼ全てのアソシエーションの役員たちは、調査時におけるマリキナ市長マリデス・フェルナンドとその傘下の市議会議員[13]たちへの政治的支持を表明していたということである。このことからは、選挙時において、アソシエーションが特定の政治家に対する集票を担う政治マシーンとして機能していることを予想させる。アソシエーションが、いわばクライエンテリズムの結節点となっていることを示唆する事例を以下に見てみよう。

────────────

＊13 マリキナ市議会は16人の議員（city councilors）で構成され、彼らによって、住民の生活をさまざまに規制する条例が作成される。

表1-2　マランダイ地区におけるアソシエーション*

番号	世帯数	「滞納者」／「拒否者」（世帯）	役員たちによるマリキナ市政府への政治的忠誠
①	103	25／0	現政権支持。「2010年の（正副大統領）選挙では、副大統領候補のバヤニに投票する」（会長）。
②	277	50／4	現政権支持。地方選挙の度毎に総会を開催。「私たちにはバヤニとマリデスの政権に恩義 (utang na loob) がある」（ある役員）。
③	200	150／0	現政権支持
④	228	20／0	反政権派支持
⑤	200	10／3	役員は全員一致で現政権支持。しかしメンバーが誰に投票するかをアソシエーションが指示することはない。
⑥	219	40／13	現政権支持
⑦	117	活動停止	現政権支持
⑧	288	60／0	現政権支持
⑨	87	10／0	政治的支持表明せず。「土地のための政策を政治に利用するようなことはしない」（会長）。
⑩	124	60／0	現政権支持。「私個人は現政権を支持するが、メンバーに強要するようなことはない」（会長）。
⑪	386	116／0	反政権派支持。「私たちは反政権派を支持している。しかし、もし市長陣営に属していないと、CMPを進めていくためのさまざまな許可や便益が得られない」（会長）。
⑫	106	70／0	現政権支持。「わたしたちは現市長の政権に頼っている」。
⑬	152	活動停止	現政権支持
⑭	144	70／0	現政権支持
⑮	205	140／0	現政権支持
⑯	120	活動停止	N／A
⑰	284	20／0	現政権支持
⑱	269	n/a／5	現政権支持
⑲	232	115／0	現政権支持
⑳	350	活動停止	現政権支持
㉑	243	120／4-5	現政権支持。「もし政権を支持しなければ、われわれはCMPから利益を得られないだろう。バヤニのことをヒトラーと言う人もいる。しかし人が何と言おうと、私はバヤニを支持する」（会長）。

CMPの進行状況、その他の情報

1998年設立。2009年9月の超大型台風「オンドイ」によって多くのメンバーが被災。うち9世帯が首都圏近郊ラグナ州の再定住地へ移住。他のメンバーもかろうじて生計維持する状況で、アソシエーションへの月々の会費その他の供出金の支払が困難なメンバーが多数。
1998年設立。役員の内10人が海外出稼ぎ経験者**。
1994年設立。役員の内4人が海外出稼ぎ経験者。
1994年設立。区画整理（re-blocking）完了。役員の内2名が海外出稼ぎ経験者。
役員の内海外出稼ぎ経験者は1人。
1993年設立。2004年5月にテイクアウト。返済率（Collection Efficiency Rate, CER）は79%。30世帯のメンバーが既にローン完済。
メンバーたちの役員への不信増大により、月々の会費徴収が困難に。2009年10月に前会長が死去。その後、メンバーはより信頼できそうな人物を選出。調査時現在、アソシエーションは新しい会長の下で、活動を再開しようとしている。役員の内5人が海外出稼ぎ経験者。
役員同士の間に反目が存在。ある役員によると、「もう2年以上も総会が開かれていない。透明性がまったくない。アソシエーションの運営は、会長、会計、書記など一部の役員によって独占されている。会長は市役所に雇用されている。だから彼と彼の仲間の役員は皆、現政権を支持している。しかし役員の中には、自由に投票するものもいる」。
役員に海外出稼ぎ経験者はなし。
役員の内1名の海外出稼ぎ経験者。
役員の内1名の海外出稼ぎ経験者。
メンバーたちの現役員への不信の増大により、月々の会費徴収が困難に。
役員の内1名の海外出稼ぎ経験者。
1998年設立。過去4年会費の徴収は停止。
「政治家たちは選挙のためにアソシエーションを利用しているだけ」（あるメンバー）。
1998年設立。2009年5月にテイクアウト。返済率は95 – 98%。12世帯のメンバーが既にローン完済。役員の内5人が海外出稼ぎ経験者。
役員の内5、6人が海外出稼ぎ経験者。
メンバーたちの現役員への不信の増大により、月々の会費徴収が困難に。「政治家たちは、CMPを通して住民を操作しようとしている。アソシエーションの役員たちは、CMPによって私腹を肥やした」（あるメンバー）。役員の内4名が海外出稼ぎ経験者。
1988年設立***。60歳の高齢にもかかわらず、20年間も会長職にとどまり、他の人に譲ろうとしない現会長への批判が高まっている。役員たちの運営に対しても、透明性に欠けるとして不信が増大しつつある。

㉒	197	活動停止	N／A
㉓	197	80／10	現政権支持
㉔	97	50／0	現政権支持
㉕	28	活動停止	現政権支持
㉖	381	10／5	現政権支持
㉗	675	300以上／n/a	現政権支持

出所：2010年2月の現地調査時のインタビューにもとづく
* 　濃い網掛けのセルは、月々の会費をはじめとするさまざまなメンバーからの供出金の徴収が困難
　　になり、活動が停止してしまっているアソシエーション。薄い網掛けのセルは、進捗が順調で、
　　テイクアウトに成功したアソシエーション。
** 都市貧困層居住地において、海外出稼ぎ労働は貴重な収入源である。家族が海外出稼ぎ就労中で
　　あったり、本人がかつて海外出稼ぎを経験していることは、当該世帯の一定の経済的安定性を示

事例1-1：地方政治家と住民たちの共食（2016年3月）

　フィリピンでは、2016年の5月に大統領、上院・下院議員を選ぶ国政選挙、そして市や町の首長や議員を選ぶ地方選挙が予定されていた。選挙を前にした2016年3月3日の朝、マランダイ地区の集会所では、マリキナ市MSO（54頁参照）の職員によって近隣の3つのアソシエーションの会長や役員たちが呼び出されていた。役員たちは、選挙に立候補する予定の市議会議員や下院議員の候補者たちを歓迎するために、各アソシエーションから最低20名ずつのメンバーを招集するよう、MSOから指示されていた。ところが、昼近くになっても予定していた人数が集まらなかったため、MSO職員はしばしば苛立ちを露わにし、早くメンバーを呼び集めるよう会長を急き立てた。正午近くになり、ようやくメンバーたちが集まった。そこへ、現マリキナ市長、副市長をはじめ、その陣営の下に立候補する市議会議員や下院議員候補たちが登場した。これら地方政治家たちは、集会所にやって来ると、アソシエーション・メンバーの間を笑顔で歩きながら挨拶し、一人ひとりと握手を交わした。その後、候補者たちは一人ずつ演説をし、いかに現市長が情け深く、寛容な良き市長であるか、また対立陣営の候補に投票するのがいかに間違った選択であるかなどを強調した（写真1-9参照）。その後、候補者たちによって準備された食事が、長机の上に敷かれたバナナの葉に並べられ、候補者と住民たちは手づかみでの共食に興

戸数が増加した㉑から分離して2002年に設立。2007年以降、月々の会費徴収が困難に。長らく役員選挙が行われず、その事が原因で、メンバーの不信は増大しつつある。一度は地主との間にMOAを交わしたが、その後の進展が見られず、失効してしまった。
2004年設立。役員の内3人が海外出稼ぎ経験者。
会長によれば、本アソシエーション・メンバーの多くが貧困なため、プログラムの進行は遅々として進まない。地主から直接土地を買うための新たなスキームを考えている。多くのメンバーが「滞納者」であるため、アソシエーションの資金は底をつきつつある。
上記㉔と同様の理由により、月々の会費徴収はなされず、活動は停止している。地主からの直接購入を考えているが、進展はない。
2009年5月にテイクアウト。19世帯のメンバーがローン完済。
1984年設立。2002年にテイクアウト。80世帯のメンバーがローン完済。

　　　す。そのため、表中には、各アソシエーション役員の内どれだけが海外就労を経験しているかを記した。
***　番号㉑や㉗のように、CMPが開始される以前に設立されたアソシエーションも存在する。これらは、当初コミュニティ内のさまざまな福利厚生のために住民によって自発的に組織されていたものが、その後CMPの目的のために活用されることになった。

写真1-9　アソシエーション・メンバーの前で選挙演説をするマランダイ地区長。その隣りに座るのは市長・副市長・市議会議員候補たち。

じたのであった*14。

　このように、アソシエーションは集票機能を中心とする統治の手段としての側面を持ち、それは事例のような選挙時において特に顕在化するのである。以下に検討する3つのアソシエーションの事例からも、不偏不党かつ公正な社会政策としてのCMPの表向きの目標とは裏腹に、実際のプログラム施行の過程では、むしろ特定の地方政治家たちとアソシエーションの中心メンバーたちの間に、財・サービスと政治的支持との私的交換関係が結ばれ、プログラム進展の過程でそのような関係が再生産されている状況が明らかになる*15。その点を、以下3つのアソシエーションの事例においては、会長をはじめとした役員の職種から見た社会階層や、彼らの維持する社会関係・ネットワークに注目しつつ検討する。その際、自身が海外での就労経験があるか、あるいは援助を期待できる親族に海外出稼ぎ者あるいは移住者を持つか否かという点は、今日のフィリピンにおいて経済的地位や社会階層の動態に大きく影響を及ぼす要素であるため、多少詳細に触れることにする。

事例1-2：称揚される「勤労」、「規律」、「公共性」：
サンタ・マリア・アソシエーション（表1-2の番号⑱）の事例

　サンタ・マリア・アソシエーションは269世帯のメンバーで構成される。2009年5月に融資のテイクアウトに成功した。過去11年の間、アソシエーションの会長はビクトール・プンザランという人物によって担われている。調査時に40歳代半ばであった彼は、かつてフィリピン国軍の陸軍斥候大隊（Scout Ranger）に所属した軍人であった。軍を引退した後、ビクトールは民間の警備

────────────

*14 皿やスプーン、フォークなどを用いずに、バナナの葉を皿代わりに手づかみで行うこのような共食（boodle fightと呼ばれる）は、政治家たちの人びとへの近さや親しみやすさを演出するために、しばしばキャンペーン時に行われる。

*15 このような地方政治家との関係は、CMPが展開されている貧困層地区のアソシエーションのみでなく、「ゲーテッド・コミュニティ（gated community）」と呼ばれる、中間層や富裕層の居住地におけるアソシエーションにおいても見られる。アンドレ・オルテガは、リサール州やラグナ州などの首都圏近郊に近年急速に拡大する「ゲーテッド・コミュニティ」における、アソシエーションと地区（バランガイ）や町（ムニシパリティ）政治家との密接な「同盟（alliance）」を論じている（Ortega 2016：233）。

員や雇われ運転手など、さまざまな職業を経験してきた。現在彼は、地域の小学校のスクールバスの運転手として雇用されており、同時に妻の調理した惣菜や菓子を小学校で販売し、生計を立てている。

　ビクトールは、「アソシエーションは市政府の仲間（ally）である」と述べ、市長マリデス・フェルナンド（当時）、そして特にCMPを開始した前市長バヤニ・フェルナンドへの強い支持を表明する。彼によれば、「BF（バヤニ・フェルナンドのニックネーム）なしでは、CMPもなかった。BFは、私たちにいかに分別のある（sensible）、責任感のある市民となるかを教えてくれた。（BFのおかげで）私たちは無から何者かになることを学んだ（we learned how to become something from nothing）」。そして、「滞納者」たちのことを批判して、次のように述べる。「CMPは、あなたのために働いてはくれない。あなた自身がCMPのために働かなくてはならない。（なぜなら）政府はタダでは土地をくれはしないからだ。もし自分の土地が欲しいならば、いかに責任感を身につけるかを学ばなければならない」。さらに、ビクトールはイソップ寓話の有名な「アリとキリギリス」の話を引きながら、アソシエーションがテイクアウトに至るためには、いかに勤勉の倫理が住民に求められるかを強調する。メンバー間の協働と勤勉がなければ、地主との交渉は長引き、その間に地価は上がっていき、合意に達するのは一層難しくなる、と彼は説明する。

　また、ビクトールが強調するのは、私的空間と区別された「コミュニティ」の空間であり、それは同時に、隣人たちによって共有されるべき公共性の観念へとつながっていると思われる。彼は言う。「あなた自身の空間においては、あなた自身が王様のように振舞えるだろう。しかし一歩外に出れば、そこはわれわれアソシエーションのもの、コミュニティのものである。だから、それに応じた振る舞いをしなければならない（You are king of your own domain, but once you step outside, that's our association's property, community's property. So, you have to behave properly.）」。「この路地は『われわれの』ものだ。政府のものでもない。私たちの路地（This road is "our" property. Not the government property. It's our road）。だからごみを放置するようなことはすべきでない。良き隣人、財産の良き共有者になることだ（Be a good neighbor, be a good co-owner）」。

　彼の維持する社会関係は海外に広がっている。まず彼の姉は、フィリピンに

駐留していたアメリカ海軍所属の軍人と結婚し、現在はアメリカ合衆国ニュージャージー州に居住し、合衆国市民権を得ている。また、彼の娘は現在看護学校に通っており、看護師になって海外で就労することを希望している。オーストラリア、ドバイ、カナダなどにイトコが居住しているため、彼女もそれらの国々を将来の移住先と考えている[*16]。

　それでは、サンタ・マリア・アソシエーションの他の役員メンバーは、CMPに対してどのような意見を持っているのだろうか。まず彼らの職業に関してみてみよう。会長をのぞく14名の役員は、さまざまな職業に就いている。例えば、サリサリ・ストア（住居の一部屋を活用した雑貨屋）経営、職工、機械工、卸売り店員、事務職などさまざまである。特徴的なことは、およそ半数の役員が、自身が海外での契約労働に就労した経験を持つか、あるいは配偶者や子どもが現在海外にて就労しているということである。彼らも、会長のビクトールと同様に、海外で就労、あるいは移住した家族や親戚を通じたトランスナショナルなネットワークを維持しているのである。その意味で、アソシエーションの役員たちは、自らの正規就労からの収入のみでなく、海外からの送金なども含め、一定の安定した現金収入が見込める人びとであると考えられよう。

　役員の1人によれば、「CMPの受益者になるためには、どのような種類のものであれ、仕事をするということが必要なのだ。もし現在職に就いていないのならば、自分に何が出来るか考えなければならない。廃品回収業（*basurero*）、洗濯婦（*labandera*）、空き瓶回収業（*botero*）など、何でもいいのだ。大事なことは働くこと。たとえそれが賤しく見られる種類のものであっても。出来ないということはあり得ない」。別の役員は、「アソシエーションがテイクアウトに至るために必要なことは、自分のコミュニティへの配慮（*malasakit sa komunidad*）である」と述べる。例として、もし彼がコミュニティ内で怪しげな人物を目にした時には、会長のビクトールに連絡し、その人物を取り調べてもらうと言う。実際、サンタ・マリア・アソシエーションでは、「パブリッ

[*16] 第7章、第8章で詳述されるように、フィリピンにおいて看護師職は、歴史的に海外移住を試みるミドルクラスの人びとにとっての主要な職種であった。調査が行われた2000年代半ばには、アメリカをはじめとした欧米での看護師需要が高まり、多くのミドルクラス専門職が、看護師資格を取得し、海外移住を試みる現象が観察された。

ク・アドレス・システム〔Public Address System〕」という、コミュニティの
セキュリティのための制度がある。そこでは、ビクトールが毎週1回マイクを
持ってコミュニティ内を巡回し、違法薬物使用への警告、野放しの犬、ペット
動物、闘鶏用の鶏などの適切な管理、CMPのための供出金やローン返済の滞
納に対する警告などがなされるという。ビクトールによれば、「このようにし
て、住民たちはCMPの過程でどのようにして規律を身につけるかを学ぶのだ」。

事例1-3：「透明性」と「アカウンタビリティ」の強調：
サン・ペドロ・アソシエーション（表1-2の番号㉖）の事例

　サン・ペドロ・アソシエーションは、381世帯で構成され、2009年5月にロー
ンのテイクアウトに成功した。会長のアニータ・クルースによると、メンバ
ーのほとんどは、毎月のローン返済を遵守しており、中には既に完済して土地
所有権を取得した者も19世帯存在する。しかしながら、アソシエーション内
には10世帯の「滞納者」、「5世帯」の拒否者が存在する。

　1999年以来会長を続けているアニータは、マリキナ市役所にて雇用されて
いる。事例1-2のビクトール同様、アニータもフェルナンド市長の親密な「仲
間」という側面を持つ。アニータによれば、マリデス・フェルナンド市長（当
時）が、政治集会、選挙キャンペーン、あるいは貧困者への食糧配給プロジェ
クトなどを行う際、最初に声をかけるのが、アニータであるという。彼女には、
市長とその陣営と、コミュニティ住民をつなぐための手助けが期待されている。
それらの集会にはアニータも必ず参加し、市長陣営と住民たちの調整役となる
という。

　アニータによれば、アソシエーションのメンバーに必要とされるのは、「透
明性」と「アカウンタビリティ」であるという。彼女は、アソシエーションの
総会を定期的に招集することが大事であることを強調する。総会では、会計担
当によって、メンバーの前で毎月の会計報告が明確に行われる。さらにアニー
タは、月々の会費やエンジニアの報酬のための供出金など、さまざまな出費が
なぜ必要で、またそれらの徴収が合法的なものであるということを、メンバー
に理解してもらうよう、粘り強く説得するという。このようにして、メンバー
はプログラムの重要性と、その成功のためには住民が協力しなければならない

ということを学ぶ。反対に、うまくいかないアソシエーションに関しては、「透明性」と「アカウンタビリティ」がないために、テイクアウトにまでたどりつくことが出来ず、さらにそれらのアソシエーションの会計は、流用や不明朗な会計を批判されるのだとアニータは考える。

　上記2つの事例は、既にローンのテイクアウトを済ませており、順調にプログラムの進展を見ているアソシエーションであった。会長をはじめとした役員たちは、安定した収入の得られるミドルクラス諸職の正規就労従事者であると考えられる。また、定期的な送金が期待できる海外在住の親族とのネットワークも維持している。一方、これらのアソシエーションとは対照的に、次の事例のサン・ホセ・アソシエーションの役員をはじめとしたメンバーの多くは、故郷の地方村落とのつながりをいまだ維持しつつ、互いに同郷者や親族の紐帯で結びついている。このアソシエーションは、融資のテイクアウトにまだ至っておらず、さらにはメンバーからの毎月の会費や共益費の徴収が滞り、プログラムを進めることが出来ない休止状態にある。そこには、上述のアニータによって指摘されていたような、「透明性」や「アカウンタビリティ」の欠如がもたらす、メンバー間の不信が見て取れる。

事例1-4：蔓延する不信と対立：
サン・ホセ・アソシエーション（表1-2の番号⑬）の事例

　サン・ホセ・アソシエーション会長のカルド・レイエスは、フィリピン中部サマール島の西サマール州にて、1955年に生まれた。アソシエーションは152世帯のメンバーで構成されているが、ほとんどが西サマール州内の隣接するいくつかの町の出身者であり、同一の町の出身者の多くが親族関係を持っている。カルドは1972年にマリキナ市に移住した。大学を卒業した後、彼は、運転手や学校用務員などさまざまな雑業に就き、1994年から1996年には中東に出稼ぎに行き、運転手として働いた経験も持つ。

　役員たちの従事する主な職業は、露天商、製靴業下請け、工場労働、地区自治体（Barangay Hall）での臨時雇用、市自治体の下級役人などである。事例1-2のアソシエーション役員のように、海外在住の親族らと関係を維持し、送

金などの援助を得ている者はいなかった。15人の役員のうち11人は会長カルドの親族である。近年、彼らは、アソシエーションの公費の不明瞭な管理と不正使用をメンバーたちから疑われ、それが原因となり、住民と役員との間に不信と亀裂が生まれつつある。

　また2005年には、サン・ホセ・アソシエーションの会計担当が、突如辞任し、彼女の故郷である西サマール州に帰郷してしまうという出来事があった。当時、公金の不正使用、横領、不明朗な経理などについて、住民による疑義が顕在化しつつあった。住民によれば、会計担当の女性は、これら住民からの批判に耐えることができなかったため、故郷に帰らざるをえなかったという。その後も、住民の疑いは払拭されるどころか、役員への不信はますます深まり、CMPが一時的に頓挫してしまう事態に陥ったのである。住民たちは、しばしば役員への不満を口にする。ある住民は、「私たちがアソシエーションに支払った金がどこにいったのか、全くわからない」と述べる。別の者は、「会計は、偽の領収書を自分で作って、それをメンバーに渡している」と言い、適切な会計処理が全くなされていなかったという。さらに別のメンバーは、「このアソシエーションのお金には羽がついているんだ。どこに飛んでいくか、私たちは全く知らない」と皮肉に語る。最終的には、「住民相互の信頼関係は深く損なわれ、協働の精神などは消え去ってしまった」と住民が述べるような事態に帰結した。

　さらに、住民たちは、役員たちがアソシエーションを地方政治家の政治マシーンとして利用することを許し、自らの忠誠と支援と引き換えに、政治家たちから何らかの便益を得ていることを批判する。彼らによると、地方選挙が近づくと、アソシエーションの役員たちはミーティングを招集し、特定の市議会議員、市長候補に投票するよう呼びかけるという。このようにして当選した政治家たちは、会長をはじめとする役員たちのパトロンとして振る舞い、役員たちの公金流用などの不正も、彼らが政治的支援を提供する限り、見逃して大目に見ることになる。そのような特権を享受する役員と一般の住民の格差を指して、ある住民は、「われわれの家は小さな掘っ立て小屋のままだが、役員たちの家はどんどん大きくなっていく」と述べる。さらに、役員への不満は、同時にアソシエーションを自らの政治的利益のために利用する地方政治家たちに対する批判へとつながる。ある住民によると、「政治家たちは、アソシエーションの

会長を通じて、われわれのコミュニティをコントロールしようとしている。もし会長が、ある政治家の当選のために十分な票を集められなければ、彼は会長職を辞任することを強いられる」という。さらに、次のような複数の住民の語りもある。「選挙キャンペーンの間は、政治家たちは熱心にCMPを応援するといい、『もうすぐみんな土地を得ることが出来る』と約束したりする。でも、選挙が終われば、自分たちが約束したことなんかすっかり忘れてしまうんだ」、「われわれは政治家たちの私的利益のためにいいように使われているだけなんだ」、「政治家は、CMPを私物化してしまっている（*Inangkin, sinarili ng mga pulitiko ang programa*）」。

このような住民たちの批判に対し、一方の会長カルドは、「住民たちだってアソシエーションから利益を受けている。自分の家を賃貸に出して家賃収入を得て暮らしている者だっている。それでもアソシエーションに協力しようとしない。頑固（*matigas*）で、言うことを聞かず（*pasaway*）、そして自分勝手（*makasarili*）なやつらだ」と、メンバーを咎める。このように、会長をはじめとする役員と、住民たちの見解は真っ向から対立し、両者の不信は深まるばかりに思える。

さて、それではアソシエーションを信頼することが出来ない住民たちは、どのようにして彼らの生活の維持と向上を図ろうとしているのだろうか。次にそのことを検討してみよう。

事例1-5：行商人によるアソシエーション設立の試みとその頓挫

サン・ホセ・アソシエーションのメンバーの多くは、自転車の荷台やサイドカーに果物や菓子を載せ、路上を巡回しながら販売する露天商[*17]（以下、「行商人」）である（写真1-10、1-11参照）。表1-3は、マランダイ地区の行商人に関し、販売する商品別に、おおまかな人数、日ごとの経費と収益を、聞き取りにもとづいて示したものである。まず理解できることは、これら行商人たちの収入の僅少さである。2010年の調査当時、マニラ首都圏における法定最低賃

[*17] 住民たちの間ではこのような露天商は、street vender、ambulant vender、あるいはフィリピノ語で*maglalako*などと呼ばれる。

表1-3：マランダイ地区の行商人*

商品	人数	元手／日（平均）	収益／日（平均）
果物（マンゴー、パイナップル、パパイヤなど）	200人	マンゴー：P200～P700 パイナップル：P1,000	マンゴー：P100～P300 パイナップル：P300～P500
ビナトッグ（トウモロコシをヤシの果肉に混ぜたおやつ）	40人～80人	P250	P200～P400
菓子**（*puto, kotsenta, taho* など）	230人	P150～P500	P150～P500
フィッシュ・ボール	6人***	P700	P200～P300

*　2010年の現地調査による
**　*puto* と *kotsenta* は米からつくられる菓子。*taho* はやわらかい豆腐に甘い蜜やタピオカを混ぜて食べる菓子。
***　フィッシュ・ボール行商人は2000年ごろまでは50人ほど存在したが、その後調理用の燃料費の高騰などで減少。

金は404ペソであったが、それに達しないケースが、むしろ通常であることが見受けられる。これでは、家族が十分な日々の食事を得ることさえ容易ではない状況が推定される。

　表中に記された200人ほどの果実売りの多くは、サン・ホセ・アソシエーションのメンバーである。彼らは、明け方からマンゴー、パパイヤ、パイナップルなどの仕込みをはじめ、皮をむいたり、適当な大きさに切りそろえ、販売用の串に刺したりと、忙しい時間を過ごす。午前8時ごろ、彼らはそれぞれサイドカー付き自転車に果物を載せ、行商に出る。行商人たちは、マリキナ市内のみでなく、時にはケソン市など隣接市も含め、お得意の客が住む場所を巡回しながら、正午過ぎまで行商を続ける（写真1-12、1-13）。

　行商人の商売は、収入の僅少さに加え、その不安定さによっても特徴付けられる。なぜなら、調査当時マリキナ市内における行商は、市当局によって禁じられており、当局による監視と取り締まりが一層厳しくなりつつあったからである。このため、行商人たちは、常に周囲を気にしながら、当局による商品の没収や罰金の恐れを抱えながら、行商せざるをえない。市当局によれば、露天行商を禁じる理由は、路上の渋滞を避け、公共の交通のよどみない流れを確保し、さらに歩道などの公共の空間の安全と衛生を維持するためであった。マリキナ市は、1993年に「マリキナの道路と歩道の使用を規制するための条例」を施行し、条文中に、市内の公共の空間での商業活動を規制するための行政機関として、「公共の安全と治安局（Office of Public Safety and Security、以下

写真1–10　サイドカーを付けた自転車で菓子を販売する行商人

写真1–11　自転車の荷台にマンゴーを載せ販売する行商人

写真1-12　果物の仕込みをする行商人

写真1-13　サン・ホセ・アソシエーションのメンバーの居住区

OPSS）の設置を明記した（表1-1参照）。条例においては、特に果物など食品を路上で販売する行商が、「公共の妨害（public nuisance）」であり、「目障り（eye sore）」であるとして、厳格な処罰の対象とされた。さらに、2006年に施行された、市内の公共の安全に関するより包括的な条例である、「マリキナの平和、秩序、公共の安全と治安に関する条例（The Marikina Peace, Order, Public Safety and Security Code）」では、行商人に関するより包括的な規制が明記された。それによれば、もし行商人が路上で違法な行商を行っていることを、市当局（特にOPSS）に目撃された場合には、その商品、自転車、サイドカーなどはすべて没収される。商人は、1000ペソの支払いで自転車とサイドカーを取り戻すことが出来るが、生鮮食品や果物は戻ってくることはない。さらに、罰金を支払えない場合、500ccの献血によって、没収された商売道具を取り戻すこともできる。ある行商人は次のように述べる。「OPSSはとても厳しく、残酷だ。もし十分な現金がなければ、商売に欠かせない道具のために、われわれの血を要求するのだから」。

　このような状況の中で、行商人はさまざまにその不安や無力感を表明する。「自転車のペダルをこぐ度に、警戒し、用心しなければならない」。「1日の仕事が終わると、足や腿ではなく、首が痛くなる（行商中絶えず周囲を見回して警戒していなければならないことを示唆している）」。「われわれの商売というのは、生卵を割らずに運び続けるようなもの。絶えず細心の注意を払っていなければならない」。同時に、彼らは、OPSSを管轄する市当局、特にフェルナンドの市政に対して、さまざまな批判と不信を表明する。「マリデス（フェルナンド）は、マリキナ中をきれいにしようとしている。人びとの胃袋の中までも（当局のさまざまな規制によって、人びとが食べていくための生計が奪われてしまう状況を示唆している）」。「（マリデスは）一尾のボラ（kapak）。体は白くても、腹の中は泥だらけ（市政の手法が、表面的な美化、美観の維持に過ぎないことを皮肉っている）」。「市当局は次第に裕福になってきている。それは没収された自転車を取り戻すために、われわれが払うお金のおかげだ」。「われわれの商売が合法化されれば、市当局はわれわれから罰金を巻き上げることができなくなる。大きな収入源を失うことになる。だから彼らはわれわれの商売を認めようとしないのだ」。「市当局が、われわれの商売から利益を得ているのは明白だ」。

　他方で、サン・ホセ・アソシエーションの行商人たちは、このような不安定な状況の中、ただ手をこまねいていたわけではなかった。彼らは、2005年にマランダイ行商人アソシエーション（Malanday Vendor's Association、以下「行商人アソシエーション」）を立ち上げ、いくつかの条件の下での露天行商の合法化をめざした運動を始めた。行商人アソシエーションの規約によれば、組織の目的は「路上での行商活動の自由を保障するため」であった。2007年には、反市長派の市議会議員数名の協力を得て、行商人アソシエーションは、「マリキナ市における露天商の行商活動を規制するための条例」を起草し、市議会に提出した。この条例案によれば、行商人の活動は、コミュニティ税納税証明書、地区住民証明書、そして犯罪証明書などを市当局に提出することで適正な登録を行い、さらに毎年600ペソの登録料を支払うことで合法化される、と規定されている。

　さらに、条例案では、行商の合法化のための要件として、市の保健所での毎年の健康診断、そして氏名、住所、また行商する商品名を記載した市発行のIDの常時携行などが規定された。また、次のような行商人の服装や商売道具、そして商品に関する微に入り細にわたる規定が明記された。「行商人たちは、行商中は市当局によってデザインされ、色分けされたユニフォームを着用する必要がある。靴を履くことは必須であり、サンダル履きの行商は厳しく禁じられる」。「行商で用いられる全ての容器類は、清潔さ、衛生を重視して市当局によって考案されたものを使用しなければならない」。「計り売りのための計量器は、全て市当局に登録しなければならない。それらは、市の計量検定課による定期的検査を受けなければならない。使用済みの計器で、欠陥や何らかの改造が認められたものは没収、破棄される。違反者には罰金が課される」。「魚介類、果物、野菜その他の生鮮食品を販売する際は、ふたのある容器に入れ、ばい菌や汚れから保護するために別途封をしたビニール袋に入れなければならない」。

　さらに、同条例案では、行商人の路上での行為に関して、同様に詳細な規定が明記された。例えば、以下の諸行為が禁じられる。

　1）商いが禁じられている公有私有の場所における歩道などで長時間居座ったり、占拠する行為。

　2）学校などの教育施設や教会などの宗教施設、あるいは公設私設の市場な

どの半径50メートル以内で行商を行う行為。

　3）商品や、販売のための道具を、公共の妨害になるような場所に放置する行為。

　4）売れ残りの食品などを捨てたり、散らかしたりして、公共の衛生を乱すような行為。

　5）カビの生えた食品、腐敗した食品、不純な食品を販売すること。

　6）違法の商品、用具の販売。

　7）歩行者に危害を及ぼしたり障害になるような物品、商品の運搬、移動。

　このように条例案には、行商活動に関するきわめて詳細な規定が盛り込まれている。興味深いのは、「清潔さ」、「衛生」、「安全」、「市民的責任」など、市当局が行商を「公共の妨害」、「目障り」として取り締まるために称揚された肯定的価値を示唆する語彙が多用されていることである。このような条例案起草の試みは、行商人アソシエーションがそれら行政当局の用いた語彙を逆手に取り、自らの生業確保のために捉え直しつつ提起している事例として考えることも可能であろう。

　しかし、この条例案は、市議会に提出後も2010年調査時現在に至るまで審議保留の状態であり、マリデス・フェルナンド市長の反対によって、市議会で採択される可能性はわずかである。ここでは、この条例案起草のプロセスに関する、さまざまな利害関係者たちの語りを検討してみたい。興味深いことに、それらの語りは、語り手によってかなり食い違ったものになっている。まず、条例案の第一起草者となったある市議会議員によれば、行商人アソシエーションのリーダーとメンバーたち自身が、日ごろの路上行商における困難を訴え、解決を探るために、議員を頼ってきたという。この議員によれば、条例起草は真の意味で「人びとの主導によるもの」だったことになる。一方、条例案の副起草者となった別の議員によれば、第一起草者を含む数名の市議会議員と、マランダイを選挙区の一部とする国会議員が行商人アソシエーションを訪れ、条例起草の案を持ちかけたという。さらに、行商人アソシエーションのリーダーと役員メンバーたちによれば、条例の起草は地方政治家たちと行商人たちのコラボレーションの結果であるとし、誰が最初に案を持ちかけたかということに関しては明確には語らなかった。

　それでは、行商人アソシエーションの一般のメンバーたちはどのような説明
をするのであろうか。彼らによれば、条例起草の案は、2007年5月の全国地方
一斉選挙の直前に、反市長派の市議会議員候補と国会議員候補によって持ちか
けられたのだという。彼らが示唆するのは、条例起草案は、行商人たちの票を
得るために、彼らの目の前にぶら下げられたアメであったということである。
実際に、次のような不信の念が行商人たちによって語られる。「われわれは、
いつも政治家たちのいいように利用されているだけだ」。「政治家たちが語るこ
とは、いつもただの空約束だけ。実際には何も実現しない。彼らはただ政争に
明け暮れているだけだ（*puro pulitika, namumulitika lang*）」。

　結果として、地方政治家たちと協力して積極的に条例案作成に加わった、行
商人アソシエーションの役員たちと、それを冷めたまなざしで遠くから見てい
たであろう一般のメンバーたちとの間には、条例案への関心においてかなりの
温度差がある。一般のメンバーの中には、条例案の文面をこれまで一度も見た
こともないという者もおり、その中の一人は、「条例案などは、行商人アソシ
エーションの役員メンバーのみが関心を持っているものだ」と述べる。行商人
たちによるアソシエーション結成と、条例案起草の試みは、行商人たちの行商
活動を安定化させ、収入を増加させ、それによって彼らをCMPの受益者とし
て包摂していく可能性を潜在的には持っていたといえよう。しかしながら、サ
ン・ホセ・アソシエーションの活動が、役員と一部地方政治家との私的なむす
びつきによって、住民の反感を買い頓挫してしまったと同様に、行商人アソシ
エーションの試みも役員と地方政治家との私的なむすびつきが、メンバーから
の嫌疑と不信を呼び、それが当初目指していた、行商人たちの連帯と「行商活
動の自由の保障」は達成されないまま、行商人アソシエーション内部の亀裂が
表面化しつつあるようであった。

　ここまで検討してきたマランダイ地区のCMPを推進するアソシエーション
の諸事例からは、どのようなことが理解できるであろうか。まず、事例1-2、
1-3と事例1-4は極めて対照的な状況を示していた。事例1-2のサンタ・マリ
ア・アソシエーション、そして事例1-3のサン・ペドロ・アソシエーションに
おいては、「規律」、「勤勉」、「公共性」、「透明性」、「アカウンタビリティ」な

どの価値を、役員たちが称揚し、積極的にメンバー間に普及させ、それにもとづいてプログラムを進展させようとしていることが見て取れた。それに対するメンバーからの批判や不満などは特に聞かれず、結果として2つのアソシエーションは融資のテイクアウトに成功し、その後の返済も大方順調に行われていた。一方、事例1-4のサン・ホセ・アソシエーションは、役員と住民メンバー間の信頼関係が崩壊し、プログラムを進めることが不可能な状態に陥っていた。事例1-5が示したように、住民たちの生業活動である露店行商は、市当局の規制によりきわめて不安定、不確実な状況に置かれ、それを解消するための行商人アソシエーション結成、条例作成の試みも、地方政治家と結びついたアソシエーション役員に対する、一般メンバーの不信を生み、行商人たちの生計の安定化は容易ではないことが理解できた。事例1-2でみたように、サンタ・マリア・アソシエーションの役員の一人は、「CMPの受益者になるためには、どのような種類のものであれ、仕事をするということが必要なのだ」と主張した。しかし、行商人たちの事例は、現実がそれほど単純ではないことを示していた。むしろ、マリキナの都市統治は、一方で秩序あるコミュニティと公共空間にふさわしい市民による職業と、他方で公共性の「障害」、「目障り」になる職業を明確に区別し、前者の包摂の裏で後者を周辺化し、排除することによって遂行されていたのである。

　さて、このように対照的な帰結を示唆するアソシエーションの諸事例であるが、それらに共通する側面は、どのアソシエーションの場合も、役員と地方政治家、つまり市長や市議会議員との間に、パーソナルかつ親密な紐帯がむすばれていることであった。特にアソシエーションの会長は、選挙時にコミュニティ住民の票を取りまとめる役割が期待されていた。その見返りとして、役員たちには、それら政治家たちからのさまざまな便宜や資源が供与されていることが予想される。このような共通性を持ったアソシエーションにおいて、プログラムの成否を分けた要因は何であろうか。それは、事例1-4のサン・ホセ・アソシエーションの住民メンバーたちが、「われわれの家は小さな掘っ立て小屋のままだが、役員たちの家はどんどん大きくなっていく」と表明していたように、政治家たちからの便宜や資源が、役員たちのみによって独占され、メンバー間に再分配されることがないという点にあると考えられる。この点をさらに

明確にするために、もう1つのアソシエーションの事例を参考にしてみたい。この事例は、表1-2中の番号27のアソシエーションにおいて、2015年9月に行われた役員選挙に関するものである。以下の事例は、2年に1度行われる、アソシエーションの役員選挙が、しばしば対立陣営同士の熾烈な争いを生ぜしめること、そしてそこでの対立の争点は、役員たちが政治家たちとの私的なつながりを通して得た資源の分配のされ方をめぐるものであることを示唆している。

事例1-6：草の根の抗争と反目の場としてのアソシエーション： サンタ・クララ・アソシエーション（表1-2の番号㉗）の役員選挙 （2015年9月）

2015年9月12日にサンタ・クララ・アソシエーションの役員選挙に向けた立候補者届出が行われ、以降同月20日に行われる投票に向けた選挙キャンペーンが開始された。15の役員ポストに対して、20人の立候補者があった。ほどなく、これら立候補者が2つの対立する陣営に属することが明らかになった。まず、現職会長のマリアに率いられる陣営は、計8名の候補者を擁立した。これに対し、現職書記のグラシア[18]の陣営は12名の候補を擁した。

立候補者たちは、アソシエーションのメンバーである住民の家々を訪問し、自らの名前と顔写真の印刷されたチラシやカードを配りながら雑談しつつ、自分と自らの陣営の候補者への投票を呼びかけた（写真1-14）。キャンペーン期間中、対立する陣営はそれぞれ別々に訪問を行い、途中の路上でばったり鉢合わせにならないように、警戒する様子がうかがえた。一方の陣営を率いるグラシアは、仲間の候補者が相手陣営からの甘言にのせられて寝返ることがないか心配していた。キャンペーンが始まって数日後、グラシアは選挙人名簿がマリアによって改竄された疑いがあると主張しはじめた。その訴えによると、マリアによって作成された選挙人名簿においては、彼女とその陣営の候補を支援しない住民たちが名簿から除外され、代わりに、支援者の名前が、アソシエーションの外部から新たに加えられているという。このような疑惑の中、9月20日

---

*18 グラシアに関しては、第6章にてそのライフヒストリーを詳細に検討する。

写真1-14　選挙キャンペーン中のアソシエーション役員候補者たち

　に投票は行われ、接戦の末、マリア陣営の8人の候補者は全て当選し、かろうじて役員の多数派を構成することができた。一方、グラシア陣営は12人の候補のうち5人が落選する結果となった。

　投票から数日後、グラシアとその陣営の候補者たちは、選挙に不正があったとして、中央政府と地方自治体それぞれの選挙管理機関に訴え出た。彼女たちの訴えは、具体的には2つであった。1つ目は、現職会長マリアによって選挙人名簿が改竄された可能性があり、選挙は無効とされるべきということ。2つ目は、マリアは、会長としての任期中の数々の不正によって、今回の選挙の候補者としての資格を剥奪されるべきということ。グラシアは、そのような不正行為の例として、以下の諸件を挙げた。

　1点目に指摘されたのは次の出来事である。2014年のクリスマスの時期、マリアはアソシエーションの名前で、地区議会議員（*Barangay Kagawad*）、市議会議員、そして副市長などに宛てて、アソシエーションのクリスマス・パーティで行われるくじ引きの賞品を提供してくれるよう、リクエストの手紙を出し

た。グラシアによれば、そのようなリクエストがアソシエーションの名前でなされたこと、また実際に賞品の提供がなされたのか否かなどは、グラシアとその陣営の役員たちには全く知らされていなかった。実際のクリスマス・パーティでは、確かに多少のくじ引き賞品が配られはしたが、上記の政治家たちから提供された物品の全てが、適切に分配されたのかどうかは、分からないままである。

　2つ目の不正としてグラシアが指摘したのは次の点である。2015年5月、マリアは副市長の事務所に経済的援助の要請を行い、1万ペソを受け取っている。ここでも、アソシエーションの名前で要請が行われたにもかかわらず、グラシアと仲間の役員たちは、なぜそのような要請がされたのか、また支給された金がどのように使用されたのかなど、分からないままである。3つ目は、2014年にマリキナ市一帯を襲った台風の洪水被害時に政府から配給された支援物資をめぐる疑惑である。当時、役員のみでなく、アソシエーションのメンバーの家々の多くが、浸水被害を受け、避難所生活を余儀なくされた。その際に、政府や援助機関から住民への救援物資の配給は、アソシエーション会長のマリアに集約された。しかし、グラシアによれば、自分や仲間の役員たちも、等しく災害を被ったにもかかわらず、救援物資は一切まわってこず、またマリアに集約された物資がどのように分配されたのかも、分からないままである。

　グラシアは、これらの不正を列挙しながら、「アソシエーション役員たちは、別名『検事総長（Solicitor General）』だ」と皮肉りながら、苦笑いする。なぜなら、「役員たちは、政治家に近づき、金や物資など、さまざまな恩恵を要求（solicit）するのがうまい。背後に大量の票を握っている自分たちの要求を、政治家たちは拒否できないということを知っているのだ。例えば、地方選挙や国政選挙の直前には、必ず候補者たちは役員に呼びかけてアソシエーションの全体会議を招集させ、大きなパーティを主催する。そのような場で候補者たちは、あからさまに票を求めたりはしないが、彼らの意図は明白だ」。

　本章で検討してきたアソシエーションとは、行政機能も持たず、せいぜい200世帯程度のメンバーで構成される小さな組織にすぎない。しかし、この事例から分かるように、その役員選挙は、しばしば非常に熱のこもった戦いとな

り、そこはコミュニティにおける住民間の草の根レベルでの日常的抗争が顕在化する場となる。そして、そのような抗争は、コミュニティに外部からもたらされる資源の分配が、いかになされなければならないかをめぐって生じていることが分かる。注目すべきは、グラシアとその陣営の訴えが、マリアと政治家との間の個人的な関係や、それにもとづく個別の恩恵を求める行為そのものに向けられていたのではなかったということである。むしろ非難の的は、そのようにして得られた資源が、役員間で公正に分配されることがなく、従って、役員からアソシエーション・メンバーへのさらなる資源の分配が妨げられた、という点であったといえよう。

　ここまで検討してきた諸事例からは、CMPの成功に必要となるアソシエーション・メンバー間の協働と信頼を損なう要因は、役員と政治家たちの間の個別的かつパーソナルな交換関係、すなわちパトロネージとクライエンテリズムそのものではなく、むしろそのような交換関係が、会長をはじめとした特定の役員のあいだで閉じられてしまうこと、あるいはそのように住民によって疑われてしまうことにあると考えられる。そのような疑いが如実に現れたのが、事例1-4のサン・ホセ・アソシエーションの役員とメンバーたちのあいだにおいてであり、また、行商人アソシエーションの役員とそのメンバーたちのあいだにおいてであった。一方で、事例1-2のサンタ・マリア・アソシエーション、事例1-3のサン・ペドロ・アソシエーションにおいても、役員たちと政治家は同様な関係で結ばれていたと思われる。彼らは常に市長とその陣営の忠実な「仲間（ally）」であり、支援者であった。しかし彼らによって強調され、実践されていたのは、アソシエーション・メンバーのあいだでの「規律」であり、「勤労」の倫理であり、そして「アカウンタビリティ」であった。そして、メンバーたちからこれら役員の姿勢に対する不満や批判は聞こえず、むしろ役員とメンバーのあいだには一定の信頼関係が形成され、結果としてプログラムの進展が順調になされていた。これらの事例は、パトロネージとクライエンテリズムを、公共政策を侵食する私的関係として、ネガティブにのみ捉える視点が不十分であることを示唆していよう。むしろ、そのようなインフォーマルなつながりを、外部からの資源をコミュニティ内に再分配する回路の1つとして捉えなおすことが必要であろう。

第4節 考察

　1970年代から80年代にかけてのマルコス大統領による開発独裁の時代、フィリピンでは中央集権的な国家によるトップダウンな介入によって、さまざまな社会政策が行われた。しかし1980年代末以降の民主化の流れの中で強調されたのは、NGOや市民社会などの広範な非国家的アクターとの協同による、「参加型民主主義（participatory democracy）」であった。その理念を実現するために、地方分権化への移行と地方自治の強化が、1987年憲法（特に第10条）に明記され、1991年に施行された地方自治法によって、その制度化のための具体的かつ包括的な規定がなされた。さらに1990年代以降、経済発展、社会正義の実現、そして国家の福祉というものは、協同組合、アソシエーション、そして草の根の住民組織などの「エンパワメント」、「自助」、「自律（self-reliance）」によってこそ達成されるという理念が、さまざまな法律によって制度化されていく。例えば、1990年施行の共和国法6938号（通称Cooperative Code of the Philippines、「フィリピン協同組合法」）、1992年施行の共和国法7279号（通称Urban Development and Housing Act、「都市の開発と住居法」）、1997年施行の共和国法8425号（通称Social Reform and Poverty Alleviation Act、「社会変革と貧困緩和法」）、そして2010年に施行された共和国法9904号（通称Magna Carta for Homeowners and Homeowners' Associations、「ホーム・オーナーズ・アソシエーションのための基本法」）などがあげられよう。特に、「ホーム・オーナーズ・アソシエーションのための基本法」では、都市の不法占拠集落や非正規居住者地区の貧困緩和のために、ホーム・オーナーズ・アソシエーションの組織化が必要であると明記された。そして、低コストの社会住宅、再定住、CMPなどの土地の使用権の保障を目的とする改革など、政府による都市貧困を対象とする諸社会政策を推進するために、ホーム・オーナーズ・アソシエーションの活用が不可欠であるとされたのである。

　このような民主化後のフィリピンの社会政策の理念と制度をみるとき、本章で検討してきたアソシエーションは、ネオリベラルな統治性にもとづく社会政策を推進するための要としての役割を期待されていたといえよう。特にCMP

の施行過程においてアソシエーションは、まさに活性化されたコミュニティを介して行われる「遠方からの統治（governing at a distance）」（Miller & Rose 1990）を可能にする仕組みであったといえよう。本章では、そのような統治が一面において有効的に作用している事例を提示した。しかしながら、その一方で、アソシエーションが、いかに資源は分配されるべきかをめぐって、住民の間で深刻な対立と分断が生じる場ともなっていることを本章の事例は示していた。そしてそのような対立の背景には、アソシエーション役員たちと、地方政治家たちとのあいだのクライエンテリズムが存在していた。そこには、透明性、アカウンタビリティ、そして自立した個人というネオリベラルな規範によって運営されるアソシエーションを、実際に駆動させていたのは、上位者と下位者間の個人的かつ親密な関係性、そして両者の相互依存性に基づく個別的な恩恵の交換としてのクライエンテリズムであった、という矛盾が見て取れる。

　しかし本章では、このようなクライエンテリズムによって、公的な社会政策が侵食され、「参加型民主主義」を実現するためのツールであるアソシエーションが骨抜きにされているという一面的な議論には与しない。マランダイ地区の地区長はつぎのように述べる。「CMPのおかげで、今ではスクウォッターは殆どいない」。もちろんこれは、住民の多くが私的所有権を確立したということではない。本章の事例で示したように、ローン返済中の住民もいれば、いまだにローンを組む段階に至っていない住民も多い。しかし、CMPという政府のプログラムに参加していること自体により、少なくとも土地の合法的使用権は認められることになり、彼らは「スクウォッター（不法占拠者）」ではなくなる。それにより、住民は、明らさまな強制退去や再定住地への移住などを強要されることはなく、住民の安定した居住が保障されることになる。すなわち、事例1-4のサン・ホセ・アソシエーションのように、プログラムの進展が頓挫してしまっているように見える場合であっても、少なくとも住民たちの居住の安定は保障され、マニラの多くの不法占拠者たちが経験する、強圧的な立ち退きや移住の恐れを抱くことなく、生活することができているのである。

　また、2016年3月の補足調査においては、マランダイ地区の29のアソシエーションのうち、11のアソシエーションがテイクアウトに至っていた事が判明した。これは、2010年の調査時において、27のアソシエーションのうち4つ

のアソシエーションのみがテイクアウトしていた状況からすれば、大きな進展であるといえよう。これらのことは、アソシエーションが、クライエンテリズムの論理を内包しつつも、一定の社会政策上の効果を上げていることを示唆していよう。

　さらに、事例1-4と事例1-6の検討で明らかになったように、住民たちにとって、アソシエーションは、コミュニティの外部からの得がたい資源が供給される媒体として認識されていた。そこで供給された物資が、閉鎖的な役員の一部で私物化されてしまうと、住民からは激しい批判がなされ、アソシエーションへの信頼は大きく損なわれる。しかし、人びとは、役員たちと政治家たちの親密な紐帯に基づく交換関係そのものを批判していたわけではなく、むしろそのような紐帯は、都市貧困者たちが、外部の資源へアクセスするために維持する、いくつものインフォーマルなネットワークの一つとして位置づけられているといえよう。アソシエーションは、「参加型民主主義」と非国家的アクターによる社会的包摂を達成するために、1990年代に新たに生まれたフォーマルな制度であった。しかしCMPの現実の展開過程において、住民たちは、この制度を、パトロネージとクライエンテリズムというインフォーマルな自らの慣れ親しんだロジックによって解釈し、資源へのアクセスのためのもう一つの回路として、いわば飼い慣らしていったのであった。本章が検討したようなスラム住民への土地供与といった社会政策は、「参加型民主主義」や「市民によるアソシエーション」といった、フォーマルな形式的論理のみによっては、駆動力を得ることはできないであろう。むしろ、フォーマルな論理と制度が、クライエンテリズムにもとづくインフォーマルなつながりと接続することで、都市貧困層の日常のやり繰りを可能にする資源へのアクセスが可能となっていた。その意味で、インフォーマルなネットワークは、民主主義やネオリベラリズムといったフォーマルな制度の浸透の中で、周辺化され、根絶されるべき残滓ではなく、むしろフォーマルな制度との相互交渉の中で活性化されるものであると考えられよう。

第2章
さまよえる「人的資本への投資」

条件付現金給付政策と希求されるクライエンテリズム的なつながり

　本章では、前章に引き続き、マリキナ市マランダイ地区の調査事例にもとづき、貧困削減のための社会政策として、全国的に積極的に推進されている、条件付現金給付政策（Conditional Cash Transfer, CCT）を検討する。

　条件付現金給付は、1990年代以降新自由主義的経済改革が進んだ中南米諸国において、厳しい財政状況下においても効率的な貧困緩和が期待できる、ターゲティング型の貧困削減策として積極的に導入された（Fiszbein and Schady 2009、浜口・高橋　2008）。その政策の背景には、「子供への支援強化が将来の損失を予防するという社会投資の視点に向かう開発政策の世界的潮流」（牧野 2015：114）が存在した。国家による再分配でもなく、自由主義市場による財の供給でもない、いわゆる「第3の道」（ギデンズ 1999）の思想的枠組みに位置づけられるこのような政策は、2000年代以降中南米のみでなく、アフリカ、アジア諸国において、若干の修正を加えられつつ広範に普及していった（宇佐美・牧野 2015）。

　それらの先行例に学びつつ、フィリピンにおける条件付現金給付政策は、グロリア・アロヨ大統領期（在位：2001-2010）の2008年2月以降世界銀行やアジア開発銀行からの融資を受け、パイロット地区の6000家族を対象として試験的に開始された。その後2009年度末までに受益対象は約100万世帯に拡大された。フィリピンにおける条件付現金給付 *"Pantawid Pamilyang Pilipino Program"*（「フィリピンの家族のための橋渡しプログラム」）はその頭文字を取って4Ps（フォー・ピース）と呼ばれる。4Psは、ベニグノ・アキノ大統領（在位：2010-2016）の政権における貧困緩和のための主要政策として積極的に導入され、その規模が拡大した。例えば2011年度の国家総予算1兆6450億ペソ（約3.3兆円）のうち、4Psには諸経費合計で290億ペソ（約580億円）が支出され、

2011年末までに230万家族が受益対象となったとされる。さらに2012年度の国家総予算1兆8160億ペソ（約3.6兆円）のうち395億ペソ（約800億円）が4Ps向けに支出された。アキノ大統領の任期満了となる2016年までに、460万家族を受益対象とすることが目標とされた。

　4Psを実施する政府の社会福祉開発省（Department of Social Welfare and Development, DSWD）は、プログラムの目標が「人的資本への投資（investment in human capital)」であることを強調する。すなわち、プログラムはその名称にある "Pantawid"（「橋渡し」）に示唆されるように、単なるセーフティ・ネットではなく、むしろ生活向上のためのスプリング・ボードであるとされる[19]。特に、4Psは両親が子どもの健康と衛生、教育とコミュニティ活動への参加を通して、子どもの人的資本への投資を促すものであることが強調される（Vigilia 2010）。つまり、このプログラムでは、国からのパトロネージへの人びとの依存を助長することなく、むしろ、現金給付を契機として、住民やコミュニティがその人的資本を自主的に活性化していくことが期待されているのである。

　以下では、まずプログラムの概要を述べる。続く2つの節では、マランダイ地区の事例から、プログラムの実施過程と受益住民による4Psに関する語りを紹介し、一方でプログラムによる貧困の統治と包摂の側面を検討すると同時に、他方で包摂されざる人びとの諸事例を検討してみたい[20]。本章において、包摂とは、特定の共同体の秩序と規範に人びとを同意させ、適応させる過程であり、統治とは、包摂可能な存在として人びとを改変してゆく作用であると考え

＊19　政府社会福祉開発省の4Psに関する見解に関しては、シティ・リンク（後述）へのインタビューに加え、受益者住民に無料配布されるプログラムのガイドブック "Gabay ng Pamilya para sa Pagtupad ng Kanilang Tungkulin sa Programa（Pantawaid Pamilya Guide Booklet）、（「プログラムに付随する家族の義務遂行のためのガイド」)"、プログラムの専用ウェブサイト（http://pantawid.dswd.gov.ph/)、また受益者を対象としたセミナーなどで使用されるパワーポイントスライド資料などを参考にした。

＊20　マリキナ市におけるフィールドワークは、2011年8月、9月、11月、2012年8月、9月などに断続的に実施された。なお、条件付現金給付政策がCMP同様に、フェルナンド夫妻による統治手法と極めて親和的な政策であったとはいえ、それは中央政府によって推進される全国規模のプログラムであり、マリキナの地方政府の方針によって直接影響を受けるものではない。本稿におけるマリキナの事例を、国内の他の都市貧困層地区や地方農村などで実施されている事例と比較することは、今後の課題として残される。

る。これらの議論を通し、「人的資本への投資」を主眼とした包摂の試みが、一定の成果を挙げる一方、さまざまな非包摂をも生み出し、同時に、もう1つの包摂のあり方としてのインフォーマルなつながりが希求される状況を明らかにしたい。

第1節　フィリピンにおける4Psの概要

ターゲティングの方法

　4Psの受益者選定は3段階のプロセスによって行われる。第1段階では、政府の家族収支統計（FIES）にもとづいて国内で最も貧困な20州が選定される。次にそれら20州を除外した上で、国内の6行政地域から最貧の州を選定する。さらに首都圏から5市、ビサヤ地方から2市、ミンダナオ地方から2市、そしてコルディリェラ（山岳少数民族地区）から1市が同じく家族収支統計にもとづいて選定される。第2段階では、このようにして選定された州や市の中から、同様の統計にもとづいて最貧困の町（municipality）が選定される。最終段階では、このようにして選定された町に居住する住民に対し、資産や家財道具の所有状況、世帯主の職業や教育レベル、水や衛生設備へのアクセス、子どもの数などの聞き取りによるミーンズテストが行われ、受益対象世帯が確定する[21]。

　4Psの受益者は0歳から14歳までの学齢期の児童、あるいは妊娠中の母親がいる家族であるが、直接の現金受給者は女性、つまり母親に限られる。その理由としては、男性（父親）に現金が給付されると酒や賭け事などに浪費してしまう恐れがあること、そして女性（母親）は家計にとって真に必要なものを認識しているため、などと説明される。女性たちは近隣に居住する住民25人から30人単位で構成される受益者グループに組織される。

　各グループは、ペアレント・リーダー（Parent Leader）と呼ばれる代表を選出する。ペアレント・リーダーは、受益者たちと、シティ・リンク（City Link、社会福祉開発省によって派遣されるソーシャル・ワーカー）との仲介役として、情

---

[21] ただし調査地が含まれるマニラ首都圏の場合、受益者のターゲティングは地区（バランガイ）単位で行われている。

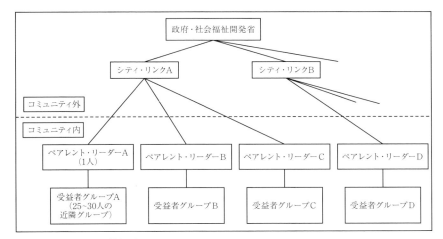

図2-1　4Psの組織概念図

報伝達やメンバーからのクレームの吸い上げ、ミーティングの召集などさまざまな役割を担う（図2-1）。

現金給付の条件

　現金給付は以下の諸点を受益者が遵守することを条件として行われる。まず受益対象となる母親に課される条件として、妊娠中の女性は地域の保健所にて定期的な出産前後の検診を受けなければならない。地域の保健師はこのような妊婦の健診記録を管理しており、ケースワーカーであるシティ・リンクへの提出が義務づけられている。また出産は伝統的産婆や助産婦によらず、病院での医師による出産が義務づけられる。さらに毎月開催される家族開発セミナー（Family Development Sessions、以下FDSセミナー）への参加が義務づけられる。

　FDSセミナーはプログラム開始当初は、社会福祉開発省派遣のシティ・リンクの主導によって開催されていた。しかしプログラム実施地域と受益者の規模拡大のため、シティ・リンクのみでは対応しきれなくなり、現在はNGOとの協力の下に行われている地域も多い。2012年現在、社会福祉開発省との協力の下にFDSセミナーの指導を担当するNGOは100団体を超え、全国のFDSセミナーのほぼ50％はこれらのNGOによって開催されているという。このよ

うなFDSセミナーは、通常2部に分けられ、前半にて「自己の性格分析」、「親としての責任」、あるいは「理想的なフィリピン人の家族とは」などのトピックに関する道徳的講話、自己啓発トレーニング、あるいはグループ・ディスカッションや、感染症予防や公衆衛生に関するレクチャーが行われる。そして後半では、現金受給が滞りなく行われるために必要な、諸条件のコンプライアンスについてのプラクティカルなアドバイスが行われる。

　また、子どもに課される条件として次の諸点がある。まず0〜5歳児に対しては、地域の保健所における月々の体重測定、予防接種、健康栄養診断である。妊婦の健診同様、これらの記録は保健師によって管理され、定期的にシティ・リンクへ提出される。3〜5歳児に関しては、保育園、幼稚園の出席率85%を維持することが条件として課される。また6歳から14歳児に関しては、駆虫薬を月2回服用すること、そして学校への出席率85%を維持することが条件となる。

現金給付額

　次に月ごとの現金給付額についてみてみよう。まず現金給付は「健康栄養給付（Health and Nutrition Grant）」と「教育給付（Education Grant）」に分けられる。「健康栄養給付」は世帯あたり月500ペソ（2011年現在1ペソは約2円）が支給され、用途は子どものためのミルク代、食費、医薬品などに限定されている。一方「教育給付」は学齢期児童一人当たり月300ペソが支給される。用途は就学に必要となる文房具や児童の制服、靴などに限定される。「教育給付」は学校が夏季休暇となる4月と5月を除き、年間10ヶ月分が支給される。また世帯あたりの学童は最大3人までが給付対象となる。よって3人の学童を持つ家族の場合、最大支給額は月1400ペソとなる。

　条件付現金給付の国際的なベストプラクティスの基準は当該国の貧困ライン収入に対して20%〜40%となっており、フィリピンの貧困ライン収入を6000ペソ／月とした場合、上記の支給額は23%となり、決して十分な支給額とは言えないが、国際的な基準の範囲内ではあるということができよう（Bloom 2008）。なお、現金支給はフェーズ毎に行われ（2011年現在は第4フェーズ）、各フェーズの現金支給は5年間で終了し、その後は住民たちの自立が求められる（写真2-1、2-2）。

写真2-1　現金支給を受けるために社会福祉開発省前に並ぶ受益者たち

写真2-2　ソーシャルワーカーから現金を受け取る受益者たち

それでは、このような内容を持つプログラムが、調査地のマランダイ地区にて、実際にどのように施行されているのかを以下に検討してみよう。

第2節　マランダイ地区における4Psの事例——その包摂のあり方

　本節では、調査地マランダイ地区の事例にもとづき、4Psが、いかなるかたちで貧困層の社会的包摂を試みようとしているのかを検討してみたい。マランダイ地区では、2009年10月に社会福祉開発省によるミーンズテスト、受益者の選定のためのインタビューなどが行われた[22]。第1章で触れたように、マランダイ地区の約1万1000世帯の住民のうちおよそ6000世帯が合法的土地所有権を持たない非正規居住者であり、その多くが路上での行商、あるいはジープニーやトライシクルの運転手などの都市インフォーマル・セクターの雑業に就労し、不定期かつ少額の賃金を得て生活している。このマランダイ地区にて近隣に居住する25人から30人単位で受益者グループが組織されている。2013年現在で、合計で81グループ、2444世帯が受益対象となっている。

受益者グループＡの世帯概況

　ここでは、マランダイ地区の一つの受益者グループのデータから、各世帯の生計状況と、現金給付の家計への貢献度に関して確認しておこう。表2-1は、直接の受益者である母親へのインタビューにもとづいて作成した、各世帯の状況と、4Psによる現金支給額である[23]。まず、表中の24世帯に共通してみられる傾向に関してまとめてみよう。

---

[22] マランダイ地区では、2009年10月のミーンズテスト直前の9月26日に、超大型台風オンドイ（Ondoy、国際名Ketsana）の直撃を受けた。河川の氾濫により集落は浸水し、家屋破壊、家財流出、死者などの甚大な被害が生じた（写真2-12）。このような状況下での社会福祉開発省による受益者選定のための調査に対しては、住民間の実際の貧富の状況を正確に反映していないという批判が、しばしば貧困層住民からなされる。それによると、台風で被災し、一時的に家屋損壊や家財流出の被害を受けたが、実際には安定的雇用と一定の資力のある者までが受益者に含まれてしまったとされる。

[23] この事例は、マランダイ地区の81グループのうちの一つに過ぎない。しかし、受益者グループの選定は、統一された基準によるミーンズ・テストにもとづいているため、本事例は、他のグループの世帯の状況をも基本的に反映していると考えてよいであろう。

表2-1　受益者グループAの世帯の状況と4Psによる現金支給額

番号	年齢	学歴	職業	子供数	収入（日）	支出（日）	1日3回の食事	現金支給額（2012年）
1	34	（本人）高卒 （夫）高卒	廃品回収（夫婦とも）	4	（本人）P250 （夫）P250	P200～300 P8,500（月）	×	1月-P300；3月-P300；6月-P300；7月-P800
2	43	（本人）高中退 （夫）小中退	（本人）無職 （夫）行商（その他闘鶏からの副収入が日曜毎にP500～1,000）	5	P300	P350	△	1月-P2,800；3月-P2,800；6月-P1,900；7月-P1,900
3	38	（本人）小卒 （夫）高中退	（本人）廃品回収 （夫）無職	5	P250	P150	○	1月-P600；3月-P600；6月-P600；7月-P600
4	42	（本人）高中退 （夫）高中退	（本人）行商 （夫）無職	5	P100～250	P200 P9,000（月）	×	1月-P600；3月-P300；6月-P600；7月-P300
5	41	（本人）高中退 夫2009に死去	小雑貨店（サリサリ・ストア）	4	P400 家賃収入（P500/月）	n/a	○	1月-2,800；3月-2,300；6月-1,700；7月-300
6	44	（本人）小卒 （夫）小卒	（夫）石工	5	P350～400	P150	×	1月-P1,600；3月-P1,000；6月-P1,000；7月-P1,000
7	35	（本人）高卒 （夫）高卒・2012に死去	店員	5	P125	P350	×	1月-P600；3月-P1,400；6月-P1,200；7月-P2,400
8	40	（本人）高卒 （夫）高卒	（本人）製靴業（アッパーメーカー） （夫）製靴業（カッター）	4	（本人）P1,320（週） （夫）P1,500（週）	P200～300	△	1月-P600；3月-P800；6月-P1,100；7月-P1,000
9	44	（本人）高中退 （夫）高卒	（本人）洗濯婦、廃品回収 （夫）運転手	8	（本人）P1,000（週） （夫）P900（週）	P300	○	1月-P1,900；3月-P1,100；6月-P1,900；7月-P1,100
10	39	（本人）高中退 （夫）高卒	（本人）行商 （夫）塗装工	3	（本人）P200 （夫）P375 家賃収入（P1,500/月）	P200	○	1月-P1,700；3月-P600；6月-P0；7月-P1,200
11	43	（本人）小卒 （夫）高中退	夫婦で行商	5	P200～300	P100～200	×	1月-P1,000；3月-P1,200；6月-P300；7月-P300
12	34	（本人）小卒	（夫）運転手	5	P4,800（月）	P200～300	△	1月-n/a；3月-P600；6月-P300；7月-P1,800
13	32	（本人）小卒	（夫）バス車掌	4	P150～300	P200～300	△	1月-0；3月-0；6月-P500；7月-P500
14	40	（本人）大学卒 （夫）大学卒	（夫）食品加工労働	3	P300～400	P200～300	△	1月-n/a；3月-P300；6月-P1,600；7月-P1,600
15	43	（本人）高卒 （夫）高中退	（夫）行商	4	P200～250	P200	○	1月-P1,200；3月-P1,200；6月-P1,300；7月-P1,300
16	48	（本人）小卒 （夫）高中退	（夫）建設労働者	5	P300	P200	△	1月-P1,200；3月-P2,200；6月-P1,300；7月-P1,300
17	41	（本人）小中退 （夫）高中退	（夫）トライシクル・ドライバー	5	P200	P200	×	1月-P1,200；3月-P600；6月-P800；7月-P800
18	51	（本人）高中退 （夫）高中退	（夫）運転手	4	P6,000～P7,000（月）	P100～150	n/a	1月-P1,000；3月-P1,000；6月-P1,000；7月-P1,000
19	40	（本人）高卒 （夫）高卒	（夫）建設労働者	5	P400	P400	○	1月-P1,100；3月-P1,100；6月-P1,300；7月-P1,300
20	54	（本人）高卒 （夫）高卒	（夫）大工、塗装、椅子張替えなど	4	P4,000（月）家賃収入P1,500/月	P250	○	1月-P600；3月-P600；6月-P1,600；7月-P1,600
21	32	（本人）高卒 （夫）高卒	（夫）店員	5	P8,000（月）	P200	△	1月-P1,200；3月-P1,200；6月-P1,600；7月-P1,900
22	44	（本人）高中退 （夫）小中退	（本人）製靴業（アッパーメーカー） （夫）トライシクル・ドライバー	6	（本人）P350（週） （夫）P150～180	P200	○	1月-P600；3月-p600；6月-P600；7月-P600
23	48	（本人）小卒 （夫）小中退	（夫婦とも）廃品回収	8	（本人）P250 （夫）P250	P250	×	1月-P1,100；3月-P600；6月-P500；7月-P800
24	43	（本人）小中退 （夫）小卒	（本人）住み込み家政婦 （夫）無職	6	P3,000（月）	P200	△	1月-P1,100；3月-P1,600；6月-P1,300；7月-P1,300

まず受益者たちの年齢だが、0歳から14歳までの子供を養育している母親という受給条件があるため、ほとんどが30歳代から40歳代となっている。学歴に関しては、例外的に14番の夫婦が共に大学卒であるが、多くは最高でも高校卒であり、小学校中退や高校中退も多い。なおフィリピンの学制は初等教育6年（義務教育）、中等教育（高校）4年（義務教育ではないが無償）となっている[24]。

　次に職業について見てみよう。フィリピンでは一般に、中等教育を終えたのみでは、事務職などフォーマル部門の正規職に就労することは極めて困難である。したがって、小学校卒や高校中退が多い受益者たちの就労先は、参入障壁は低いが低賃金で不安定な雇用である都市インフォーマル部門の雑業である。具体的には、野菜、果物、菓子などの路上での行商、廃品回収、臨時雇いの土木建築労働者、自宅軒先を利用した小雑貨店経営、トライシクル運転手、洗濯婦などである。なお、ここで廃品回収に従事する人びととは、マニラ首都圏にてリサイクル事業を展開する台湾系のNGOによって、1日250ペソの賃金で雇用されている人びとである（写真2-3）[25]。また、受益者の中には、製靴業に従事する者が数名いる。斜陽産業になったとはいえ、現在も製靴業はマリキナの地場産業として継続されており、業者からの請負仕事を自宅の一室で手作業で行い、出来高払いで賃金を得る住民が少なからず存在する。これら都市インフォーマル部門の雑業から得られる収入は僅少で、首都圏における法定最低賃金である1日430ペソ（2011年現在）を下回っている。

＊24　2012年に学制の改革があり、中等教育を2年追加したため、現在では合計12年の基礎教育となっている。

＊25　このNGOは台湾の僧侶Chen Yen（フゥチー）によって1966年に設立されたTzu Chi（慈済）基金会である。マランダイ地区における慈済基金会の活動は、2009年9月26日にフィリピンを直撃した超大型台風オンドイによる浸水、家屋の破損、流失などの甚大な災害の復旧支援活動を皮切りにはじめられた。被災直後の10月1日以降キャッシュ・フォー・ワークを開始し、被災住民自身による汚泥、ゴミ、がれきなどの撤去労働と引き換えに、一人当たり1日400ペソを支給した。作業には、7日間あたりでのべ1万人の住民が参加し、賃金を得たという。財団の活動を支える資金源の9割は、フィリピン国内の有力ビジネス・セクターを占める華人系フィリピン人コミュニティからの寄付によっている。そして、マランダイ地区における被災後の復旧が終了した後も、財団によるキャッシュ・フォー・ワークは今日まで継続され、住民たちのゴミのリサイクル活動をはじめとする労働に対して一定の賃金が支払われている。たとえば現在マランダイ地区では、地域のゴミのリサイクル活動、学校でのゴミ分別作業に対し、1日250ペソが支給されている。マランダイ地区内には17箇所のリサイクリング・ステーションが設置され、常時60人から100人の住民が稼動している。

写真2-3　NGOに雇用されごみ収集を行う人々

　次に支出であるが、日々の支出は主に登校する子供の「バオン（*baon*、小遣い）」、米、そしておかず代によって構成される。フィリピンにおいて、十分なバオンを子供に渡せるか否かは、登校率に大きく影響する。なぜなら、フィリピンの学校では給食はなく、各自のバオンでおやつや昼食を購入しなければならず、バオンがない、あるいは少額の場合、子供は空腹を抱えて過ごさなければならないからである。通常、小学校の場合で一人当たり20ペソ、高校で30ペソほどあれば十分なバオンであると考えられる。仮に小学校や高校に通う子供が世帯内に3人いれば、バオンだけで日々の出費の3分の1ほどになることがうかがえる。一方、1日当たりの米の消費量は、本事例のグループの場合、世帯あたり平均2キロから3キロであり、およそ100ペソの出費となる。

　この他、月々の支出として光熱費が1世帯あたり平均1000から1500ペソ、水道代が500ペソ、そして家を賃借している場合、平均して1500から2000ペソほどの出費となる。受益者たちは、電力会社から正規に配電される世帯に、幾ばくかの現金を払って違法接続しているケースがほとんどであるが、それで

も料金が払えずに、電気のない生活を送る世帯が数件見られた。

　また、1日3回の食事が得られているか否かということに関して、×印は「1日3回食べることのできない日が頻繁にある」と答えた者、△印はそのような日が「時々ある」とした者、〇印は「1日3回食べることができている」とした者である。例えば、1日3回食べることのできない世帯は、子供を朝食抜きで学校に登校させざるをえない日が、頻繁にあるとしている。1日3回食べることができていると答えた者であっても、その内容を見てみると、ご飯にインスタント・コーヒーをまぶすのみの食事であったり、米が足りない時はお粥にしたりして持ちこたえている。おかずにしても、少量の干し魚や安価なイワシの缶詰、あるいはバゴオン（bagoong、エビや魚の塩辛）や目玉焼きを家族で分け合って食べるなど、非常に厳しい食生活であることに変わりはない。これらのデータから理解できることは、受益者たちは、日々の労働から得られた僅少な賃金によって、かろうじてその日の生存に必要となる物資を得ている状況である。そして、しばしばその日の稼ぎのみでは十分でなく、そのような場合には親族・隣人からの借金、あるいは「ファイブ・シックス」と呼ばれる印僑の高利貸しに頼らざるを得ない状況に陥る＊26。まさに、フィリピンの貧困を表現する「手から口へ（isang kahig isang tuka）」＊27というフレーズによって示唆される状況に受益者はあるといえよう。

　それでは、実際の4Psの現金支給は、このような受益者たちの生計にとってどれほどの貢献となっているのであろうか。グループAのメンバーは2010年12月以降現金支給を受けているが、ここでは直近の状況として2012年1月以降の支給額を検討してみよう。4Psのオフィシャルなルールにおいては、現金支給は2ヶ月ごとに行われ、先述のように月ごとの満額1400ペソが支給されることになっている。しかし表を見ると、まず次の支給までに3ヶ月ほどの間隔

＊26　500ペソ借りたら600ペソ返済しなければならない、つまり20％の高利子であることからこう呼ばれている。「ボンバイ（Bombayから）」と呼ばれる印僑は、高利で貸付けを行うのみでなく、毛布やシーツなどの日常必需品を借入れ者に高額で売りつける。

＊27　この表現をあえて英訳すれば、"a hand-to-mouth existence（その日暮らし）"ということになろう。しかし、このフィリピン語の表現には、鶏がせわしなく地面を掻いてはエサを嘴で突く動作が示唆されており、鶏に譬えられる貧者への侮蔑、あるいは貧者自身による自己卑下のニュアンスが含まれている。

が空く場合があるほか、受給対象の子どもが3人いても、1400ペソの満額支給が継続的になされることは、ほとんどないといえる。表に示された受益者世帯の日々の支出を考えると、4Psによる現金支給額は、受益者の生計維持に大きく貢献し得る額とはいえないであろう。「4Psは貧者の物乞い根性を助長し、彼らを一層怠惰にさせる」といった批判がしばしばなされるが、それに対し、受益者たちは「1ヶ月に500ペソほどをもらうだけで、どうして怠惰な生活が送れようか」と反論する。それでも、現金支給が受益者たちにとって何の意味もなさないということは決してない。むしろ多くの受益者が口をそろえて語るのは、「大きな助け（*malaking tulong*）」、あるいは「たとえ僅かでも助かる（*kahit papaano, nakakatulong din*）」という言葉である。そのことを示すように、現金支給日になると、受益者たちはわれ先に支給が行われる政府系銀行の自動支払い機の前に殺到し、早朝より長蛇の列をなす。現金は支給日以降も受益者各自の口座に留まり、いつでも引き出しは可能である。にもかかわらず受益者たちは、一刻も早く現金を手に入れるために、酷暑の中、数時間待ち続けるのである。

　それでは、このような支給額の僅少さと不安定性の原因は、どこにあるのだろうか。それは、毎回の給付額決定の根拠となる諸記録や書類の不備にある[28]。具体的には、学校が管理する子どもの出席率に関する記録、地域の保健所が管理する母子の健診参加率に関する記録、出生や婚姻証明書など行政関係の情報の不備にあるといえる。この点は、受益者である母親が届出や情報の修正・更新を怠っていたことによる場合もあるが、一方で学校、保健所、あるいは地方の役場や国家統計局などの行政組織の情報管理の杜撰さによる場合も多い。その他、母親がさまざまな理由で、参加が義務づけられているFDSセミナーや

---

* 28　そのような書類には以下のようなものがある。1）Beneficiary Update Form：これは出産、死亡、進学などで家族構成員の状況に変更がある度に、更新する必要のある書類である。出生証明書、地区長（barangay captain）証明書、学校からの登校証明書、死亡証明書、養取証明書などの添付書類が適宜必要となる。2）Compliance Verification System Form：これは学校の教師、及び地区保健所の保健師に依頼して作成してもらう書類である。子供の学校への出席率、保健所での健診率などを証明することが目的である。この書類に記載された情報が、毎回の現金支給額の基準となる。3）Grievance Redress System Form：これは、受益者によるプログラムに対する苦情申し立てのための書類である。支給の遅れ、支給額の不足、保健所に関する苦情、学校・教師に関する苦情などを社会福祉開発省の関連部署に申し立てることができる。

健診に参加することができなかったことにもよる。

生活上の変化に関する語り

　ここでは、受益者たちへのインタビューにもとづいて、4Psによる現金給付開始以前と以後における、生活上の変化に関する語りを紹介しよう*29。まず、生活上の変化として最も頻繁に言及されるのは、子どもの教育面の変化である。毎月の登校率を85％に維持しなければならないということは、月に3回以上欠席した場合には現金給付を受けられなくなる。従って母親は強いてでも子どもを登校させるようになる。例えば、「以前は、子どもが歯が痛いとか少し熱が出たりしたら簡単に学校を休ませていた。しかし、今はなるべく学校に行かせるようになった。仕方なく休む場合には医師からの証明書を提出する」、「子どもは今では多少体の調子が悪くても無理して登校するようになった。朝など私が起こさないと、学校に遅れるといって泣いたりする」などと語られる。また、教育と共に子どもの衛生面への関心の深まりを指摘する、次のような声もある。「以前は、子どもの清潔さにはあまり注意しなかった。今はヘルス・センターを頻繁に訪れるようになり、子どもの清潔さ、衛生、健康状態に関して以前よりも注意するようになった」。

　さらに、子どもを登校させるだけでなく、次のように、母親は子どもたちの行動を監視するようになった。「今では、時々子どもの学校に行き、子どもがちゃんと出席しているかどうかを確認するようになった」。「子どもの就学や健康状態を常にモニターすることの大切さを学んだ」。一方、子ども自身も、率先して登校するようになったと語られる。特に、以前は制服や教材費が払えずに周囲のクラスメートに対して引け目を感じて不登校気味になっていた児童が、それらを購入することが可能になったことで、より積極的に登校するようになったことが考えられる。「子どもは現金給付を得るようになってから、親からの強制ではなく、自ら学校になるべく休まないで登校するようになった。特に制服を買ってから、はりきって登校するようになった。以前は宿題用の教材費

＊29 調査はペアレント・リーダー，シティ・リンク（2人）へのキーインフォーマント・インタビュー、受益者（グループAメンバーを中心として計32人）へのインタビュー、グループAメンバーによるフォーカス・グループ・ディスカッションなどを主に行った。

など、支払えないことが多かったが、今では払うことができ、その結果成績も上がった。以前は、費用が払えず参加できなかった学校の行事にも、今では参加できるようになった」。「現金給付が開始されて以降は、学校のための出費（学費以外の諸経費、おやつや昼食を買うためのバオン）を心配する必要がなくなった」。

　同様に、生活上の変化として、頻繁に聞かれるのは、これまでにはなかった隣人関係が生まれ、絆が深まったというものである。そのような関係性の深化は、受益者に課された現金給付のための諸条件を遵守するために、隣人同士が助け合う中で生まれると考えられる。例えば、次のように語られる。「4Psが始まって以降、人間関係が広がった」。「以前は、私は愛想が良くなく、笑顔で人に接することも少なかった。あまり良く知らない人とは自分からすすんで話をすることはなかった。でも、今は良く知らない人とでも楽しくおしゃべりをして交わる（nakipaghalobilo）ことができるようになった。人前で話すことも恥ずかしがらずにできるようになった」。「以前は隣人同士集まってもゴシップ（tismis）に打ち興じるだけだった。しかし今は子どもの健康や教育の問題など、隣人同士で共有するようになった」。「隣人への関心（makikisalamuha sa kapitbahay）、配慮（malasakit）が深まった」。「グループメンバーとの同胞意識（pakikipag-kapwa）が生まれた」。さらに、後述されるようにFDSセミナーの場においては、住民の抱える経済的困窮や家族との関係など日常のさまざまな問題が話し合われる。以下の語りに見られるように、このような隣人同士の交流も、コミュニティにおける新たな関係性の形成に影響を及ぼしていると思われる。「FDSセミナーで、人生や日々の生活の問題についてグループのメンバーと分かち合いできるのがとても有難い。皆他人事と思わず、関心を持って、憂慮してくれる（nakipagsalamuha）」、「ミーティングに継続的に参加し続けるためには、同じグループの隣人同士励ましあい、さそい合うことが必要。こうして以前にはなかったつながり（bonding）が生まれた。以前は知らない人も多かったが、今では知り合いになった」、「ミーティングへの参加や、保健所での定期的な体重測定や健康診断の際には、グループの仲間同士で助け合い、さそい合って継続するようにしている」。

　また、現金給付の条件、特にFDSセミナーに継続的に参加する中で、自己

への内省的な眼差しをむけるようになったことや、新たな意識が生まれたことを示唆する、次のような語りもある。「FDSセミナーでは、自分自身について知ることを学んだ」。「テレビのニュースなどでは、4Psが物乞い根性を助長するといった批判がある。しかしそれは間違い。受益者はさまざまな条件を守ることと引き換えに現金をもらっている。そのことで母親の意識（awareness）が育成される」。さらには、資金や時間を管理し、将来の目的に向けて計画的に使用するという態度を新たに身に付けたことを示す語りがみられる。「僅かなお金を大切にすること、倹約することを学んだ」。「僅かな額であっても大切にして、それを計画立てて倹約しつつ使うことを覚えるようになった」。「以前のように隣人とギャンブルをするのは気が引けるようになった」。「買い物をするときは、買った品のリストや領収書を必ず取っておき、必要であればシティ・リンクに提示する。こうして少しでも倹約することを覚えた」。「定期的にミーティングに参加するなど、さまざまな条件を守るためには、時間を節約しつつ、かつ計画立てることが必要」。

FDSセミナーの事例

　次に、受益者たちが遵守を求められる諸条件の中でも、特に重要視されているFDSセミナーに関して、筆者が実際に観察した2事例と、受益者のノートから再現した1事例を検討したい。FDSセミナーは、月毎にテーマが設定され、社会福祉開発省派遣のシティ・リンクあるいはNGOスタッフによって、マランダイ地区の26グループ全てに対し、同じ内容のセミナーが期間内に提供される。ここで検討する事例は、いずれも表2-1のグループを対象としたものである。

　先述のように、最近ではFDSセミナーのファシリテーターは、社会福祉開発省の研修を受けたNGOスタッフによって担われる場合が多い。現在、マランダイ地区のFDSセミナーは、People Power Volunteers for Reform（PPVR）というアキノ政権の下での社会改革を実現することを目標として組織された市民組織と、Jesus the Redeemer Ministerというキリスト教系のNGOによって担われている。事例2-1はシティ・リンクをファシリテーターとして、事例2-2はNGOスタッフをファシリテーターとして行われたものである。

事例2-1：2011年9月14日開催のFDSセミナー

　この日のFDSセミナーのテーマは、「自分自身を知ろう（*Kilalanin natin ang ating sarili*）」であった。参加者は27名であった。コミュニケーションや対人関係の向上のためのセミナーなどで用いられる手法である「ジョハリの窓（Johari Window）」*30 を応用しつつ、ファシリテーターであるシティ・リンクの主導するグループ・ディスカッションの形式で進められた。まず白紙の紙が各自に1枚ずつ配布され、それを4つ折にするよう指示された。その上で、第1象限には「自分の性格（*ugali*）や長所（*katangian*）について自他共に認める点」、第2象限には「自分だけが知っている性格や長所」、第3象限には「自分では気づかなかったが他人から指摘されて初めて知った自分の性格や長所」、そして第4象限には「人生における最大の願望」を記述するよう指示が出された。その後、参加者を4つのグループに分け、それぞれの記述に関して共有するグループ・ディスカッションの時間が持たれた。15分ほど後、各グループから代表者が1名ずつ選ばれ、皆の前に呼び出された。そこで、自ら4つの象限に記述した内容、それにもとづく自己分析、他のメンバーからどのようなリアクションがあったか、そしてグループ・ディスカッションの内容などを、発表するように促された。

　このように、FDSセミナーは、ファシリテーターの一方的レクチャーによって行われることはなく、むしろ、常に小グループによるディスカッションと、自分の意見の開陳という作業が重視されている（写真2-4、2-5、2-6）。これらを通して、参加者は自己分析と内省を促されるのである。そのような方法をとる目的に関して、あるシティ・リンクは、「グループのメンバー同士が、よ

＊30 1955年にサンフランシスコ州立大学の心理学者ジョセフ・ルフトとハリー・インガムによって開発されたモデル。4つの象限からなる窓を想定し、第1象限（「開放の窓」）には「公開された自己（open self）」、すなわち自分に分かっていて他人にも分かっている自己、第2象限（「盲点の窓」）には自分には分かっていない、気づいていないが他人には分かっている自己（blind self）、第3象限（「秘密の窓」）には「隠された自己（hidden self）」、すなわち自分のみに分かっていて他人には分かっていない自己、最後に第4象限（「未知の窓」）には「未知の自己（unknown self）」、すなわち自分にも他人にも分かっていない自己を想定し、自己分析やそれに基づいたコミュニケーションを行うためのモデル。

写真2-4　FDSセミナーにてグループディスカッションをする
受益者たち

写真2-5　FDSセミナーにてグループディスカッションをする
受益者たち

写真2-6　ディスカッションの結果を発表する人びと

き隣人となること。助け合う隣人となること」と述べ、それに加えて受益者一人ひとりが、「人前で話すことに慣れること。自信を持って人前で自分の意見を述べるようになること」が大事であると強調した。FDSセミナーの場では、しばしばシティ・リンクやNGOスタッフが参加者の質問や話し合いを促そうとするが、往々にして参加者はなかなか口を開こうとしない。そのような参加者に対してシティ・リンクらは「恥ずかしがらずに、私たちの質問する権利を行使しましょう」、「ゴシップに打ち興じるのはやめて、しっかり自分の頭で考えて発言できるようにしましょう」などと、しきりに参加者の発言を促そうとする。FDSセミナー、ひいては4Psそのものが目指す「エンパワーメント」には、このような「人前で自分の意見を明確に述べる能力」（いわば「プレゼン能力」とでも呼べるもの）の育成が、重要な要素として含まれているといえよう。

事例2-2：2012年9月12日開催のFDSセミナー

　この日のFDSセミナーの参加人数は24名であった。まず開始に先立ち、ファシリテーターのNGOスタッフは、参加者全員が、受益者IDと、給付現金を銀行から引き出すためのATMカードを携行しているか確認した。ファシリテーターは、「セミナーには、必ずIDとATMカードを持参するように」と注意喚起した。そして、今日のテーマは「私とフィリピノ・ファミリー（"*Ako at ang Pamilyang Pilipino*"）」であるとして、次のような文章が書かれたボードを提示しつつ、口頭での説明がなされた。

> 親としての私たちの生活において最優先の任務は、私たちの家族に対するものである。私たちが子供に対して願う希望の全ては、家族にかかっている。親としての任務に価値を置くということは、家族の価値を見つめ直すということである。私たちの家族とその価値を深く理解することが大事なことなのである。

　そして、本日のセミナーの目的として以下の諸点が説明された。

1．家族の重要性と価値を理解する。
2．家族にとっての任務と仕事を理解する。
3．家族の発展にとって障害となる事柄を理解する。

4．家族のさまざまな性格、長所を理解する。

　次に、参加者を6つのグループに分け、それぞれのグループに対して、以下のような6つの質問が提示された。参加者各自は、配布された用紙に、手短に自分の答えを記入するよう指示された。

1．家族の重要性（*kahulugan*）とは何ですか？
2．家族の価値（*kahalagahan*）とは何ですか？
3．フィリピンの家族が置かれている現状はどのようなものだと思いますか？
4．家族に対する任務（*tungkulin*）とは何ですか？
5．現在、家族が直面する問題（*mga suliraning nagbabanta*）は何ですか？
6．家族をより強固なものにする（*mapapalakas*）には、どうしたらよいですか？

　そして、各自の答えをグループごとに参加者の前で発表させた。ファシリテーターは、各自の答えを貼り出し、手短にコメントを加えた後に、メンバーからの回答をもとに即興の寸劇のストーリーを考え、メンバーたちに子ども、母、父の役割を演じさせた（写真2-7）。

　最後に、今日のレッスンの「応用」であるとして、「あなた自身の家族が持っている良い側面（*positibong katangian*）は何ですか」というテーマで、エッセイを書くよう求めた。参加者各自には、社会福祉開発省作成の「家族みんなの日々の記録（*Tala-arawan ng sambahayan*）」というノートが配布されており、そこに毎回のセミナーの内容やファシリテーターの指示を詳細に記録することが求められる。そのノートにエッセイを書くよう指示が出され、20分ほどの時間が与えられた。ノートと出席表にスタッフの署名がなされ、この日のセミナーは終了した。

　この事例の冒頭にて、ファシリテーターは、参加者たちにIDとATMカードの提示を求めた。これは、しばしば受益者たちが、ATMカードを抵当にして、知り合いなどから借金をすることが、ひそかに広がっていたため、そのよ

写真2-7　FDSセミナーにて即興の寸劇を行う受益者たち

写真2-8　FDSのファシリテーターの話を熱心に聞く受益者たち

うな行為を防ぐことを意図していたと思われる。また、興味深いのは、「家族みんなの日々の記録（*Tala-arawan ng sambahayan*）」というノートの存在である。参加者は、セミナーにてファシリテーターが話したこと、メンバー同士で議論したことなどを、詳細にノートに記録することを求められる。その記録は、セミナーの終了時に、ファシリテーターによって確認され、サインを受けることで、セミナーに出席したことの証明となる。実際に、参加者は熱心に鉛筆を走らせ、一見セミナーの場は学校の教室のような観を呈する（写真2-8、2-9）。IDとATMカードの常時携帯、そして詳細かつ正確なノートの記録、作成などの行為は、スラムに居住する貧困層の日常においては、慣習的な行為とはなっていない。このような新たな慣習的行為を住民に身に付けさせることも、4Psの目指すエンパワーメントの一環であると考えられる。

事例2-3：2012年8月開催のFDSセミナー（参加者のノートより）

　2012年8月のFDSセミナーのテーマは「災害への心がけ」であった。この年の8月初旬にマニラ首都圏一帯は、モンスーンによってもたらされた1週間以上に及ぶ豪雨を経験し、多くの場所で甚大な浸水災害が発生した。中でも、マリキナ川沿いに立地する調査地では、家屋2階部分まで浸水し、受益者の多くが2週間ほどの避難生活を余儀なくされた。このような災害の直後であったこともあり、上記のようなテーマが設定されたのである。

　FDSセミナーでは、この8月のモンスーン豪雨災害の時の自分自身の経験や思いを振り返りながら、次の諸項目に関して話し合い、発表することが行われた。

1．モンスーン豪雨の際、何が起きたか話して下さい。
2．その時のあなたの思い（*naramdaman*）はどのようなものでしたか？
3．その時、あなたが一番最初に考えたこと、あるいは豪雨の間中いつも考えていたことは何ですか？
4．その時、あなたが一番心配したこと、あるいは傷ついたことは何ですか？
5．身体的または精神的に、災害の前後であなた自身に変化はありますか？
　（また、今こうして皆の前でそれを分かち合うことで、あなたの気持ちに変化は

ありますか？）

6. このような災害に備えるためには何をしなければいけないでしょうか？
またこのような災害が生じたことに対する私たち自身の過失（*kasalanan*）
は何でしょうか？

　このような省察と分かち合いの後に、「災害に備えるコミュニティのための
10のステップ」に関して、スタッフの講話があった。

　この事例の興味深い点は、それが通常のノウハウ的でプラクティカルな災害
予防や対処策を講ずるものではなく、むしろ災害時あるいは災害後における、
自分自身の内面を精査することを促すものとなっているということであろう。
実際に生じた災害時に、自分が経験した感情や心理的状態を内省的に精査する
ことを、執拗にといえるほどに求める内容になっている。
　ここに提示した3つの事例からは、セミナーとプログラム自体の持つ以下の
ような性格が明らかになる。第1に、それがメンバーたちの内省と自己分析の
能力を高めることを通して、エンパワーメントを行おうとしている点である。
そのような内省的なまなざしを涵養することで、メンバーたちは家族やコミュ
ニティに対して、責任を持つ主体となることが要請されている。第2に、セミ
ナーとプログラムは、メンバーたちに、それまでの習慣と隣人たちとの関係を変
えることを促す、「シティズンシップ・プロジェクト」（Lazar 2004）であり、政治
的関与や社会参加の意識を持った市民を生み出す「シティズンシップの技法
（technology of citizenship）」（Cruikshank 1999）だということだ。受益者たちは、単
にセミナーの場にいるだけでなく、批判的に考え、他者に伝え、発表し、そして
詳細なノートをとるなど、いわば新たなハビトゥスを身につけることを求めら
れる（写真2-9）。さらに、彼女たちが慣れ親しんだ習慣的行為、たとえばタン
バイ（*tambay*、無為にたむろすること）[31]、チスミス（*tsismis*、ゴシップや噂話に
うち興じること）、そしてスガル（*sugal*、賭け事）などは、メンバーたちが避け

＊31 *Tambay*とは、「出番に備えて控える」、「待機する」などの意味を持つ英語のstandbyから派生
したフィリピン語である。

写真2-9　熱心にノートをとるFDS参加者

写真2-10　タンバイする家族

写真2-11　路地裏で日常的に行われるスガル（賭け事）

なければならない非生産的活動であるとされる（写真2-10、2-11）。それらに代えて、彼女たちに求められるのは、子どもたち、家族、そして隣人たちへの「深い配慮（*malasakit*）」と、それにもとづく「隣人同士の深い関与（*makikisalamuha sa kapitbahay*）」といった、生産的なコミュニティの基礎となる価値であることが、頻繁に強調されるのである*[32]。

　これらの他に、セミナーやプログラム施行過程で、受益者たちが身に付けることを求められる態度や習慣としては、時間やお金の適切な管理と節約、学校、保健所、役所などに登録されている個人情報の適切な管理と継続的な更新、家族とコミュニティの衛生の維持などである。すなわち、4Psが重視するのは、現金給付による直接的な住民生活の改変や向上と同時に、あるいはそれ以上に、

＊32　もちろんスラムにおける隣人間の紐帯は、以前よりコミュニティの秩序維持において重要な要素であった。たとえばホカノは1960年代のスラムにおける調査から、そのような隣人間の規範について論じている（Jocano 1975、特に第6章）。本稿において改めてそのような紐帯や関係性に注目するのは、それが「人的資本への投資」、「生産性」、「健康」、「自助」などの語彙とともに語られることの新規性ゆえである。

自己統治のハビトゥスを身につけた市民的主体と、それによって活性化される家族とコミュニティであるといえよう。そのような家族とコミュニティによって、構成員の健康、衛生、そして子供の継続的就学という形での「人的資本への投資」というプログラムの基本理念が達成される。プログラムによって意図される貧困の統治と包摂のあり方とは、そのようなものとして捉えることができよう。ここでは、そのような包摂のあり方をより具体的に理解するために、ある受益者（表2-1の番号⑨）の事例を検討してみたい。

事例2-4：「今は子どもが学校を終えることだけに集中している」 （テレサの事例）

　テレサは1968年にマリキナ市にて生まれた。高校を3年で中退し、19歳の時に結婚した。夫はトライシクルの運転手で1日300ペソほどの収入であった。しかし夫は結核にかかり、仕事を辞めざるを得なくなった。テレサは、夫の代わりに、近隣の製靴業で働き、週500ペソの賃金を得ていた。他にも、洗濯婦をして1回300ペソほどの収入があった。週3回ほどの洗濯で900ペソほど稼いでいた。

　夫が病院で診察をしてもらった時には、すでに肺の浸潤が相当進行してしまっており、テレサによれば「もうすでに肺が無い（wala nang baga）」状態であった。夫は「治療費や薬代を払うよりは、子供のバオンにしてやれ」といって、治療を諦めた。その頃、テレサ夫婦には14歳の長男を筆頭に、前年に生まれたばかりの赤ん坊を含め、7人の子供がいた。子どもたちには、毎日3ペソほどしかバオンを持たせてやることができなかった。いつもテレサは、学校でお腹をすかせているであろう子どもたちを思い、不憫でしかたなかった。その頃の家族は、1日1食しか食べられない日もあった。

　2005年に、夫は帰らぬ人となってしまった。その年、テレサは、ある男性と新たに生活を共にしはじめた。男性は、個人の雇われ運転手として、調査時現在週に900ペソの収入を得ている。一方テレサは、リサイクル事業を展開する台湾系NGO（94頁注25参照）に雇われ、廃品回収の仕事を週2日行い、週に500ペソの収入を得ている。また、時々洗濯婦をして日銭を得ている。これに加え、4Psから月平均550ペソから950ペソの支給を得ている。

　現在テレサの子どものうち、小学校に通う子が3人と高校に通う子が2人おり、毎日のバオンだけでも100ペソほどになる。彼女の生活は苦しいが、なんとか子どものバオンだけは確保して、子どもを学校に通わせ、高校までは出させてやりたいと思っている。彼女によれば、「(4Psで子どもの教育のためのお金をもらっているのだから) 今は子どもが学校を終えることだけに集中している。なぜなら、自分の子どもたちが道端で物乞いをしたり、サンパギータ (フィリピンの国の花。芳香を放つ花弁を束ねたレイが路上で売られる) を売り歩いたりすることだけは絶対にさせたくないから。自分の娘がビアハウス (男性相手のディスコ・バー) で働くようなことだけはさせたくないから。私の唯一の願いは、子どもが、せめて高校までに終えること」。

　4Psによる現金支給額は、テレサの家族の生活の向上に直接結びつくほど十分な額ではない。むしろ、彼女の生活は、子どものバオンを確保するために、夫が結核の治療を諦めなければならなかった、数年前の貧困から抜け出せているとはいえない。にもかかわらず、現在のテレサの生活を支えるのは、「子供に教育を受けさせたい」という強い願望である。4Psは、多額の現金を供与することによってではなく、このような願望を個人の中に生み出し、育て、強めることによって社会的包摂を試みようしているといえよう。ネオリベラルな社会政策は、国家による手厚いセーフティネットの構築によってではなく、人びとの行為する環境を構造付け、その「欲望を教育し、習慣、希望、信念を形成」(Li 2007a：5) することで、特定の主体を生み出すことによって、その目的を遂行しようとするのである。同様に4Psも、テレサのような受益者一人ひとりの欲望に働きかけ、それを方向付けながら、コミュニティに浸透していくのである。

第3節　「人的資本への投資」の行方──さらなる周縁化、予期せぬ帰結、対抗的語り

　これまで論じてきたように、4Psは、「人的資本への投資」を、基本的な理念として展開されている。ここでまず指摘したいのは、このようなネオリベラ

ルなロジックが、国内社会階層間の深刻な分断状況によって特徴づけられるフィリピンにおいて、プログラムの正当化のために動員されているという点である。4Psに関しては、その開始当初から、国内ミドルクラスによるさまざまな批判が投げかけられてきた。最も頻繁に聞かれる批判は、4Psがフィリピン社会に深く根づく「パトロネージの政治」と「物乞いの文化（culture of mendicancy）」を永続化することにつながるというものである（Salaverria 2010a）。それは、財政的に持続性のない一時しのぎの「弥縫策（band-aid solution）」であり、単なる「施し（dole-out）」であるとされる（Vigilia 2010）。そして真に必要なのは、新たな雇用の創出や教育環境の整備であることが指摘される（Salaverria 2010a）＊33。

　これらの批判の底流にあるものとして、ジョセフ・エストラーダ政権期（1998年-2001年）以降顕在化した、ミドルクラスが抱く政府への不信を指摘することができよう（第6章の議論参照）。エストラーダ大統領による政権運営は、ミドルクラスにとっては、長期的かつ明確なビジョンを欠き、貧困層への施し的な政策を行うポピュリズムとして受け止められた。同時に、このような政治家と政府のシステムに対する不信は、政権が取り込もうとする貧困層に対しても向けられた。例えば、ミドルクラスの人びとは、スラム住民などの貧困層を蔑みの意を込めて「マサ（*masa*、大衆）」と呼ぶ。ミドルクラスにとって「マサ」は、自らの悲惨さを強調しつつ、憐れみと同情を誘発し、ポピュリスト的政治家から欲しいものを手に入れる存在である。このような、ミドルクラスによる政府や貧困層への不信や反感の裏には、往々にして税を免れている低所得者層の「マサ」たちは、その数の多さゆえに票目当てのさまざまな恩恵が施されるのに対し、高い税金を支払うミドルクラスには、満足のいく効率的な政府のサービスが提供されないという、不公正感が存在しているといえよう。ミドルクラスによる貧困層へのこのようなまなざしは、「税金を納める市民としての

＊33　この他にも、ターゲティング（受益者の選定）の方法の有効性に関する批判（Amarado 2008、Salaverria 2010b、Salaverria 2010c、Institute of Philippine Culture 2010：45）、給付された現金が、受益者によって適正に使用されていないことへの批判（Cabacungan 2011）、さらに社会の最底辺に位置するといえる先住民や少数民族などの文化にとって、4Psが提唱する規範や価値が適合的でないという批判（Mallari 2011）などが見られる。

ミドルクラス」／「税金を納めぬ非市民としての貧困層」という差異を顕在化
させる。

　このような階層間関係のせめぎあいの中で、「人的資本への投資」を通した
社会的包摂という４Ｐｓの論理は、「ポピュリスト的施し」というミドルクラス
からの批判をかわしつつ、プログラムを正当化するために動員されているとい
えよう。しかしながら、同時にそのような包摂のための論理は、その陰画とし
て、さまざまな非包摂、あるいは新たな周辺化という状況を生み出さざるをえ
ない。以下、本節ではこの点を詳細に検討してゆく。そのような非包摂、周辺
化の状況とは、具体的には、1）支援を必要としているにもかかわらず、プロ
グラムの選別のシステムにより、支給対象から外れてしまっている人びとの存
在、2）プログラムの開始以降、より深刻な貧困と周縁化に陥ってしまった人
びとの存在、3）プログラムが想定するものとは、全く異なる帰結を受益者間
に生み出している状況、4）プログラムが意図する包摂を批判的に捉え、別の
包摂のあり方を示唆する受益者の事例である。以下に、そのような諸事例を検
討してみよう。

選別のシステムにより対象から外れてしまう人びと
事例２-５：進級の遅れる子どもたち（アナの事例）
　アナ（表1の番号㉓）は、1964年にルソン島南部カマリネス・スル州に生まれ、
4歳の時に母親と共にマリキナ市に移り住んだ。学校は小学校まで通った。
1984年に結婚し、その後夫婦は、マランダイ地区付近の空き地で野菜を栽培し、
それを近辺の市場や路上で行商し、細々と生計を立てていた。現在は、夫婦共
に台湾系NGO（注25参照）に雇われて、廃品回収やリサイクル作業をするこ
とで、日に一人当たり250ペソを得ている。しかし、そこから交通費などが引
かれ、手元に残るのは200ペソのみである。日々の収入の多くは、借金の返済
に消えて行く。1日3回食べられない日もしばしばで、朝食はご飯にコーヒー
をかけるだけの時もあり、ご飯が足りないときはお粥にして食べる。

　子どもは26歳の長男を先頭に、8歳の末っ子まで計8人いる。小卒の長男は
両親と同じNGOから1日250ペソの賃金を得ている。次男（23歳）、長女（20
歳）、三男（17歳）、次女（16歳）は全て小卒で、無職である。現在13歳の三女

は小学校3年に在学中、11歳の四女は小学校2年に在学中である。しかし、この2人の娘に関しては、公式の出生証明書が存在せず、それが理由で4Psの受給対象とはならなかった。一方、末子の四男は8歳で小学1年に在学中であり、この子のみ4Psの教育給付支給対象となっている。アナによれば、子どもたちは体が弱く病気がちで、学校も休みことが多い。そのことが理由で、現在学校に通う3人の子どもの進級は大幅に遅れている。子どもたちを朝食なしで登校させざるを得ない日や、バオンなしで登校させざるを得ない日もある。アナは、「学校で子供が空腹でいることを考えると、可哀想でならない」と嘆く。

事例2-6:「私は素通りされた」(ルースの事例)

　ルースは1976年、マランダイ地区に生まれた。高校卒業後、18歳で結婚した。その後製靴業で働き始め、現在の収入は週400ペソ〜500ペソほどである。小学校中退の夫は、製靴業の仕上げ工程を担当する職人(*sapatero*)で、週800ペソほどの収入がある。しかし、靴の注文がない日も多く、そのような時は臨時の土木建設労働者として働くが、賃金は日給250ペソほどである。そこから交通費、食費などを引くと、手元にはほとんど残らない。72歳になるルースの母親が、洗濯婦をして半月に500ペソほどを稼ぎ、家計の足しにしている。ルースの父親は10年前に結核で死亡した。同じ頃に、弟も24歳の若さで死亡した。弟は、心臓に持病を抱えていたが、家族の苦しい家計を憂慮し、医者に行くことを最後まで我慢したという。

　ルースには、14歳の男児がいる。通常であれば高校1年生であるが、就学にかかる諸経費を支払う目途が立たず、進学を断念せざるを得なかった。また、ルースは死亡した弟の子供をも養育している。甥っ子は11歳になるが、進学が遅くいまだ小学校2年生である。1日15ペソのバオンも渡せない日があり、学校を休みがちである。

　家族は、朝食抜きの日が多く、1日2食で済ますのが通常である。電気代を支払うこともできず、家には電気が通っていない。海外出稼ぎも考えたが、子どもを残していくことは出来なかった。4Ps参加のための政府による受益者調査は2度やってきたが、「私は素通りされた(*iniwasan ako*)」。

　これら2つの事例では、子供たちの継続的就学が困難に陥っている、あるいは近いうちに困難になることが予想される。にもかかわらず、プログラムの選別のシステムによって、子どもたちと家族が、支援の対象にならない状況を示唆している。アナの場合、苦しい家計が子どもの栄養状況や健康に影響を及ぼし、子供は学校を休みがちになっている。学業の継続には、支援が必要であるが、必要な行政書類（出生証明書）の不備によって、子どもたちは現金支給を受ける事ができない。アナの事例においては、中等教育まで進むことができなかった年長の子どもたちが、未就労のまま世帯内に滞留しており、近い将来の就労の可能性もないことが分かる。しかし、彼らは既に14歳を越えているために、プログラムの受給者年齢の上限を超えており、現金支給対象にはならない。よって、彼らが再び教育や訓練を受け、何らかの資格を身につけて就労する可能性も、非常にわずかである。また、2つの事例に示されていたように、貧困家庭の子どもたちの多くは、さまざまな理由で進級が遅れ、標準的な年齢と学年が対応しないこともしばしばである。このような子どもたちに対しても、プログラムの年齢制限によって、支給対象とならなかったり、あるいはなったとしても、受給できる期間がごくわずかしか残されていない、という状況が生まれてしまうのである。また、仮に支給の対象となったとしても、病いや災害といった貧困層の抱える脆弱性にとって、プログラムによる支給は「焼け石に水」の感がある。プログラムの進展にもかかわらず、住民たちの貧困と周辺化は一層深まっているともいえる。以下では、そのような事例を検討する。

さらなる貧困化と周辺化
事例2-7：寡婦の非正規労働（マリアの事例）
　マリア（表1の番号⑦）は1977年にマランダイ地区に生まれた。高校卒業の後、1995年に結婚した。夫は、臨時雇いの電気関連メインテナンスを、いくつかのホテルや学校などで行い、380ペソの日給を得ていた。しかしその後、夫の結核が発覚した。薬を飲み、治療はしていたが、日々埃や汚染した大気を大量に吸い込む就労環境であり、また持病の糖尿病も重なり、病状は次第に悪化した。そして、治癒に至らぬまま2012年5月に死去した。享年36歳の若さであった。現在マリアは、近隣のショッピングモール内のフードコートで食物

を売り、日に125ペソを得ている。しかし、週3日ほどの非正規雇用のため、十分な収入を得ることは難しい。近所に住む姉から借金したり、水と塩で凌いだりして生活している。子供は高校3年の長女を先頭に、小学2年の末子まで5人いる。今のところ、学校には通わせているが、子どものバオンだけで1日合計250ペソを要し、家計を大きく圧迫している。

事例2-8：「本当に必要なのは元手だ」（ローズの事例）

　ローズ（表1の番号④）は、1970年にフィリピン中部のロンブロン島に生まれた。父親は漁師であった。少女時代は、メイドをしながら学校に通ったが、高校で中退せざるを得なかった。現在の夫と知り合い、1995年にマリキナに移住した。ローズと同じく高校中退の夫は現在定職が無く、臨時雇いの土木建築労働者としての日給は300ペソほどである。しかし、仕事が全く無い無収入の月の方が多い。自然と酒を飲むことが多くなり、昼間から酔っ払っていることもある。一方ローズは、以前より野菜の行商をして月に5000ペソほどの収入を得ていた。しかしながら2009年9月にフィリピンを襲った超大型台風オンドイ（Ondoy、国際名Ketsana）によって、ローズの家族の生活は一変した。マリキナ川の氾濫により、河川沿いの広範に及ぶスラムが水没した（写真2-12）。ローズも例外でなく、彼女の商売道具は、家屋もろとも流されてしまった。ローズと家族は、幸い一命は取りとめたものの、その後の生活は、時々野菜などを行商して得られる1日100ペソから250ペソほどの収入が頼りである。行商する品物が何も無いときもしばしばで、そのような時は日に3回食べることはできない。食べたとしても、コーヒーをご飯にまぶしたものだけで我慢したり、少量のalamang（エビの塩辛）や目玉焼きを家族と分けて食べる。

　ローズには、16歳の長女を先頭に、5歳の末っ子まで5人の子どもがいる。第二子は小学5年で4Psの教育給付を受給している。しかし、小学3年生の第三子と、7歳の第四子は、学校に登録している名前と、社会福祉開発省に登録してある名前の綴りが異なっており、それが理由で、4Psの支給対象から外れてしまった。支給を受けるためには、ローズ自身が子どもの出生証明書を国家統計局より取り寄せ、修正の申請をしなければならない。しかしながらローズには、これらの手続きを行う費用や知識、そして何よりも意欲を欠き、現状を

写真2-12　超大型台風オンドイにより水没したマランダイ地区の家々（2009年9月）

放置するのみである。子どもたちは朝食なしで学校に行く日もしばしばで、バオンが無い日もあり、当然学校を休みがちになる。第四子は既に長らく登校していない。

　2012年8月には、モンスーン豪雨による浸水被害で、ローズたち一家を含む、マランダイ地区の多くの家屋が再び水没した。ローズと家族は、付近の小学校で1ヶ月もの避難生活を余儀なくされた。家屋が流されたため、彼女たちは新たに家を賃借することになった。月2000ペソの家賃は家計に重くのしかかり、滞納が続いているため、家主は立ち退きを迫っている。ローズは、4Psの現金支給を受け取っても、それを夫には隠している。夫に知られれば、彼は必ず酒を買い、酔って暴力をふるうからだ。このような、先行き不安の毎日を送るローズは言う。「4Psの支給は助けにはなる。しかし本当に必要なのは、定期的に安定した行商をするための元手（*puhunan*）だ」。

　マリアとローズの事例から明らかなように、病気や災害といった、スラムの

日常が内包する脆弱性に対し、4Psは対応しきれていない。近年、台風やモンスーン豪雨によって、フィリピンにもたらされる災害は、頻発化し、被害も甚大化しているといわれる。その被害を真っ先に受けるのが、都市の河川沿いに密集集落を形成する、非正規居住者たちである。ローズが経験したような災害は、決して偶発的で例外的な災難ではなく、むしろ、近年の都市貧困層地区の生活に内包されるリスクであるといえる。4Psによる現金支給は、ローズのような住民の厳しい生活を改善するためには、まったく不十分であった。さらに、ローズの不安定で逼迫した生活は、プログラムが要請するエンパワーメントの実践に、彼女が従事することを困難にしていた。記述のように、受益者たちが現金給付を受けるためには、国家統計局、保健所、学校などに登録してある個人情報を、適宜更新し管理することが求められる。そのような行為が、プログラムの想定する、エンパワーメントにとって重要であると考えられていた。しかし、ローズ（そして彼女と同様な境遇の多くの住民たち）は、このような要請に応えきれず、結果として、プログラムの存在にもかかわらず、一層の貧困、周辺化、不確実性と脆弱性の増大が顕在化しつつあるといえよう。すなわち、ローズにとって、プログラムが想定するエンパワーメントは、彼女にとって現実的な有効性を感じられるものではなく、むしろ彼女は、「元手（*puhunan*）」という、具体的な資源の直接的な分配を要望していたのである。政策実施側の意図するエンパワーメントが空振りに終わり、受益者はそれとは別のものを求めている状況は、以下の2つのFDSセミナーの事例からも明らかになる。

予期せぬ帰結

事例2-9：置き去りにされる「エンパワーメント」

2013年9月11日に開催されたFDSセミナーのトピックは、「ファイナンシャル・リテラシー」であった。社会福祉開発省のソーシャルワーカーの男性が、受給者の母親たちの前に立ち、大きな画用紙に想定上の世帯収入と支出を記入した表を貼り出し、家計をいかに適切かつ賢く管理するかを説明し始めた。表には、支出項目として、家賃、電気代、水道代、そして携帯電話の料金などが記載されていた。受益者の集団の後ろでこの説明を聞いていたある女性は、ソーシャルワーカーの男性には聞こえない程度の小さな声で、ぶつぶつと次のよ

うにつぶやいた。「現実の家計の支出は、あんなに単純ではない。考慮に入れなければならない支出の項目が、もっと沢山ある。どんなに頑張っても、これら必需品の支出を切り詰めることは難しい。政府で働いている彼（ソーシャルワーカー）のようなお金持ちは、簡単に倹約を説くことができる。でも私たちのような貧しい者にとって、倹約というのは簡単なことではない。それは、米、砂糖を買い控えること、あるいは子どものためのバオンを切り詰めるということなんだ。もしそうしなければ、誰かから借金しなければならない」。

　一方、ソーシャルワーカーの男性は、セミナー終了後、参加者たちの反応に満足しなかった様子で、次のように私に語った。「いかに私たちが受益者たちを促しても、彼女たちは（自分自身の生活を向上させるための）機会をつかもうとはしない。なぜかって？　それは、彼女たちが、これまでの習慣（*nakasanayan*）を変えたがらないからさ。お金や時間の使い方など、これまで慣れ親しんだやり方（*kustombre*）を変えるのは、難しいものさ」。

　セミナーのテーマ、内容、やり方などは、全て社会福祉開発省によって決められ、それらは、必ずしも都市貧困層の現状に適合したものではない。しかし、ソーシャルワーカーたちは、そのことを認識していたとしても、セミナーの内容ややり方を、現場の状況に応じて調整したり、修正したりすることはない。むしろ、この事例のソーシャルワーカーの語りに示唆されていたように、しばしば彼らは、住民たちが変わろうとしないことを嘆く。この事例からは、セミナーが想定する現実と、スラムの日常生活の現実との間のギャップの存在が明らかになる。そのようなギャップの存在によって、参加者たちのモチベーションは高まらず、しばしばセミナーは形式だけが支配する場となる。こうなると、参加者たちの最大の関心は、支給の条件をクリアするための出席の証明として、持参のノートに、ファシリテーターのサインをもらうことのみになってしまう。こうして、ソーシャルワーカーや政府の想定するエンパワーメントは置き去りにされ、セミナーは予期せぬ帰結を生み出し続けることになる。

事例2-10：憐れみを乞う場と化したセミナー

　本事例は事例2-1（101頁）の続編である。既述のごとく、2011年9月14日

のセミナーのテーマは、「自分自身を知ろう（*Kilalanin natin ang ating sarili*）」
であった。参加者たちは、自分の性格についてのグループディスカッションの
後に、全員の前に出て、議論の結果を発表するように促された。最初は、大勢
の人の前で話すことを照れて、戸惑っていた参加者たちであったが、ソーシャ
ルワーカーに催促され、少しずつ語りだした。しかしながら、自分自身の性格、
長所、短所などに関する語りはほとんどないか、おざなりなものであり、まし
てや自己分析などは望むべくもなかった。その代わりに、人びとの語りは、
「ジョハリの窓」の第４象限に書かれた内容、すなわち「あなたの人生におけ
る最大の望み」に関するものばかりであった。そこでは、現在の生活の窮状が
訴えられた後に、「望み」として、１日３度食べられる生活、安定した仕事と収
入、生活の苦しさゆえに生じる子どもや夫との間の誤解、対立、軋轢の解決、
平和な家庭生活などが、堰を切ったようにとうとうと陳述された。中には、こ
れらの窮状を語るうちに、感情を抑えきれず、泣き出してしまうものもいた。
聞いている参加者たちの中にも、共感して涙を見せるものが多かった。一方、
ソーシャルワーカーは、参加者に対して、「きちんと条件を守り、自分や家族の
情報の更新を怠らなければ、毎月1400ペソがもらえるからね」と励ましていた。
　冷静な自己分析と内省に基づいた将来設計といった意図とは裏腹に、セミナ
ーは、人びとによって、日々の困難の吐露と共有、それによる感情的なカタル
シスを求める場と化した。参加者は、同じような境遇にある隣人たちの面前で、
憐れみを乞い、仕事や食料など具体的な支援を求めた。セミナーの意図したエ
ンパワーメントは、この事例においても浸透することはなく、むしろ参加者た
ちは自らの具体的な必要に応じて、セミナーの場を利用、あるいは領有してい
たということができよう。このような、何らかの能力や規範の内面化を条件と
するのではない、具体的な財やサービスの直接的供与を懇願する受給者たちの
様子は、以下の諸事例において、より顕著に見出される。

プログラムへの批判的な語り
事例２−11：「高い木になる実を、人びとに取れというようなもの」
　　　　　　（リサの事例）
　リサは、現在自宅の一部を利用した小規模雑貨店（サリサリ・ストア）を経

営している。夫は大卒の建築士で、以前はマリキナ市役所の建築課に雇用されていた。しかし、現在は無職である。リサは、昨年までグループＡに属して、4Psの受給を受けていた。しかし仕事が忙しく、FDSセミナーに参加できないことが多かった。また、役場や学校に届け出る個人情報を更新することも怠っていた。シティ・リンクやペアレント・リーダーから催促を受けたが、仕事が忙しくてできなかった。そして、最終的にリサは「受給放棄（waiver）」し、グループから脱退した。その理由に関して彼女は、「支給のための条件が多すぎて、とても煩わしい（*maasikaso*）」という。さらに、「300ペソ、500ペソ支給してくれるだけなのに、その見返りとしてミーティングに参加することなど、なぜいろいろな義務を課す必要があるのか。わずかな援助のために、人びとにひざまずいて感謝することを要求しているようなもの。高い木の上になっている実を、飛び上がって人びとに取ることを要求しているようなもの。政府の援助というならば、なぜ人びとを困らせる必要があるのか（*Kung itutulong ang gobyerno, bakit kailangan mo bang pahihirapan pa ang tao?*）」と述べる。

　このような、「支給のための条件が多すぎて、とても煩わしい」といった苦情は、シティ・リンクと受益者たちの仲介役となるペアレント・リーダーたちによって、しばしば訴えられる。次の事例はそのような状況を示している。

事例2-12：ペアレント・リーダーの負担

　シティ・リンクは、受益者たちの生活の様子、支給の条件遵守の状況、プログラムへの苦情などを確認するために、定期的にコミュニティを訪問する。そのような訪問がある時には、ペアレント・リーダーは多忙をきわめる。あるグループのペアレント・リーダーによれば、シティ・リンクの訪問直前には、メンバー一人ひとりを回り、ベネフィシャリー・アップデイト・フォーム（注28参照）記載の情報を更新、修正するよう促すという。何度言っても聞かない者に対しては、仕方なく自分が代わりにそのメンバーの情報更新を行わざるを得ない時もある。そのような状況を嘆き、彼女は、「子どもの学校の出席状況や出生証明書の氏名のスペルミスの修正など、現金支給を受けるために必要な情報のアップデートを怠るメンバーが多い。シティ・リンクによるミーティング

がある前には必ずメンバーを集めて、個人情報のアップデートをしてUpdate
Formに記入して提出するように言っている。しかしどうしても従わないメン
バーが少なくない。アップデートを怠っておいて、支給がされなかったり、減
額されていたりすると、私に不平、不満をぶつけてくる」。

　また別のグループで前年までペアレント・リーダーをしていたダニカは、現
在では受給放棄（waiver）を申し出、プログラムから脱退している。その理由と
して、彼女は次のような説明をする。ダニカは、支給日に送金がゼロだったり、
大きく減額されていたメンバーから、しばしば非難されたという。政府との仲
介役のペアレント・リーダーが支給されたお金を横領したのではないか、不当
な利益を得ているのではないかと疑われたという。しかし実際に、送金がなか
ったり、減額される理由は、メンバーが各自の情報を更新しないからで、いわ
ば自業自得である。ダニカが催促しても、一向に聞こうとしないメンバーも少
なくないという。そして、「私は、これらのことが煩わしくなり（*nagulohan
ako*）、こんなばかな事はやめてしまおう（*tigilan na 'tong kalokohan na'to*）と思
い、放棄（*waiver*）した」。さらにダニカは、支給が定期的になされず、なさ
れても定額や満額での支給がされず、時にはゼロの場合もある状況を指して、
プログラムは「愚か者を欺く施し（*Kunswelo de bobo*）」であると手厳しく語る。

　事例2-12では、受益者たちの現金受給を継続的に可能にするために、ペア
レント・リーダーが多大な負担を強いられている状況を示唆している。本章第
2節においては、子供の教育や衛生、あるいは行政的情報の管理といった住民
による積極的実践の側面が語られていた。しかし、ここで検討した事例を参考
にすると、それらはエンパワーされた住民による自発的行為であるよりも、む
しろシティ・リンクや行政との間に存在する、権力関係やヒエラルキー（図2
-1参照）ゆえに強いられた行為という側面も見逃せない。たとえば、ある住
民は次のように語る。「以前は子どもの身なりが汚くてもほったらかしにして
おいた。しかし今ではDSWD（社会福祉開発省）に見つかるかもしれないと、
子どもの身なりには気をつけるようになった」。

　さらに、シティ・リンクや行政と住民との間の権力関係やヒエラルキーを示
唆する住民の感情は、次のような事例2-12のダニカの語りにあらわれている。

「シティ・リンクは私たちのことをギャンブルばかりしていると批判する。し
かし私たちが夫の稼いだ金で何をしようが勝手ではないか。シティ・リンクは
毎日、あるいは毎週、金をくれるとでもいうのか。彼女たちは私たちの首根っ
こをつかんだ気でいるのだ。私たちが僅かの現金を賭けてビンゴをするのは、
単なる暇つぶし、余暇（*libangan*）であって、ギャンブルではない」。これらの
語りを考慮に入れると、第2節にて「包摂のあり方」として示された住民たち
の語りを、額面どおりに受け入れることは留保せざるをえない。むしろ、ここ
でも、プログラムの意図するエンパワーメントは空振りに終わっていると考え
られよう。次に提示する事例では、これまでの事例と同様な批判に加え、支援
のあり方にたいする要求が語られている。

事例2-13：「本当の支援は、条件なしで助けるべき」
（メラニーの事例、2012年9月20日聞き取り）

　1979年生まれのメラニーは、小学3年の男児と4歳の女児を持ち、現在3人
目を妊娠中である。高校を卒業した後、現在の夫と暮らし始めたが、資金が無
かったため教会での結婚式は挙げていない。夫は路上行商人で、儲けは多い日
で300ペソほどである。

　メラニーは、2010年以降あるグループのペアレント・リーダーであったが、
最近受給放棄し、脱退している。彼女は、「4Psはむしろ私たちに損害
（*perhuwisyo*）を与えただけ」という。特にペアレント・リーダーの仕事で家を
空ける時が多くなり、夫の仕事に影響してしまった。夫はビナトッグ
（*binatog*）とよばれるトウモロコシとココヤシの果肉を混ぜた庶民のおやつ菓
子を毎日行商しているが、そのための調理加工に人手を要し、メラニーが不在
だと50ペソほどの日当を払って人を雇わなければならない。このため夫は、
メラニーが4Psに参加するのを非常に嫌がり、しばしば「4Psなんかやめてし
まえ。俺の稼ぎの方がいいじゃないか」と不満を漏らした。

　ある時メラニーは、夫の祖母の通夜の場に集まった人たちと賭け事をしてい
た（写真2-13）*34。その時偶然通りかかったシティ・リンクに見咎められ、警
告を受けた。この件を振り返りながらメラニーは言う。「自分の金で賭け事を
して何が悪い。賭け事をしていたって自分の子どもはちゃんと学校に行かせて

写真2-13　遺体の安置された遺族の家の前で賭けトランプをする人々

いる。4Psがなくったって、子どものバオンはあるし、学校に行かせることは
できる。わずかの額をもらうために、沢山の条件を付けてくる。いろいろ出生
証明書だとか、洗礼証明書だとか、住民証明書だとか。道端で手押し車
（kariton）を寝床にしているような本当に貧しい人びとは、そんな証明書など
持っていない。証明書が提示できなければ助けないのか？　政府が本当に支援
（tulong）というならば、条件なしで助けるべき。本当の支援とは、それがある
ことによって以前にはできなかったことが可能になり、買えなかった物が買え
るようになることではないか？　4Psの開始以前も現在も、私たちは子どもに
バオンを渡すこともできるし、その日の米を買うこともできる。このような支
援はほとんど意味が無い」。

＊34　フィリピンの通夜は1週間ほどに及ぶ。その間に、地方や海外から親族たちがかけつける。通夜
　　（lamay）の間、死者のまわりに集った多くの人びとは、日夜を通して賑やかに賭けトランプを
　　行う。これは、遺族を寂しいまま置き去りにしないということとともに、賭けからの上がりの半
　　分が、遺族に渡され、葬儀費用の助けになるという互助的要素もある。

　さらにメラニーは、給付で購入できる品物に関する規制に対して不満を述べる。「月500ペソの健康栄養給付では、米を買うことが禁じられている。代わりに、子供のためのビタミン剤やミルクを買えという。シティ・リンクは『倹約して使いなさい』というが、本当にお腹が空いているときに、米を買わずにとっておくことができようか。それに、買ったもの全てをノートに記録し、レシートも取っておかなければならない」。「忙しい中FDSセミナーに出てみれば、くだらない寸劇をみんなでやったり、同じことの繰り返しばかりだ。仕事を休んで参加しているのだから、もっと実のある本当に必要なことをミーティングではやるべきだ」。「保健所に定期的に行くようにと言われるが、実際にやることは子どもの体重を量ってそれで終わり。それでは意味がない。定期的な健康診断や薬の無償配布など、もっと必要なことがある」。

　本節で検討してきた諸事例は、人びとが求める「援助（*tulong*）」と、4Psを通して政府が提供するそれとのズレを示唆している。政府が意図する、4Psを通した援助とは、何よりも受益者たちの「人的資本への投資」によって可能になるものである。それは、資金の提供自体を目的とするものではなく、むしろ現金を呼び水として、住民間に自助の精神と責任を醸成し、人的資本に積極的に投資するべく活性化された家族とコミュニティを作り出すことを目的としている。そのような目的ゆえに、プログラムでは様々な条件付けと選別のシステムが設定されるが、本節における、支給対象から外れる人びとの事例は、想定される「人的資本への投資」に従事しえない人びとの広範な存在を示唆していた。また、さらなる貧困化、周辺化の事例は、「人的資本への投資」を通した援助が、スラムの脆弱性の前でまったく有効ではないことを示していた。そして、予期せぬ帰結の事例は、プログラムの意図する市民的主体の生産は、往々にして空振りに終わることを示していた。それに対して、批判的語りの事例は、人びとが求めているのは、「元手」（事例2-8）、「仕事」（事例2-10）、「1日3回の食事」（同）という具体的な財を、条件や見返りなしで、必要とする者に直接渡す行為としての援助（事例2-11、2-13）であることを示唆していた。最後に、そのような援助を願ったメラニー（事例2-13）が、数年後に辿った悲惨な最期について触れる。そこからは、「人的資本への投資」は、資本価値の無い、

あるいは低いと見なされる人びとにとっては、時に明らかさまな排除の権力となることを示唆している。

事例2-14：ドゥテルテ新政権下の麻薬撲滅戦争とメラニーの悲惨な最期 （2017年2月）[*35]

　4Psから脱退したメラニーは、その後夫の行商を助けながら、13歳になった長男をはじめ、生後8ヶ月の赤ん坊を含め、計5人の子どもたちを養っていた。しかし不安定な行商からの収入は僅少で、厳しい生活が続いた。父母から譲り受けた小さな土地と住居も、生活資金を借りるために抵当に入れざるを得なかった。その後は賃貸の狭小な部屋を転々とする生活が続いた。部屋を借りる資金もない時には、マリキナ川の土手に掘っ建て小屋を建て、そこで生活することもあった。苦しい生活の中で、メラニーの夫は次第に麻薬に手を出すようになっていった。ほどなくメラニーも夫とともに麻薬を吸うようになった。その後夫は、単に麻薬を使用するだけでなく、広汎に売買を行うようにもなり、マランダイ地区の反麻薬委員会の調べでは、麻薬常習者たちのたまり場を経営していた疑いもあった。

　一方、フィリピンの国政では、2016年6月、ロドリゴ・ドゥテルテ新大統領が誕生した。彼の第1の公約は、国内の治安回復であり、そのために麻薬の撲滅を掲げ、麻薬の売人や使用者を裁判にかけずに殺害することを認めた。新政権発足後1年足らずのうちに、このような「超法規的殺人」によって7000人以上が殺害された。警察のみでなく、警察に雇われた殺し屋や、地域の自警団などによっても殺害が行われ、また売人、使用人のみでなく、その疑いをかけられた者まで対象となったため、被害は広範に及んだ。

　事件は2017年2月20日に起きた。夫の姉の家の一部を賃借して住んでいたメラニーと子どもたちの前に、銃を持ち覆面を被った男たちが突然現れた。危険を察した夫は素早く屋根に登り、難を逃れた。覆面の男は、まずメラニーに抱かれている生後8か月の赤ん坊を奪い去り、床に放り投げた。母親に銃口を

---

*35 本事例は、事件後にメラニーの母やオバをはじめとした遺族や、近隣住民からの聞き取りに加え、事件を報じたフィリピン・デイリー・インクワイアラー紙の記事（Agoncillo 2017）をも参考にして構成したものである。

向ける男たちに、8歳の娘は、「お母さんを撃たないで！　お母さんが死んだら、誰が私たちの面倒を見てくれるというの？」と懇願した。直後に、メラニーは4発の銃弾を浴びて即死した。1発は左目尻から後頭部を貫通。2発目は右頬を貫通。3発目は右わき腹。最後の1発は、反射的にメラニーがかざした右の手の平を射抜いた。男たちが立ち去った後、間借りしていた小さな部屋に飛び散った母親の血をふき取ったのは13歳の長男と8歳の長女であった。2人の子供が、血の海となった部屋の床に見つけたのは、母親の2本の歯であった。

　事件から数日経った後も、長男と長女は、時折茫然自失の状態になることがある。生後8ヶ月の赤ん坊も、以前は高い高いをしてあげると喜んで笑ったのに、事件後は嫌がるようになった。メラニーの夫は、事件後逃亡したまま行方不明である。残された5人の子供たちは、複数の親族のもとに別々に引き取られていった。

　メラニーの母親は言う。「メラニーが麻薬を吸っていたことは確かだ。でも彼女は（密売までしていた夫とは異なり）むしろ被害者だ。住んでいた家を見てみろ。家財道具など何一つない、小さな部屋で生活していたんだ。政府は、ビッグタイム（大物）の密売人ではなく、メラニーのような小さな貧しい者のみを攻撃の的にしている。メラニーが銃で撃たれて死んだことは明白なのに、死体解剖を要求され、1万2000ペソも払わされた。警察はどこまで私たちから搾り取ろうとするのだろうか」。

　ドゥテルテ現政権においても、4Psは規模を拡大しつつ継続されている。しかし、その麻薬撲滅戦争が示唆するのは、貧困層の「人的資本への投資」を促しつつも、麻薬使用者という、いわば資本的価値が無いと見なされる存在は、強権的に排除していく状況であろう。そのような中で、具体的財の、条件や見返りなしでの直接的供与を求めたメラニーの生活は、一層周辺化され、最終的に悲惨な結末を見ることになったのであった。

第4節　考察

　最後に、本章にて提示した諸事例の意味を、フィリピン社会におけるクライ

エンテリズムの議論に位置づけることで、さらに明確にしていきたい。ここまで検討してきた4Psの意図する貧困統治の性格は、第1部プロローグで論じたネオリベラルな統治性と、その具現としてのマリキナ市の都市統治という、より広い文脈と呼応関係にあるものと捉えることができよう。ここには、市場論理を優先するネオリベラルな合理性が、貧困の社会的包摂のための福祉政策に動員されるという、一見奇妙な結合があるといえよう。しかし、政治経済的イデオロギーとしてのネオリベラリズムと、主体の生産に向けた統治の技法としてのそれを区別して考えるとき、両者の結合は決して奇妙なものではなくなる。ファーガスンが、南アフリカの現金給付政策の事例とともに論じたように、しばしば「人的資本への投資」、「自律」、「責任」、「生産性」といったネオリベラルな価値は、近代西欧的福祉国家を経験していない国々における、社会政策の正当化の論理として動員される（Ferguson 2009）。フィリピンの4Psも、同様の試みとして捉えられる。本章の議論が明らかにしたのは、そのようなネオリベラルな論理の貫徹によって、支援の効率化を図りながらの社会的包摂が目指される一方、さまざまな非包摂が生じ、それにより、プログラムの想定とは異なる援助が、人びとの間で求められていたのであった。

　第3節の冒頭で指摘したように、フィリピン国内のミドルクラスにとっては、貧困層による援助の要求は、貧困層がポピュリスト的政治家から欲しいものを手に入れるために、悲惨な状況を強調し、他者からの憐れみと同情を強要しているように映る。また、受益者たちが要求する、国家からの個別的で具体的な財の直接的分配は、貧困層と政治的エリートの間における、票と財・恩恵のパーソナルな交換関係としてのクライエンテリズムと連関するであろう。ミドルクラスは、クライエンテリズムを、汚職腐敗の原因であり、民主主義と公共性にもとづく近代的政治システムの発展を阻害する要因として批判する。しかし、そこに示唆される「援助（*tulong*）」の観念を、以下に言及する低地フィリピン社会における互酬性の観念と、それにもとづくクライエンテリズムの議論に結び付けて論じるとき、それは、資源を持つものと持たないものとの圧倒的な格差の中で、社会的に公正な再分配はいかにあるべきか、そしてそのような「持つ者」と「持たない者」が、いかに共生すべきかという観念につながっていくと考えられる。

　すでにフィリピンの低地キリスト教徒社会研究の古典となったともいえる、デイヴィト・ザントンらによる研究は、地方社会の農民、漁民たちと、そのパトロンとしての地方政治家や資本家との間にある、互酬性の規範が、資源を持たぬ人びとの「生存の権利（right to survive）」と「生存倫理（subsistent ethic）」を支えていると論じた（Szanton M. 1972, Szanton D. 1981）。それは同時に、資源の管理、分配、そして使用をめぐって下位者と上位者、クライアントとパトロンの間で展開される相互交渉、あるいは弱者による「日常の政治（everyday politics）」を可能にする観念でもある（Kerkvliet 1991）。さらにビコール地方にて人類学的調査を行ったファネラ・キャンネルは、地方農村社会における互酬性とクライエンテリズムを、低地キリスト教徒社会における民俗的な「力」の観念と結びつけて論じた（Cannell 1999）。それによれば、低地キリスト教徒社会における「力」の観念は、固定的で厳格な階層性には結びつかず、むしろ「何も持たない人びと（people who have nothing）」と経済的力と霊的優位性（potency）を兼ね備えたパトロンとの間の、可変的かつ流動的な関係性を生み出す。そこでは、下位に立つ弱者は、自らの全き依存性と従属性をさらけ出すことによって、逆説的に、パトロンとの間に親密性を生み出し、当然要求できる権利としての援助を引き出していく。このように、従来のフィリピン低地キリスト教徒社会の諸研究においては、クライエンテリズムに埋め込まれた互酬性の規範と、それが貧困層の生存維持において持つ積極的な意味が論じられてきた。

　また、近年の選挙政治の研究においては、クライエンテリズム、すなわち公的資源の私的分配に対する見解が、大衆による「良い政治家」と「悪い政治家」の評価の根底にあることが指摘されている（Garrido 2008, Schaffer 2005）。マニラ首都圏の貧困層地区での調査にもとづくシャッファーの議論では、貧困層にとって「良い」政治家とは、自分たちのことを親身になって助けてくれ、親切で、情け深く、何よりも貧しい者たちをも自らの「同胞（*kapwa*）」として尊重してくれる政治家であるとされ、そこには貧しい人びとの間の道徳的な計算が内包されているという（Schaffer 2005：15）。さらにシャッファーは、貧困層とミドルクラス、アッパークラスとの間の政治に対する見方の相違に関して、次のように論じる。「多くの貧者にとっての政治とは、尊厳にかかわる政治で

ある。『悪い』政治とは、冷淡さと侮辱の政治であり、一方『良い』政治とは、思いやりとやさしさの政治である。対照的に、アッパークラスとミドルクラスにとって『悪い』政治とされるのは、パトロネージと汚職の汚い政治であり、『良い』政治とされるのは、政策、アカウンタビリティ、そして透明性にもとづくクリーンな政治である」（Schaffer 2005：15）。このように、政治学の分野においても、クライエンテリズムは民主主義と近代的政治システムの阻害要因としてのみ論じられるのではなく、むしろそこには貧困層の道徳や規範が埋め込まれていることが論じられている。

　同様に、マニラ南郊バタンガス州農村での近年のフィールドワークにもとづくチャン・ヤン・スオンの研究は、クライエンテリズムの諸事例から、農村において共有される道徳と「援助（*tulong*）」の観念を論じている（Soon 2015）。バタンガスにおいても、確かに地方政治家と貧困な村びとの間のパトロン−クライアント関係は根強く存在している。しかしスオンによれば、それは単に利己的な利害や関心にもとづく、票と財のやり取りではない。農民たちは、何らかの援助を受け取る際に、提供者の「内面（*loob*）」を「見極め（*kilatis*）」、その援助が、真に貧者への「共感（*malasakit*）」にもとづく「善良（*mabait*）」なものであるか、そして援助対象者を自らの「同胞（*kapwa*）」としてみているかを「精査（*kalkulasyon*）」する。反対に、その「誠実さ（*matuwid*）」が疑われる支援者は拒絶される。すなわち、調査地におけるクライエンテリズムは、支配と従属関係を背景とした単なる集票マシーンではなく、村びとたちの道徳的判断が示される契機であり、村落内における有力者と貧困者の均衡が維持されるシステムとして捉えられるのである（Soon 2015）。

　これらフィリピン低地キリスト教徒社会のクライエンテリズムと互酬性の議論を参照するとき、本章が検討した人びとのクライエンテリズム的なつながりの希求を、汚職と腐敗に結びつくネガティブな価値としてのみ論じることは一面的に過ぎよう。本章で論じてきたように、4Psは、貧困者たちの「人的資本への投資」を通した社会的包摂を目指していた。それは一面においては、事例2-4にみられたような、新たな意欲と願望を触発していた。しかし、多くの事例からは、プログラムの想定するエンパワーメントは、むしろ空振りに終わり、「人的資本への投資」の代わりに人びとが求めていたのは、自身の苦境を理解

し共感してくれる人びとの集まり（事例2-10）であり、条件や見返りなしで必要な財やサービスを提供してくれる政治家や国家（事例2-11、2-13）であった。それらの語りを、ここに触れたフィリピン社会におけるクライアンテリズムの議論に位置づけるとき、それは圧倒的な富、財、権力の不均衡と格差の中で生きざるを得ない弱者による、親密な紐帯にもとづく互酬性、公正な資源の分配、「持てる者」と「持たざる者」による「同胞（*Kapwa*）」としての共存や連帯、これらの希求であった考えられる。そこには、人びとの生を可能にする「援助（*tulong*）」のあり方をめぐる、道徳的、倫理的問いが内包されていたといえよう。

第2部

海域社会における資源管理とコミュニティ的つながり

海域資源管理協議会のメンバー（パラワン州ナラ町）

プロローグ

　第1部では、ネオリベラルな統治性を都市と人間の関係において検討したが、第2部の各章では、それを自然と人間の関係性に焦点をあてつつ考察したい。そもそもネオリベラルな統治性とは、近代における人と自然の関係性を本質的に規定し、そこにおいて顕在化する権力作用であるといえよう[*1]。なぜなら、近代社会を支えた古典的自由主義は、イギリスにおける共有地（コモンズ）の囲い込みという、18世紀以降の歴史的状況の中で生じ深化した、人と自然の関係性の再編をめぐる思想であったからである。すなわち、ポランニーが19世紀半ば以降のイギリス社会に関して議論したように、古典的自由主義思想は、「貨幣」、「労働力」とともに、「土地」という、本来市場での販売のために生産されたものではなく、幾重にも重なる社会関係に「埋め込まれた（embedded）」ものとして存在した自然が、自己調整的な市場にゆだねられる商品として「離床（disembedding）」する過程と、密接に関連しながら生まれた思想であった（ポランニー 2009）。そのような、いわば社会からの自然の「脱埋め込み」を引き起こした思想から派生した、今日のネオリベラリズムは、必然的に、人と自然の相互行為を規定する権力作用としてとらえることができるのである。

　以下では、第2部各章の議論の理論的視座を明確化するために、ネオリベラルな環境統治にもとづく資源管理レジームに関する諸研究を整理する。まず、ネオリベラルな環境統治の一般的性格についてまとめた後に、主要な研究関心

---

*1　このような視点は、環境変化を政治構造との関連で研究するポリティカル・エコロジーの分野における、以下のような論者たちに依拠している。Bryant and Bailey（1997）、McCarthy and Prudham（2004）、Peet and Watts（2004）、Heynen and Robbins（2005）、Heynen, McCarthy, Prudham and Robbins（2007）。

として、自然保護、「保全エリート」、エコ・ツーリズム、「エンバイロンメンタリティ（environmentality）」などのテーマを論じる諸研究を整理し、その後に、本書の議論の立場を明確にしたい。

ネオリベラルな環境統治

　ネオリベラルな環境統治にもとづく資源管理レジームは、自然はいかに扱われるべきか、人と自然の関係はいかにあるべきかという問いに対し、ある特定の合理性を人びとに内面化することを要請する。それは、これまで「商品化されていなかった、あるいは資本市場で十分利用されていなかった自然と社会の関係性を、再編し資本化する」体制であるといえる（ゴールドマン　2008：9）。ノエル・キャストリーによれば、ネオリベラリズムによる自然と社会（そして人）の関係の再編は、次のような6つの特徴を持つ。

　1）「私有化（privatization）」：従来、国有や共同体による共有、あるいは無主のまま存在していた自然に、明確な私的所有権が付与される過程。

　2）「市場化（marketization）」：従来、市場交換から保護され、価格を持たなかった自然に、価格が付与される過程。

　3）「規制撤廃（deregulation）」：自然環境の諸側面への国家による介入の撤廃。

　4）「再規制化（reregulation）」：自然環境の私有化と市場化を促すための国家による諸政策の構築の過程。

　5）「公的サービスの市場による代行」：自然環境に関する公的サービスが、効率的で競争的なビジネスとして、私的セクターに委託されてゆく過程。

　6）「市民社会の援用」：慈善団体、NGO、そしてさまざまなコミュニティなどを含む市民社会が、国家を側面支援するアクターとして活性化され、それらを通して自然環境に関するサービスが提供される状況（Castree 2008：142-143）。

　このような自然、社会、人の関係性の再編を背景とする資源管理レジームに関しては、近年、人文地理学、社会学、人類学など諸分野の研究において、いかにして自然の「囲い込み」と「私有化」のプロセスが、資源利用者のコミュニティに浸透し、その結果、資源利用の排他性が顕在化してきたかということが論じられている（Robbins and Luginbuhl 2005；McCarthy 2004, 2005；

Swyngedouw 2005；Mansfield 2004a, 2004b；Bridge 2007；St. Martin 2005）。特に焦点があてられてきたのは、自然の「商品化（commodification）」と「市場化（marketization）」のプロセスである（Bakker 2005；Robertson 2004；Hollander 2007；Young and Keil 2007；McAfee 1999, 2003；Corrieia 2005）。これらの研究では、自然環境や特定のエコシステムが、自由市場における利益至上主義に晒されることで、価格を付与され、商品に変換され、多くの場合、それが環境の破壊に結びつくことが論じられる。また、この資源管理レジームの特徴の一つである、地方分権化の影響も主要な研究対象である。特に、多国籍企業や国際機関が、分権化した統治機構を利用して、地域の資源利用に直接影響を及ぼし、介入することにより、さまざまなネガティブな帰結が地方社会に生じていることが論じられている（Heynen and Perkns 2005；Prudham 2004；Holifileld 2004）。

自然保護区の人類学

　ネオリベラルな自然環境の統治に関する諸研究の中でも、近年顕著な研究の増加をみるのが、自然保護区の拡大と、それが地域の人びとに及ぼす影響に関するものである。特に文化人類学的研究においては、自然保護区とは、単に種の多様性が存在する場ではなく、「人びとの環境への理解、その利用、働きかけのあり様を再構造化する場」として、捉えられる（West and Brockington 2006：609；cf. West 2005, 2006）。すなわち自然保護区の人類学の対象は、自然環境そのものではなく、むしろ自然環境との関係における人間にある。市場価格を唯一の基準として、自然環境が階層化される自然保護区という空間において、人間の生がいかに変容しつつあるかが論じられるのである（Büscher and Dressler 2007, Igoe and Brockington 2007, Sodikoff 2007）。そこでは、自然だけでなく、現地住民（natives）自身も、自然環境の市場価値を最大化する上で「いかに効率的な管理者であるか」を基準として序列化される。その意味で、自然保護区の拡大は、自然のみでなく、人間自身の商品化のプロセスである（West, Igoe, and Brockington 2006, West 2010, Carrier 2010）。このようなプロセスと同時進行するのが、共同体による資源利用の制限であり、それはしばしば地域の人びとの生業の剥奪と、保護区からの移転を伴う（Adams and Hutton 2007；Brockington 2004；Dressler 2009；Igoe 2004；Igoe and Croucher 2007）。

「保全エリート（conservation elites）」への注目

　今日、保護区管理のための国家の財政支出が縮減するなかで、民間からの支援の重大さが増しつつある。これに伴い、国家と非国家的アクター、例えば民間企業やNGOなどとのパートナーシップに注目する研究の蓄積がみられる。特に、そのようなパートナーシップが、往々にして、「地域住民自身とその価値が無視されるような、不公正な構造的関係」を生み出していることが指摘される（Fortwangler 2007：504）。例えば、特定のエコシステムの保全によって生み出される経済的利益が、「保全エリート」と呼ぶことのできる、資本主義社会における特定の富裕層によって独占され、彼らの地位と権力を一層強固なものにしている状況が論じられている（Brockington and Dyffy 2010, Igoe, Neves, and Brockington 2010）。そのような「保全エリート」とは、「慈善家（philanthropists）」（Fortwangler 2007, Spierenburg and Wels 2010）、「芸能人や著名人（celebrity）」（Brockington 2008, 2009）、大企業などの「営利目的の団体（for-profit sector）」（MacDonald 2010, Holmes 2010）、そして「ビンゴ（BINGOs, Big International NGOs）」と呼ばれる巨大な国際NGO（Wilshusen 2010, Grandia 2007, Brockington and Scholfield 2010, Sachedina 2010, Levine 2007）などである。近年の環境保全において、これらの資本家たちが、いかに不可欠なアクターであるかに注目すると、保全活動と資本主義は完全に統合されており、そして、「今日的な自然の構築（production of nature）における、補完的かつ相互に補強し合う2つの中核的プロセス」（Brockington and Scholfield 2010：552）であることが理解できるのである。このプロセスにおいて注目すべきは、市場価値と利潤を生み出すことを前提とする保全活動の拡大が、これら「保全エリート」のサークルの外部に存在する、先住民や地域共同体の資源利用者たちを排除することになりかねないということである（Fortwangler 2007）。「保全エリート」に注目する、これら諸研究に共通するのは、「保全と不平等の関係に向けられた根深い疑念」（Fletcher 2010：172）である。

エコ・ツーリズムの興隆

　ここまで述べてきた諸研究に共通する関心、すなわち資源管理体制において、自然と人間の双方が商品化される過程は、エコ・ツーリズムにおいてより顕在

化する。そこでは、いかにして「野生さ（wilderness）」が生み出され、演出され、自然が再編され、再配置されながら、グローバルな旅行者の消費に供されるかが論じられる（West and Carrier 2004, Carrier and Macleod 2005, Brockington 2004, Neves 2010, Duffy and Moore 2010）。エコ・ツーリズムにおいては、自然、動物、そしてしばしば「現地住民（natives）」が、観光客に娯楽と気晴らし、カタルシスと癒しを提供する、新しいタイプの商品として開発され、訓練される（Neves 2010, Duffy and Moore 2010）。このようなエコ・ツーリズムからの主要な受益者は、受け入れ国の政府やビジネス・セクター、そして国際NGOなどに支援、公認された、旅行代理店、「エコ関連の不動産開発業者（ecoreal estate developers）」、ホテル所有者など、経済的に有力な諸アクターである（Berlanga and Faust 2007）。その一方で、周辺化され、排除されてゆくのは、地域の社会関係に埋め込まれた人と自然の関係性、自然との相互行為を通して形成される人びとのアイデンティティ、地域の自然を利用した多様な生業活動などである。これは、自然をめぐる人びとの多様で複雑な社会的実践を、観光客や観光産業の期待と欲望に沿うかたちで類型化し、単純化する過程でもある＊2。

「エンバイロンメンタリティ」とエコ・ラショナルな主体

　第2部の議論にとって、もっとも関連の深い諸研究は、環境（environment）との関係で形成される人びとの心性（mentality）、あるいは環境（environment）に向けられた統治性（governmentality）のもとで生産される主体を明らかにしようと試みる、「エンバイロンメンタリティ（environmentality）」の研究である（Luke 1999, 2005 ; Agrawal 2005a, 2005b, Lemos and Agrawal 2006 ; Biersack 2006, Hanson 2007）。以下では、このような「エンバイロンメンタリティ」を論じる主要な研究を3つあげてみたい。

　まずマイケル・ゴールドマンの研究は、彼が「グリーン・ネオリベラリズム」と呼ぶ資源管理レジームのもとで形成される主体のあり方を論じている（Goldman 2001, 2004, 2005）。そのような資源管理レジームは、人びとが自然を

＊2　Westらはこの過程を、自然の「一般化（generification）」と「脱複雑化（decomplexification）」と
　　規定している（West, Igoe, and Brockington 2006 : 261）。

統治する仕方、他者を統治する仕方、そして自己を統治する仕方、それぞれに大きな変更を迫る。そこでは、自然環境の持続可能性は、市場と経済の拡大を通してのみ維持されると考えられる。自然への配慮のみでなく、自己や他者への配慮さえも、経済的利潤のために奉仕することが至上目的として要請される（Goldman 2005：183-184）。ゴールドマンは、このような資源管理レジームに内在する合理性を、「エコ・ガバメンタリティ（eco-governmentality）」とよび、そのような合理性を内面化しつつ形成される主体を、「エコ・ラショナルな主体（eco-rational subjects）」と規定した。世界銀行などの国際開発機関の実施する、大型環境開発や保全プロジェクトの多くは、このような合理性と主体によって担われることになる。

　次に、アルン・アグラワルの研究は、人びとがいかなる状況下で、自然への配慮を自らのメンタリティの中核に持つ主体として生産されるかを分析するための概念として、「エンバイロンメンタリティ」を用いる（Agrawal 2003, 2005a, 2005b）。「エンバイロンメンタリティ」とは、自然環境こそが行為と思考を秩序づけるための基本的な範疇となる主体、すなわち「環境的な主体（environmental subjects）」を生産する統治性である。具体的には、インドの共同体主導の森林保全プロジェクトを事例としつつ、人びとがオーナーシップ意識を持ち、保全活動に参加し、「環境的な主体」へと変容していく状況を、克明に論じている。

　最後に、タニア・リーの研究は、環境統治のための「アッセンブリッジ（assemblage）」を論じる（Li 2007b）。アッセンブリッジとは、「言説、制度、建築物の様式、規制、法律、行政手法、科学的言明、哲学的、道徳的、そして慈善的な提言」（Li 2007b：264）といった多様な要素による構成体である。アッセンブリッジの目的は、「統治する意志（the will to govern）」、あるいは「改善する意志（the will to improve）」を支えることである。すなわち統治にとって望ましい結果を生み出し、望ましくない結果を避けるために、人びとの行為を方向付け、その社会的環境に介入する試みを可能にする、言説と制度の集合体である（Li 2007b：264）。この統治する意志は、アグラワルの論じた「環境的な主体」を生産し、活用することで作用する。さらに彼女の議論は、「環境的な主体」の二面性に注目している。すなわち、1つは統治の側面であり、こ

れは、資源利用者たちが、環境統治のアッセンブリッジのもとで、合理的な資源管理者として馴化されてゆく過程である。2つ目は、「政治の実践（the practice of politics）」と呼ばれる側面であり、これは、環境統治のレジームに対して、人びとが単に順応するだけでなく、批判的な対抗言説や抵抗を展開する状況をさしている（Li 2007a）。

　ここまでまとめたように、自然環境の管理と保全に作用する「エンバイロンメンタリティ」を議論する諸研究においては、人びとが「エコラショナル」な主体として、資源管理レジーム、あるいは「アッセンブリッジ」のもとへ統合され、包摂される側面が強調される。他方で、「保全と不平等の関係に向けられた根深い疑念」（Fletcher 2010：172）を共有する、多くのポリティカル・エコロジーの諸研究では、資源利用者たちの周辺化と排除が強調されていた。しかしながら、資源利用者たちのエイジェンシーによる実践の多様性と複雑性は、このような資源管理レジームのもとでの馴化と包摂、あるいは排除と抵抗といった二分法によっては捉えきれない。むしろ、注目すべきは、資源へのアクセス、領有、分配をめぐる交渉の過程で生じるさまざまなステークホルダーたちの「従属と共同性と抵抗が複雑に絡み合う場」（田中 2002：355）であると考えられる。そこで、第2部の各章では、特定の資源管理レジームを支える制度によって人びとが拘束を受け、合理的な資源管理者として規範化されつつ主体化してゆく、資源管理の「制度化のプロセス」（第3章）と、そのような制度が共同体に浸透してゆく過程で、実際の資源利用者たる村落住民たちによって、解釈を施され、操作、修正を加えられ、そして選択的に取り込まれてゆく、制度の「文脈化のプロセス」（第4章）という、2つのプロセスが表裏一体となって絡み合いながら、相互規定的に同時進行する状況を論じていく。

　すなわち、第2部では、グローバルな環境主義を背景とした資源管理というマクロな統治プロセスと、資源利用者たちによって構成されるローカリティの日常世界において、状況依存的に可能な資源利用形態を選び取り、自らの生活設計を便宜的かつ暫定的にではあれ構築してゆく人びとの実践に注目する（第5章）。そこから見えてくるのは、資源管理の制度と構造に微細な改変と修正を加えつつ、自らの生活の場と秩序を確保してゆくエイジェンシーの実践であり、そこから開ける共同性としての「社会的なもの」の姿である。

　第2部の諸事例が示唆するのは、地縁血縁による親密な紐帯を維持しつつも、外部のさまざまな社会関係へと開かれたコミュニティのあり様である。それは、コミュニティ内で共有され継承されてきた慣習や思考枠組みとしてのハビトゥス、伝統的なしきたりや責任感覚などを基礎としつつも、政府や市民組織なども含むさまざまな外部の他者とのネットワークの柔軟な接合によって開かれる公共空間であり、「社会的なもの」の広がりである（cf.田辺 2005；松田 2004）。そのような公共性へと開かれた共同性の中でこそ、資源管理をも含めた近代のさまざまな制度が押し進める、ネオリベラルな「上からの統治」に対する「下からの統治（governmentality from below）」（Appadurai 2002；田辺 2005、2008）が可能になる。それは、身近な生活世界に存在するいくつかの選択肢を、便宜的かつ暫定的に選び取るような「生活知の操りの力」（松田 2006）に導かれる実践が生まれる空間であるといえよう。

第3章
規律化するコミュニティ
海域資源管理の制度化のプロセス

　本章を含む第2部の各章では、フィリピン南西部パラワン州沿岸集落における海域資源管理の事例にもとづき、議論を進める。本章では、調査地集落における海域資源管理の「制度化のプロセス」（第2部プロローグ参照）を検討する。以下、第1節では、フィリピンにおける今日の海域資源管理制度の概要を述べる。第2節では、調査地集落における漁業の現状を概観する。そして、第3節では、調査地において、資源管理の制度化のプロセスが、どのようにして進行したかを、いくつかの事例によって論じる。本章全体を通して、プロローグにて論じたネオリベラルな資源管理レジームが、フィリピンの地域社会において、いかなるかたちで具体的に浸透しつつあるのかが明らかになる。

第1節　海域資源管理レジームを支える諸制度

　今日のフィリピンの資源管理においては、1990年代以降進展した民主化と地方分権を背景とし、中央・地方政府、NGO、そしてコミュニティといった、さまざまなステークホルダーの協働のもとに行われる「共同管理（co-management）」の手法が広く取り入れられている（Snelder and Peerson 2005）。このような海域資源の共同管理制度の骨格となるいくつかの法律には、以下のようなものがある。まず、地方分権と地方政府の資源管理に関する権限を規定した、1991年施行の共和国法7160号（通称 Local Government Code of the Philippines、以下「地方自治法」）。全国の自然保護区の設置に関する法律である、1992年施行の共和国法7586号（通称 National Integrated Protected Areas System Act、以下「NIPAS法」）。特に、ここでの議論の対象であるパラワン州を特定して、州内の生態自然環境の保全と利用に関して規定した、1992年施行の共

和国法7611号（通称Strategic Environmental Plan for Palawan Act、以下「SEP
法」）。最後に、海域資源管理制度に最も大きな影響を及ぼした、1998年施行の
共和国法8550号（通称The Philippine Fisheries Code、以下「漁業法」）などがある。

　これらの法律からは、今日のフィリピンにおける、海域資源管理の基本的特
徴が明らかになる。まず1つ目の特徴は、地方自治体に属する自然資源を明確
に境界づけた上で、その資源の利用法と、資源にアクセスできる人びととを厳密
に規定したことである。地方自治法では、海岸線から15km以内の海域が「地
先海域（Municipal Waters）」とされ、その海域内の資源の管理、保全、開発、
利用などの責任と権限を、町レベルの地方自治体（municipality）に移譲するこ
とが規定された。そして地先海域内の資源利用に関しては、漁業法において、
さまざまな制限が設けられた。まず、地先海域内で操業可能な漁法と不可能な
漁法の峻別が明文化された。例えば、漁船総重量3.1トン以上の商業的漁法は
操業禁止とされる[3]。またトロール網漁などの「アクティブ・ギア」、つまり
巻く、曳く、追い込むなど何らかの漁具の動きを伴う漁法が、地先海域内では
操業禁止とされる。さらに、3cm以下の細かな網目の漁網を用いた操業も、稚
魚保全の観点から禁止される。また、資源へのアクセスの管理に関しては、地
先海域内で操業するいかなる漁法も、一定の申請手続きとそれに伴う諸料金の
支払いを経た後に、町長（Municipal Mayor）によって発行される操業許可証と
身分証明書を、操業中常時携行しなければならないことが規定された（写真3
-1）。さらに、全地先海域の15％を海域資源保護区（Marine Protected Area,
MPA）に充てることが定められ、同時にこれら保護区近辺の海域での資源利
用が細かく規定されることになる（写真3-2、写真3-3）。

　2つ目の特徴として、海域資源管理の地方分権化と共同管理を象徴する組織
について触れたい。漁業法においては、海域資源の共同管理の中軸として機能
する、ある組織の設置に関する規定がある。それは「地先漁業資源管理協議会
（The Municipal Fisheries and Aquatic Resources Management Council、略称
MFARMC、以下「資源管理協議会」）」という組織である。資源管理協議会は各

---

[3]　フィリピンにおける行政上の区分では「商業的漁業（commercial fishing）」とは総重量3.1トン以上
　の漁船によって操業されるものを示し、一方3トン以下の漁船によって操業されるものは「地先漁業
　（municipal fishing）」とされる。ここでは後者を総称して「小規模漁業」と記す。

地方自治体の首長（ここでは町長）に直属する組織で、その構成員は、町会議員、特に議会内の食糧農業委員会委員長を務める議員、地方行政府内の開発課担当技師、農業省の地方官僚（Municipal Agricultural Officer）などのほか、当該の町で活動するNGO代表、そして10名以上の地域集落在住の漁民代表によって構成される。その主要な役割は、海域資源管理に関する法律にもとづいて町議会により条例が作成される過程で、議会の諮問先としてさまざまな提言を行うことである。条例作成に際して、議会から諮問を受けた資源管理協議会は、町内の村々を巡回して、住民たちの間で公聴会を開く。そこでは、新しい資源利用に関する法律を説明し、その上で住民たちのさまざまな意見を集約する。それら地区の住民たちの意見にもとづき、資源管理協議会は町議会に対して条例作成のための提言、さらには条例に盛り込まれるべき具体的な文言の提案を行うのである。すなわち資源管理協議会は、地域住民と中央・地方政府との間の媒介の役割を持つと同時に、両者の間の資源利用をめぐる利害の衝突、抗争、折衝の場でもあると考えられる。それでは次に、このような海域資源管理制度が浸透する場である、調査地集落の状況を概観してみよう。

第2節　調査地集落の概要

　フィリピン南西部に位置するパラワン州（Province of Palawan）は、南北約400キロ、東西平均幅40キロの細長いパラワン本島と、大小の島々によって構成される州である。パラワン本島北西岸は南シナ海に面し、南東岸はスールー海に面している（地図3-1）。州内には希少な動植物種が存在するのみでなく、木材、ラタン、樹脂などの森林資源、ニッケルを中心とした鉱山資源、広大な未墾地、海洋資源、石油など多くの自然資源が存在する。国内に残された「最後のフロンティア」としてしばしば語られるパラワン州へは、特に20世紀半ば以降これらの資源を求める国内各地からの移入者が押し寄せた。そして、今日のパラワン州では、それらの資源の搾取・利用と管理をめぐり、先住民、移入者、中央・地方政府、NGOなどさまざまなステークホルダー間での対立、抗争、葛藤から生じる「資源利用をめぐるポリティクス」（Eder and Fernandez 1996：6）が展開しているのである。

写真3-1　小さな漁船に至るまで町長発行の操業許可証と身分証明書が掲示されている

写真3-2　漁撈禁止の掲示が立つ保護区

写真3-3　保護区内での違法活動を取り締まる監視小屋

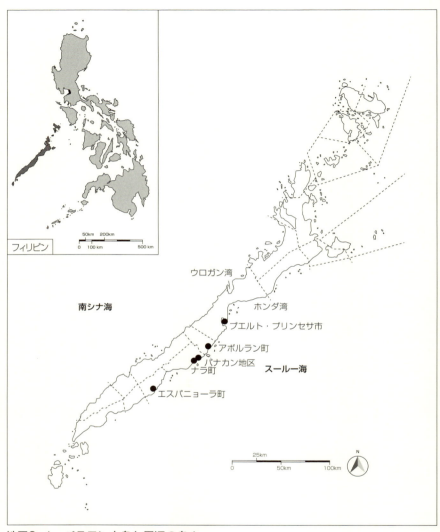

地図3-1　パラワン本島と周辺の島々

　現地調査は、主にパラワン州の州都プエルト・プリンセサ市（Puerto Princesa City）の南91kmに位置するナラ町（Municipality of Narra）と同町に属するパナカン地区（Barangay Panacan）にて行われた[*4]。調査時2008年現在のパナカ

ン地区人口は8656人、世帯数は1768、一方ナラ町の人口は、2007年現在で6万2525人である。パナカンは、ナラ町の中心部（poblacion）に近接することもあり、フィリピンの通常の地方村落に比較して大規模で、住民の職業構成も教師や地方公務員など農漁業以外の諸職に従事する人びとが見られる。従って現地調査は、パナカン地区を構成する14の近隣区（purok）のうち、主に漁業従事者が居住する7つの近隣区に絞った[5]。これら7つの近隣区の住民人口合計は2008年現在で4464人、世帯数は880である。このうちどれほどが漁業に従事するのかという点を表3-1によって見てみよう。表3-1は、現地調査で確認された漁法、各漁法に専従する漁民数、世帯、そして漁船隻数を示している[6]。

　まず、調査地における主要な漁法として、2つの商業的巻き網漁が存在する。それはリコム漁（likom）とクロン漁（kulong）である。リコム漁は夜間操業の巻き網漁で、ムロアジ（*Elagatis bipinnulatus*）、ニシン科の小魚（*Sardinella longiceps*）、ヒイラギ科（*Family Leiognathidae*）の諸魚などを主な漁獲対象とする（写真3-4）。リコム漁組織は集魚灯を搭載した船と網を積んだ漁船の2隻で構成され、1組の乗組員漁師は総勢40人ほどになる。リコム漁の操業資金としては、2隻の漁船に計120万ペソ（調査時1ペソ＝約2.5円）、漁網に70万ペソから100万ペソほどを要する。リコム漁の乗組員漁師間には操業長を頂点に通常の乗り子にいたるまで役割に応じたヒエラルキーと収益分配の差が存在する。また表中には記されていない非正規の臨時乗組員（bolero）が地区内には多数存在し、その数は季節によって大きく増減する。これら流動的季節乗組員漁師も含めれば、リコム漁に従事する漁師数はさらに増加する。

　一方、クロン漁は日中操業の巻き網漁で、主に干物用のカタクチイワシ（*Engraulis japonicus*）を漁獲対象としている（写真3-5）。クロン漁は、通常1隻、

---

[4]　筆者は、1999年3月に初めてパナカン地区を訪れて以来、断続的にフィールドワークを行ってきた。本章と次章で提示する資料は、2006年2月～3月、同年8月、2007年3月、2008年3月と9月に行った現地調査から得られたものである。

[5]　「近隣区」と訳したブロック（purok）は、最小の行政単位であるバランガイを構成する下部単位である。各「近隣区」には、ブロック・プレジデントと呼ばれる長が選出される。しかし、「近隣区」はフォーマルな行政的機能は有さない。

[6]　表中の「経営者」とは漁船や網などの漁具を所有する者で、通常彼らは海上での操業に参加しない。一方「乗組員」とは漁具を所有せず、「経営者」に雇用される漁師を示す。「専従」とは、ある漁師が年間を通して最も多くの日数従事する漁法を示す。

表3-1　パナカン地区における漁法ごとの漁民人口、漁民世帯数、漁船隻数

漁法		漁民人口	漁民世帯数	漁船隻数
リコム漁	経営者	7	7	21
	乗組員	146	109	—
クロン漁	経営者	21	21	46
	乗組員	145	68	—
釣り漁	経営者	108	108	155
	乗組員	111	73	—
巻き刺し網漁	経営者	10	10	10
	乗組員	6	3	—
地曳網		4	4	4
漁柵		3	3	3
刺し網漁		19	19	19
銛漁		3	3	3
トビウオ漁	経営者	5	5	5
	乗組員	6	5	—
干物製造・販売人		30	30	—
干物行商人		4	4	—
干物製造労働者		26	17	—
鮮魚仲買人		4	4	—
計		657	507	240

あるいは漁獲運搬用の漁船を含め2隻1組で行われる。操業資金としては、漁船1隻あたりおよそ20万ペソ、漁網に45万ペソを要する。クロン漁集団は通常10人から15人ほどの乗組員漁師によって構成される。しかし、リコム漁同様に、表中には含まれていない多くの臨時乗組員漁師に支えられる流動的な組織である。両漁法によって得られる漁獲は、主に干し魚にされた後、州都プエルト・プリンセサ市やセブ市、首都マニラなどの大都市圏で販売される。これら2つの商業的巻き網漁は、パナカン地区のみでなくナラ町内の重要な産業の一角を占めているといえる。

　これら商業的漁法の他に、地区内にはいくつかの小規模漁業が存在する。特に多くの漁師が従事するのが、ナイロン糸の先に釣り針を取り付けて行われる釣り漁 (*pangawil*, hook and line) や巻き刺し網漁 (*likos*) である。釣り漁の漁獲対象は、主にハタ (*Cephalopholis sexmaculata*)、イトヨリダイ (*Nemipterus*

写真3-4　リコム漁の漁船

写真3-5　クロン漁の漁船

bathybius）、フエダイ（*Etelis coruscans*）などの高級食用魚である。釣り漁は低コストで参入障壁が低く、特に近年は次章で詳述するようにハタの活魚を高価で買入する仲買人の存在により、この漁法に従事する漁師は急増している。通常釣り漁は、漁船の所有者を操業長とし、その他に2人ほどの乗組員漁師を伴って行われる。

　また、調査地にはフィリピンの伝統的な生計維持的漁法が見られる。これには地曳網（*suwayan*）、竹など在来の素材を用いた漁柵（*baklad*）、刺し網漁（*pamanti*）などが含まれる。

　商業的漁法と異なり、これらの漁法からの収益は大きくはない。しかし、網を引くために多くの労働力を必要とする地曳網などは、漁具などの生産手段を持たない貧しい地区住人たちにも、日々の生活の糧を提供してきたという意味で、重要な生業活動であった。特に、季節風の影響などで、商業的漁法の操業が困難な時には、多くの地区住人の代替的生計手段として、重要な役割を果たしてきた。ところが、後述されるように、これらの漁法は、近年の海域資源管理の影響を大きく受けつつあり、表中にも示されているように、専従する漁民は近年減少している。

　地区内には、これらの漁業従事者に加えて、浜辺において漁獲の運搬など、漁業に関連したさまざまな活動から、賃金や漁獲の一部を分配されて、生計の足しとする村びとが少なからず存在する。その中でも、最も多くの人びとが従事するのは、干物製造である。彼らは、リコム漁やクロン漁などから鮮魚を買い、干し魚にして、ナラ町部からやって来るバイヤーたちに売り渡す。バイヤーは、干し魚を、州都やマニラの市場にて販売する。これら地区の干物製造人は、干物製造の過程で労働者を雇い入れるが、特に未亡人や独身者など、現金収入の機会が限られた者が雇われるケースを多く観察した（写真3-6、3-7）。

　ここまでの記述から、調査地パナカンは、階層性を持った商業的漁業集落であるといえよう。その階層性は、やや単純化すれば、リコム漁、クロン漁などの商業的漁業の経営者や大規模な干物製造人・商人を上層に持ち、中間に釣り漁や巻き刺し網漁などの小規模漁業経営者が存在し、そして最下層に、資本や漁具を所有しない大量の乗組員漁師たちが位置するピラミッド型で捉えることが可能であろう。それでは、海域資源管理の諸制度は、調査地の人びとの日常

写真3-6　パナカン地区の干物製造人

写真3-7　干し魚の並ぶパナカン地区の浜辺

的資源利用の諸局面にいかなる影響を及ぼしているのであろうか。

第3節　制度化の諸事例

　ここでは、調査地ナラ町パナカン地区における海域資源管理の制度化の過程を顕著に示す、3つの局面を検討してみたい。最初に、海面の境界線の明確化と囲い込み、次に海面の区画化と類別化、最後に資源管理に対する義務と責任に関する観念の導入である。

海面の境界線の明確化と囲い込み

　漁業法にもとづく海域資源管理制度の要点は、各地方自治体に排他的に属する海域の確定であった。この漁業法にもとづいて2001年に施行されたナラ町漁業条例においても、基本的に他町の漁師たちがナラ町の地先海域で漁をすることを禁じている。しかし、従来フィリピンの多島海域社会に生きる小規模な漁民たちは、季節風、潮の流れ、魚群の移動などの生態環境的要因に従い、より好条件の漁場を求めて、島嶼間の季節的な移動を繰り返してきた（関2007）。近年の漁業法や地方条例による地先海域の境界の明確化という傾向は、このような移動性の高い生業形態を維持してきた、漁民たちの生計戦略と衝突することになる。ナラ町の漁業条例では、その地先海域内で他町の漁師たちが操業する場合には、町長同士の間での「互恵的アクセスの合意」という手順をふむ必要があると規定されている。しかし、このような合意が存在しない町々も多く、そこでは他町からの漁師たちの「領海侵犯」をめぐって、対立や抗争が頻発することになる。ここでは、そのような事例をいくつか検討してみよう。そこからは、従来オープン・アクセスとして存在した海域が、特定の町の住民によって排他的に利用される海域として、いわば囲い込まれる過程が示唆されている。

事例3-1：ナラ町とアボルラン町間の対立

　ナラ町の北東に隣接する、アボルラン（Aborlan, 地図3-1参照）町沿岸村落には、商業的漁業は存在せず、小規模な釣り漁などが、その漁業の大半を占め

る。このため、アボルラン町の地先海域は、従来よりナラ町のクロン漁やリコ
ム漁などの商業的漁業にとっての好漁場となってきた。しかしながら、2000
年に施行されたアボルラン町の漁業条例では、町に属する地先海域内での他町
出身の漁師の操業が禁じられた。それ以降、ナラ町の漁師が、アボルラン町の
地先海域内で捕縛され、1回につき5000ペソから1万2500ペソにもおよぶ罰金
を課され、短期間拘束されるなどのケースが頻発している。

　ノエル（1965年生まれ）は、ナラ町パナカン地区にて、4組のリコム漁船団
を所有する漁師である。彼は、2001年から調査時の2006年までの間に、ナラ
町の南西の隣町エスパニョーラ（Española, 地図3-1参照）の地先海域で2回、
そしてアボルラン町の地先海域で3回、バンタイ・ダガット（*Bantay Dagat*、
直訳すれば「海の守り人」。農業省漁業水産資源局の指導のもとに働く地区在住のボ
ランティア監視員）に捕縛されている。当時、実際に海上で操業していた操業
長の漁師によると、2003年にエスパニョーラ町で捕縛されたときは、2万ペソ
もの罰金を要求されたが、払えるはずもなく、何とか「哀れみを乞う
（*nagpakaawa*）」ことで、5000ペソまでまけてもらったという。ところが、2004
年にアボルラン町の地先海域内で捕縛された際には、町の漁業監視員（Fish
Warden）によって、有無を言わさず町拘置所（Municipal Jail）に収容されてし
まった。操業長によれば、その時は海上での操業中で、パンツ1枚の姿であっ
たが、服を着ることも許されず、そのまま拘束されたという。ノエルが罰金と
して課された5000ペソを至急準備し、支払うことができたため、操業長は、
翌日には釈放された。ノエルは言う。「それぞれの町に属する地先海域の境界
には、ブイなどの目印がないため、どこからが隣町の地先海域なのか分からな
い。地先海域の境界には、目印を設置するべきだ」。

事例3-2：ナラ町とプエルト・プリンセサ市間の対立・抗争

　パナカン地区のリコム漁は、季節風の強くなる時期の操業のために、州内の
いくつかの場所に、季節的なキャンプを維持してきた。特に、10月から3月ま
での間の、北東季節風が強い時期、リコム漁集団は、季節風の影響を受けずに
操業が可能な、ホンダ湾（Honda Bay）やウロガン湾（Ulogan Bay）に面した
集落に移動して漁を行った（地図3-1参照）。これらの海域は、州都プエルト・

プリンセサ市に属する地先海域であった。したがって、パナカン地区の漁師が、これらの湾内で操業するためには、ナラ町とプエルト・プリンセサ市間で、「互恵的アクセス」の合意が必要だった。そのため、2001年に施行されたナラ町の漁業条例では、「プエルト・プリンセサ市の漁民を除き、他の町の漁民がナラ町の地先海域内で操業することを禁ず」という規定がなされており、プエルト・プリンセサ市出身の漁民たちには、ナラ町地先海域への特別なアクセスが認められた。しかしながら、プエルト・プリンセサ市の条例においては、ナラ町出身の漁民たちへの、同様な特別措置が認められなかった。このため、対抗措置として、ナラ町は2006年2月の漁業条例の改正で、プエルト・プリンセサ市の漁民に認められていた地先海域へのアクセス権を廃止した。その後、両者の歩み寄りがあり、ナラ町長とプエルト・プリンセサ市長の間で、双方の地先海域への「互恵的アクセス」のための協議がはじめられた。しかし2006年8月の調査時現在、まだ合意には至っていない。合意文書に盛り込まれた、細かな規制、たとえば「互恵的アクセスは小規模な釣り漁のみに限られる」、あるいは「互恵的アクセスは24隻の漁船を上限とする。その際、1隻につき3名の乗組員漁師を上限とする」といった文言に対して折り合いがつかず、最終的な合意を妨げている。以下の事件は、このような状況の中で起こった。

　リト（1960年生）[7]は、パナカン地区のリコム漁の操業長を長年つとめてきた。彼のリコム漁操業は、毎年11月から2月の北東季節風の時期は、ナラ町周辺では風が強く出漁が困難になるため、州都プエルト・プリンセサ市に属する地先海域であるウロガン湾にて操業を行ってきた。ところが、2006年1月のある夜にウロガン湾内で操業中に、国家海事警察（Philippine National Police-Maritime Command）と共に監視をしていたある環境系NGOによって捕縛され、漁具は没収され、罰金を課され、その上刑事訴訟を起こされてしまった。今日のフィリピンの海域資源管理体制のもとで、NGOは、警察とともに、あるいはそれを代行して、違法な漁業操業者を拘束する権限を付与されている。リトは、彼の逮捕を先導したNGOについて、次のように述べる。「今まで、アボルランなどナラ町周辺の町々でバンタイ・ダガットに捕縛されたことは、10回以上ある。

しかし、そのような場合には、行政罰のみで、罰金5000ペソ払えば、翌日から再び漁に出ることもできる。しかしNGOの場合は、そうはいかない。彼らは非常に厳しい」。リトが、頻繁に出漁する町々の地元出身のバンタイ・ダガットの中には、顔見知りも多く、大抵の場合、つかまっても見逃してもらえる。しかし、全国的に活動を展開する環境系NGOなど、いわば外部者には、このような情状酌量の余地はなく、彼らはしばしば警察よりも厳格に、違法操業の取締りを行うという。リトの語りには、このような状況が示唆されている。その後リトは訴訟手続きのために1ヶ月ほど州都に滞在することを強いられた。この事件は、罰金や弁護士への支払い、没収された漁具を取り戻すための支払いなど、合計で7万ペソほどの出費を漁船所有者に強いた。2006年8月の時点でリトはパナカン地区に戻っていたが、州都での訴訟継続中のために操業許可証は没収され、操業を開始することができない状態である。

海域の区画化・類別化

　2001年に施行されたナラ町の漁業条例には、「ナラ町の持続可能な発展に資する諸活動」のために、地先海域は「区画化（zoning）」され、「類別化（classification）」されなければならないと規定されている。そして、それらの活動として、「養殖、共同漁業、漁船通行、ツーリズム、余暇やスポーツのための釣り、禁漁区、資源保護区、その他」があげられている。海域資源管理の制度化は、前項でみたような、地先海域の境界を明確化した上で、さらにその境界内を区画化、類別化し、そこで行ってはならない活動、逆に行われなければならない活動が規定され、モニターされることになる。このような、海域の区画化、類別化による活動の制限は、従来の地区における資源利用活動を大きく拘束することになる。ここでは、そのような事例として、伝統的な定置漁法である漁柵の撤去命令という出来事を検討してみたい。

事例3-3：撤去されたラファエルの漁柵

　パナカン地区の沿岸に浮かぶラサ島（Rasa Island）という小島は、マングローブと珊瑚礁に囲まれ、従来住民に好漁場を提供していた。パナカン地区在のラファエルは、1986年以来このラサ島近辺に漁柵（baklad）を設置し、そこか

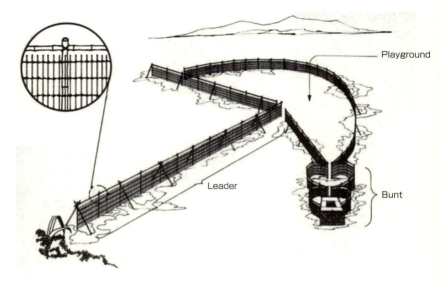

図3-1　漁柵（*baklad*）、出典　Umali（1950）

ら漁獲を得てきた。フィリピンの伝統的漁法である漁柵は、地区内で入手可能な竹などを用い、少額の資本で操業が可能なため、従来、多くの零細漁民の生計手段となってきた（図3-1）。ところがラファエルによれば、「2006年6月に新たな漁柵を新設したところ、ナラ町のPAMB（Protected Area Management Board、後述）とKatala（ナラ町中心部に事務所を持つ環境系NGO、後述）のメンバーがやって来て、そこに漁柵を設置するのは違法だから撤去するようにといわれた」。さらに、「9月15日までに撤収しなければならない。未だに何故撤収しなければならないのか理解できない」と困惑する。

　ラファエルの漁柵に撤去命令が出された背景には、NIPAS法とSEP法の2つの法律（第1節参照）が関係していた。NIPAS法は、希少かつ絶滅の危機に瀕する植物や動物が生息するエコシステムを保護地区として指定し、中央政府（環境資源省）と地方政府（町長）の共同のもとに保護区の管理・運営を直接担当する組織として、PAMBを設置することが定められている。一方SEP法では、フィリピンの他地域にはない、希少かつ多様な動植物相を有するパラワン

州の州政府に、州内の自然保護区域を設置・運営する権限を委譲した法律であ
る。この2つの国家法によって与えられた権限にもとづいて、ナラ町は1999年
施行の町条例によって、ラサ島とその周辺海域を自然保護区に設定することに
した。

　ラサ島とその周辺海域が自然保護区に設定された理由は、この島が絶滅寸前
の鳥フィリピン・オウム（Philippine Cockatoo、現地名 *Katala*、学名 *Cacatua
haematurophygia*）の生息地となっていることに加え、島を囲む豊かなマングロー
ブ林と珊瑚礁が、魚の生息域になっているためであった（写真3-8）。1998
年には、ヨーロッパの国々から財政的支援を受けるカタラ協会（Katala
Foundation）というフィリピンのNGOがナラ町に事務所を開き、ラサ島のカ
タラ生息域の保全活動に乗り出すと同時に、島でのバードウォッチングと周辺
珊瑚礁域でのダイビングをセットとするエコ・ツーリズムを開始した。2006
年現在、年間150人から200人程度のフィリピン人や外国人のツーリストが訪
れている。町長の命令を取り付けて、ラファエルの漁柵撤去を最も強行に要求
したのは、このKatala Foundationであった。

　ところで、2001年に施行されたナラ町の漁業条例には、地先海域は、さま
ざまな活動に応じた海域の区画化と類別化がされなければならず、漁柵を設置
する際には、定められた区画内に設置されなければならないとされる。ラファ
エルの漁柵は、このようにして定められた区画外に位置していた。さらに同条
例では、地先海域内の保護区域に漁柵を建てること自体が禁じられている。こ
のように、いくつもの国家法と地方行政府の条例などが重なり合うことで、ラ
ファエルの設置した漁柵の撤去命令という出来事が生じたのであった。

　このような区画化と類別化は、海域内に存する貴重な資源、例えば海藻、珊
瑚礁、希少な魚類などを保護し、育て、さらに、その市場価値を高めることを
第1の目的にしているといえよう。ラファエルの漁柵撤去の事例は、海域資源
の収益性を高めるための保全活動によって、人びとの生計維持を支えてきた資
源利用活動が周辺化されていることを示唆している。まさに、第2部プロロー
グで論じた、ネオリベラルな保全活動による1つの帰結を示しているといえよ
う。

義務と責任の観念の強調

　今日の海域資源管理の制度化の3つ目の局面として、資源利用者たちの間で、義務と責任が強調され、エンパワーメントやアカウンタビリティなどの観念の導入と、内面化がはかられる点を検討したい。これらは、今日の資源管理レジームを支える価値観として重要な意味を持っている。

　漁業法と、それにもとづくナラ町漁業条例では、資源管理の制度遵守を徹底させるための諸アクターが規定されている。そこには、フィリピン海軍、国家海事警察、沿岸警備隊（Coast Guard）などの国家機構に属するアクターとともに、地区住民の中から任命されるバンタイ・ダガット（153頁参照）や漁業監視員（153頁参照）も含まれる。中でも、漁業監視員は、資源利用者である漁民たちと同じ地区の住民として、最も日常的かつ密接に、資源利用者たちの活動をモニターする存在である。ここでは、そのような漁業監視員に、受講が義務づけられているセミナーに注目してみよう。

事例3-4：政府による監視員養成セミナー

　ナラ町では、パナカン地区を含む沿岸諸集落の住民から、30名前後の漁業監視員が選ばれている。彼らは、日常的にナラ町の地先海域内を巡回し、違法な操業者を見つけた時には漁具を没収し、罰金を課すなどの任務を遂行している。取り締まり対象には、ダイナマイト漁や毒漁などの悪質な違法漁業のみでなく、町長からの許可証や身分証明書なしでの操業など軽微の違反も含まれる。このような任務遂行のために、州都プエルト・プリンセサ市の漁業水産資源局（Bureau of Fisheries and Aquatic Resources）から、専門スタッフがナラ町まで出向し、定期的にトレーニング・セミナーを開催し、さまざまな知識や技術を地区の監視員たちに教えている（写真3-9）。そのようなセミナーにおいては、海域資源管理を遂行してゆくためのさまざまな「義務」と「責任」が住民の間に注入され、刷り込まれてゆく。そこで漁業水産資源局スタッフがしばしば繰り返し強調するフレーズを、実際にセミナーで使用されているテキストから引用してみよう。「漁業監視員は、各々の管轄海域内において全ての漁業関連法、政令、規則を実行する全権力を付与されている」。「監視員は、違法漁業者を裁く法廷においては、政府側の証人として迅速な訴追のために協力しなければな

写真3-8　マングローブ林に囲まれたラサ島

写真3-9　ナラ町における漁業監視員養成セミナーの様子

らない」。「監視員は、逮捕状無しで、違法漁業者を逮捕拘束することが出来る」。「監視員は、違法漁業者の逮捕後、規定の期日内に、適切な政府機関に違法者を出頭させ、適切な告訴手続きを取らねばならない」。「没収された漁具の処分に立ち会わなければならない」。「全ての形態の違法漁業操業に関する情報提供キャンペーンを、各地区にて展開しなければならない」。そして最後に、「漁業水産資源局に毎月の取締り実績報告書を提出しなければならない」。セミナーにおいては、これらの諸点が講師によって強調され、通常、セミナー最終日には監視員の任務に関して筆記試験が課せられる。このような試験に合格することで、はじめて村びとは漁業監視員の資格を得ることができる。

このようなセミナーを通じて、確かに地区住民は資源管理に必要とされる「義務」と「責任」を有する主体へと訓練されてゆく。例えば、漁業監視員によって違法操業が捕縛された場合、漁業法やナラ町漁業条例では、厳しい罰則が規定されている。具体的には、ナラ町の条例においては、初めて、あるいは2回目につかまったときは、漁船所有者と操業長それぞれに2,500ペソずつ、乗組員漁師一人につき1000ペソの罰金が課されることになっている。加えて、漁獲や漁具の没収も可能となっている。さらに、3回目につかまったときには、町の地方裁判所にて訴訟が起こされる。しかし、実際の取締りの場面においては、このような罰則がそのまま適用されることは、むしろ稀である。特に、次の事例にみるように、地元の町や地区出身のバンタイ・ダガットや、漁業監視員による取り締まりの場合には、非常に柔軟な対応がなされている。

事例3-5：取り締まりにおける「責任」と「人道的配慮」のバランス

デニス（1966年生）は、1990年以降ナラ町のバンタイ・ダガットに任命されている。彼は、パナカン地区の漁師の両親のもとで育った。現在も、兄の漁船に同乗して、しばしば漁に出る。デニスは、1998年に漁業法が施行されて以降、2000年ごろまでは、ナラ町の地先海域内を毎日パトロールしていた。今日でも、週に1、2回パトロールを行う。彼は、違法操業の取り締まりに関して、「人道的配慮（human consideration）」を忘れないようにしているという。たとえば、地先海域で違法の操業を目撃しても、初回と2回目までは警告のみにとどめる。

しかし、同じ漁船による違法操業を3回目に目撃した時は、さすがにペナルティを科さざるをえない。たとえ親族や友人であっても、3回目には厳しく取り締まる。ただ、町の条例では漁獲の没収が課されているが、デニスは、漁船所有者が漁獲を販売し、その売り上げで罰金を支払うことを容認しているという。しかし、もし違法操業者が、他町出身の漁民によるものである場合は、初回であろうと容赦しないという。これは、単にデニスと違反者が血縁地縁関係にあるか否かよりも、地先海域間の境界意識の顕在化を示唆していよう。このような「人道的配慮」を強調するデニスは、次のように語る。「漁業法をそのまま適用したら、漁民たちはかわいそうだ。風が強い時などは、地先海域の外の遠い沖合いで操業するのは無理だ。そのような時は、目をつぶらざるを得ない。あまりに浜辺の近くの浅瀬で操業するような場合を除いて、大目に見る。もし本当に厳しく取り締まろうとすれば、町から発行されたIDを携行していない漁師を、1人でも乗船させている漁船は、すべて操業を止めさせなければならない。家族が腹をすかせて待っているのを知りながら、そのように厳しく取り締まることなど、できるだろうか」。

　このように、デニスをはじめとする、町や地区出身のバンタイ・ダガットや漁業監視員は、一方で資源管理の制度が要請する義務や責任と、他方での地域共同体の仲間としての規範との間で、ディレンマを抱えているともいえよう。デニスも語っていたように、違法操業を行っていた漁民が、自分と同じ地区の住民であり、特に親族関係にある時には、罰則を課すのは困難である。また、その違反が、町長からの操業許可証なしでの操業という軽微なものである時、さらに、その理由が、許可証申請の必要経費を払うことが出来ないという零細漁民の止むを得ない事情にあることを知っている時、漁具を没収したり、罰金を課すことは、実際には困難である。しかし、彼らはこのような葛藤にうまく折り合いをつけるような実践を試みている。例えば、親族や同地区の仲間の違法操業を目撃した場合、監視員は、違法漁業者とは赤の他人である他地区の監視員に通報し、代わりに対処してもらう。あるいは、監視員による海上巡回が行われることを、前もって仲間の漁民たちには知らせるといったことをしている。このようにして、漁業監視員たちは、資源管理制度が要請する公的役割と、

同一地区の仲間としての規範との間で、微妙なバランスをとっているといえよう。

　また、このような漁業監視員の「人道的配慮」の強調は、ナラ町の資源管理協議会によっても暗黙のうちに認められ、むしろ非公式にではあるが、推奨されていることでもある。明文化された町条例に規定された罰則とは別に、あるいはその裏で、「人道的配慮」にもとづく暗黙の了解がなされ、地先海域における監視と取り締まりは、実際にはきわめて柔軟に行われているのである。このような、資源管理の制度を読み替えつつ、地域社会の状況に文脈化してゆく実践に関しては、次章でより詳細に検討してゆく。

第4節　考察

　本章で検討したように、海域資源管理の制度化は、海面の境界線の明確化と囲い込み、区画化・類別化、そして義務と責任に関する観念の導入と内面化などが浸透する過程であった。パナカン地区の事例からは、第2部プロローグにて論じた、ネオリベラルな資源管理レジームというマクロな装置が、いくつもの法律や条例に変換され、そして地区レベルのミクロな生業活動と、日常的な資源利用を大きく規定し、拘束する力となっていることが理解できた。この点を示唆するように、パナカン地区のある漁師は、「かつてのように海を自由に動き回ることができなくなった。まるで身体が麻痺したようだ」と語る。まさに、海域資源管理の制度化のプロセスは、漁師たちの身体という、もっともミクロなレベルに作用する統治性の権力、すなわち「エンバイロンメンタリティ」であるといえよう。それは、資源利用者たちの自然との関係や、特定の環境における身の処し方を規定しつつ、まさに「エコ・ラショナル」な主体を産出しつつ、確実にコミュニティ内に浸透していると考えられよう。

　こうした資源管理レジームのもとで規律化するコミュニティにおいては、資源利用者たちの間に新たな差異と格差が生じることが予想される。特に、生業手段を奪われたり、その機会を大幅に縮小させられた人びとと、制度による影響を回避しえるほどの代替手段や資源を有する人びととの格差は広がっていくであろう。それでは、これまで一定の階層差を有しつつも構成員間の均衡を保

っていたといえる漁村共同体は、一面的な差異化と分断のプロセスを経験した
のであろうか。次章では、その点を、資源利用者たちが、制度を解釈し、操作
し、修正を加えつつ、選択的に取り込んでゆく実践、つまり「文脈化」に焦点
をあてつつ考察したい。

第4章
開かれるコミュニティ
海域資源管理制度の文脈化のプロセス

　本章では、前章で検討した資源管理の制度が、地域社会の個別の状況に文脈化されるプロセスを論じる。ここでの文脈化のプロセスとは、国家内における均等な拘束力を前提とする資源管理の制度を、微妙にずらしつつ、地域コミュニティの固有な生活世界に文脈化することで、代替的な資源利用形態を編み出し、それによって自らの生きる場を確保し、おし広げてゆく資源利用者たちのエイジェンシーによる実践である。以下、第1節では、まず、そのような文脈化に大きな役割を果たした、ナラ町漁業条例の策定プロセスを略述する。そして、その条例が、コミュニティの資源利用形態にいかなる影響を及ぼしたかに注目する。第2節では、その結果生じたコミュニティ内の資源利用形態の再編を検討する。そして、第3節では、そのような再編の結果形成された、新たな漁業複合について論じたい。

第1節　ナラ町漁業条例と集落の資源利用形態への影響

　前章で述べたように、1998年施行のフィリピン漁業法は、地先海域での商業的漁業、アクティブ・ギア、そして細かい網目の漁網を用いた操業を禁止していた。仮にこの規定が厳密に実行された場合、調査地パナカン地区における漁法は、そのほとんどが違法操業として禁止され、多くの地区住民が生計手段を失うことになる。しかしながら、実際に調査地集落にて生じていたのは、生計手段を失った住民には代替的生計活動が可能となるような、海域資源利用形態の再編であった。その再編過程の契機となったのが、ナラ町漁業条例であった。ここでは、まずナラ町漁業条例作成の経緯を見てみたい。

　これも前章で指摘したように、漁業法には、海域資源の共同管理の要ともい

える資源管理協議会の組織化とその役割が規定されている。そこでは、資源管理協議会は、町議会（municipal council）に対して、地先海域漁業条例（municipal fishery ordinance）を策定し、施行するための支援や提言を行うとされる。ここで検討する、ナラ町の漁業条例策定の過程においても、中心的役割を担ったのは、ナラ町の資源管理協議会であった。2000年8月、資源管理協議会の主催で、町内の13の沿岸集落にて、ナラ町漁業条例作成に向けた公聴会が開始された。パナカン地区にて開かれた公聴会の場には、漁業法の適用によって操業禁止となる可能性のある漁法に従事する漁師たちが多く参加した。参加者によれば、公聴会の場は、自らの生業が奪われることに対する漁業者たちの猛烈な反対で「騒然（madugo）」となり、激しい応酬が繰り広げられた。また、ナラ町の資源管理協議会の10名の漁民代表メンバーたちは、そのほとんどがクロン漁やリコム漁の経営者たちであり、彼ら自身が、漁業法の適用によって甚大な影響を被る人びとであった[8]。数回に渡る公聴会での激しい折衝を経た末に、ナラ町漁業条例は、2001年2月に成立し、施行された。条令では、ほとんどの条文において、漁業法が踏襲され、文字通り適用されている一方で、わずかな箇所において、漁業法の文言が言い換えられ、また、新たな項目が追加されていた。条例における、このような法の微修正が、実は、特定の漁法への優先的操業許可を認める意味をもち、後に検討するナラ町における海域資源利用形態の再編をもたらす上で、重要であったと考えられる。そこで、以下では、関連する法律と条例の箇所を比較しつつ、いかなる改変がなされたかを検討したい。

　まず、前章で述べたとおり、漁業法においては、海岸から15km以内の地先海域内における、あらゆる商業的漁船の操業が禁じられている。しかし、同時に、海岸から10.1kmから15kmの海域は緩衝水域とされ、水深7尋（約10m）以上の場所に限り、中小規模の商業的漁船は操業が許可されると規定されている[9]。一方、ナラ町漁業条例においては、このような緩衝水域に関する規定が、若干修正され、新たに次のような項目が追加された。

---

[8]　資源管理協議会の漁民代表メンバーは、地区在住の漁民たちによる直接投票で選ばれる。従って、パナカン地区のリコム漁やクロン漁など、多くの乗り子漁師を抱える商業的漁業経営者たちが、多くの支持票を獲得して協議会メンバーになる傾向にある。逆に個人や少人数による経営を基本とする釣り漁などの漁師がメンバーとなることは極めて稀である。

町の行政長は以下の操業を許可することができる。1）干潮時の、海岸から10.1kmから15kmの地先海域内における、中小規模の商業漁船の操業。2）干潮時に、水深7尋以上の海域で、カタクチイワシ、マイワシ、ムロアジなどの魚種を対象に、昼間、夜間に操業する、小規模の商業的漁業操業。

　この条文は、水深7尋以上でさえあれば、地先海域全域において、「特定の」商業的漁業操業が可能となるとも読める内容になっている。すなわち、国家法である漁業法では緩衝水域（海岸から10.1kmから15kmで、かつ水深7尋（約10m）以上の海域）に限り認められた商業的漁業に関する特例を、町条例では緩衝水域を「海岸から10.1kmから15km、あるいは水深7尋以上の海域」と読み替えることによって、地先海域全域にわたってこれらの操業に対して認めるという修正がなされていたのである。

　町条例にて特例を認められた操業とは、クロン漁とリコム漁の2つの商業的漁法であった。両漁法が主な漁獲対象とするのは、カタクチイワシなどの表層魚であり、操業に適した海域は水深7尋から12尋までの漁場である。パナカン地区の地先海域は、海岸から10km以上離れると水深は12尋以上の箇所が多くなり、上記の緩衝帯水域であっても、十分な漁獲が望める操業は困難になる。逆に、浜辺付近では、浅瀬が突如落ち込む海底地形が多く存在し、浜から数キロの海域でも水深7尋以上の漁場が多い。このような地先海域の自然条件を考慮し、ナラ町条例ではクロン漁、リコム漁が地先海域内であっても、7尋の水深が確保できれば操業可能となるような条文が挿入されたのであった。このためクロン漁やリコム漁の経営者たちは、操業停止を免れたのみでなく、より浜辺に近い漁場での操業が可能になったため、燃料費の節約や漁獲運搬の時間短縮など、操業上の利点を得たのであった。

　さて、それでは条例作成に関与した資源管理協議会の漁民代表メンバーたちは、自らの行為をどのように説明しているのであろうか。ある女性は次のように述べる。「漁業法など国家レベルの法律が地方に浸透してゆくためには、そ

＊9　漁業法では、商業的漁業は3つに分類されている。小規模商業漁業は、3.1トンから20トンの漁船で操業するもの。中規模商業漁業は、20.1トンから150トンの漁船で操業するもの。大規模商業漁業は、150トン以上の漁船による操業である。

の過程で特定の人が大きな打撃を被ることがないように、バランスを保って運用してゆくことが大事。そのために、ナラ町漁業条例を作成する段階では、町内の各地区にて公聴会を開き、多くの漁民たちの意見を聞き、その上で町議会への提案を行った」。別の男性は、「国家法は地域の状況を全く知らないマニラの政治家によって作られる。それを地域の状況に適応させることが必要だ。法律を地域の現状に適応しつつ運用するために、町の条例を作る。町条例に地域の状況を反映させなければ、漁民たちの生活を守ることができない」、「法律には従わなければならない。しかし時に法律は人びとにとって過酷な場合もある。時には法を曲げて解釈しなければならない時もある」と述べる。さらに別の女性は、「漁業法は小さな漁民たちの息の根を止めてしまう」、「私はここパナカン地区で生まれ育ち、父や夫と共に全ての漁法を自ら身を持って経験してきた。漁民の苦しみを分かっている者として、漁民たちへの憂慮（malasakit）を示したかった」と述べる。

　このような改変を経た条例は、漁業法を厳密に解釈すれば違法とも取られかねないものである。しかし資源管理協議会メンバーたちは、漁業法に記された「地先海域資源の利用に関して地方政府に付与された権限」を根拠に、このような改変を行った。その実践は、明らさまな国家法への挑戦や脱法行為、さらには単なる新規条項の追加として捉えるよりも、むしろ国家法や条例によって作られる制度の拘束力を認識するがゆえの、法のグレーゾーンにおける、ぎりぎりの読み替えと考えることができるであろう。

　にもかかわらず、町条例による法律の改変は特定の商業的漁業経営者の利益の保護であることは明らかであろう。そして、それは政治経済的権力を持つ者が国家の制度や資源を私的に流用する側面がしばしば強調されるフィリピン社会においては、取り立てて珍しい現象でもないであろう。つまりこの出来事は、集落の社会経済的ヒエラルキーの上層を占める商業的漁業経営者たちが、その乗り子漁師たちの支援によって資源管理協議会のメンバーとして送り込まれ、彼／彼女らが国家法の間隙を縫う形で自らの利益に資するような条例作成を行った、と解釈することも可能であろう。しかしながら、ここで検討したいのは、このように一元的な因果関係によって説明可能に思える条例作成の過程自体ではなく、むしろそれを契機として進行した調査地集落における資源利用形態の

再編と新たな漁業複合の形成であり、それを可能にした漁民たちの微細な交渉と協働の実践である。

第2節　集落における資源利用形態の再編

　1998年の漁業法施行、そして2001年のナラ町漁業条例施行以降、調査地パナカン地区における、最も顕著な海域資源利用形態の変化は、トロール漁の操業停止とかつてのトロール漁経営者たちの代替的生計手段への移行である。ナラ町漁業条例施行以前のパナカン地区にて、最も多くの漁民が従事していた漁法の一つが、「ベイビー・トロール（baby trawl)」とよばれる、小型トロール漁であった（図4-1）。

図4-1　トロール漁（出典：Umali 1950）

　現地調査によれば、かつてパナカン地区には計45人の漁師が小型トロール漁に専従し、計55隻の小型トロール漁船が操業していた。これら小型トロール漁に専従する漁師の他に、クロン漁の経営者たちの多くがトロール網を所有し、代替的漁業活動として用いていた。カタクチイワシなどの表層魚を漁獲対象とするクロン漁は、北東季節風の卓越する10月から2月の時期は、強風による高浪のため十分な漁獲高が望めない。一方小型トロール漁は、海底の魚やエ

ビ、カニなどを漁獲対象とするため、強風に影響されることはない。このため
クロン漁に従事する漁師たちの多くは、季節風の時期に応じて小型トロール漁
にシフトする操業形態を取ってきた。また、小型トロール漁操業は通常2名ほ
どの乗組員漁師を伴うため、その数を含めれば経営者以外にも100名以上の人
びとが、この漁法に従事していたことになる。まさに、漁業法施行以前のパナ
カン地区における、資源利用形態の中軸を占めていたのが、小型トロール漁で
あったのである。

　しかしこの漁法は、漁業法において地先海域での操業が禁止されているアク
ティブ・ギアであり、なおかつ、海底の生態に及ぼす破壊的影響のため、規制
の必要が叫ばれていた。ナラ町における、小型トロール漁への規制は、2001
年のナラ町漁業条例施行以降、段階的に進められた。まず、前述の如く、多く
の漁師が代替的漁法としてトロール漁にシフトする、北東季節風期を除いた時
期が、小型トロール漁の操業禁止期間となった。この時期に小型トロール漁を
操業した漁師たちは、バンタイ・ダガット（前章参照）、漁業監視員（同）、そ
して資源管理協議会メンバーなどによって警告を受け、さらには漁具を没収さ
れた。このような季節的操業禁止の時期を経て、2004年以降小型トロール漁
は全面的に禁止となったのであった。ナラ町長は生計手段を奪われた小型トロ
ール漁師たちが代替的生計手段を見出すことを援助する目的で、没収した魚網
を3000ペソ（調査時1ペソ2.5円）で買い取った。しかし、それはトロール漁師
たちが新たな生計手段を開始するためには決して十分な額ではなかった。それ
では今日のパナカン地区にて、かつての小型トロール漁師たちはどのようにし
て生計を維持しているのであろうか。ここでは、まず3人の漁師の事例をみて
みたい。

事例4-1：「代替の生計手段が、小さな漁民には与えられていない」
　ベンは、2003年ごろに小型トロール漁の停止に追い込まれた。町長から支
給された3000ペソで、パランレ（*palangre*）という小型延縄を購入して操業を
試みたが、慣れていないため、良い漁獲が得られず、赤字操業が続いた。現在
はリコム漁やクロン漁から鮮魚を買い取り、干し魚にして販売することで生計
を立てている。ベンは次のように語る。「小型トロールは、珊瑚礁を破壊する

というが、それは間違いだ。珊瑚礁のある所で網を入れたら、網が破れてしまう。実際には、われわれは珊瑚礁を避けて操業していたのだ」。そして、漁業法に関しては、「われわれのような小さな漁民には厳しく、（クロンやリコムなど）大きな漁船の所有者など有力者は見逃している」と述べる。そして、現状については、「代替の生計手段が、本当にそれを必要とする小さな漁民に与えられていない」という。

事例4-2：「今は借金など怖くてできない」

オランド（1954年生）は、1979年から小型トロールを操業してきた。しかし、ベン同様、やはり2003年に操業停止に追い込まれる。2003年前後から、カニの仕掛け漁（非アクティブ・ギアのため合法）を行う漁師たちから、小型トロールの網で仕掛けが壊されてしまうという苦情が多く出るようになり、バンタイ・ダガットの取り締まりも厳しくなった。当時は、このような規制に反対していたが、町政府主催のセミナーに参加し、違法漁業が海域自然環境に与える影響などを知るにおよび、「法律なのだから仕方がない」と次第に諦めるようになった。町長の支給した3000ペソで、小型延縄を購入したが、慣れていないので、すぐに珊瑚礁に引っかかったり、波に流されたりして、うまくいかなかった。経費ばかりがかさんでしまった。現在は、他の漁船に臨時乗組員として加えてもらったり、義理の両親のココヤシ栽培を手伝って少量のコプラを製造したり、数匹の養豚を行ったりして、現金収入を得ている。

小型トロールが操業可能であった頃と比べると、オランドの現在の生活は厳しい。彼は言う。「かつては1万ペソの借金も無理することなくできた。なぜなら小型トロールによって、半月で1万6000ペソほどの収入があったから。小型トロールのおかげで、家も建てたし、家電製品もそろえることができた。しかし、今は借金など怖くてできない。息子は、高校を中退せざるを得なかった」。

事例4-3：「（かつての）生活はとても良かった」

ルディー（1951年生）は、1984年以来2隻の小型トロール漁船を所有していた。2001年頃から、地先海域内でのバンタイ・ダガットによる取り締まりが厳しくなり、最初に見つかった時には網を没収された。2回目に目撃されたと

きは、罰金を課され、3回目に見つかった時には、ついに漁船を没収された。その後、町長から支給された3000ペソで、パマンティ（*pamangti*、小型刺し網）の網を購入し、操業を試みたが、家族を支えるのに十分なだけの漁獲を得ることはできなかった。ルディーによれば、小型トロールが操業可能だった頃は、「生活はとても良かった（*maganda ang buhay*）」。たとえ2万ペソの借金をしても、毎日少額ずつであっても必ず返済してゆくことができた。現在住んでいる家と土地も、小型トロール操業からの収益で、2000年に手に入れた。操業が禁じられた今は、他の漁船から鮮魚を買い、干魚にして近隣の町々で販売して生計を立てている。

　これらの事例から分かるように、小型トロール漁操業の禁止は、多くの漁師に困難を強いた。「慣れていない」他の漁法への移行は、簡単ではなかった。町長から支給された3000ペソは、彼らの生計の転換を支援するには、全く十分な額ではなかった。しかしながら、その一方で、今日のパナカン地区にて、かつてのトロール漁師たちが、何らかの代替的生計活動を見出し、生活を送っていることも事実である。例えば、表4-1は、現在の現金収入源ごとのかつての小型トロール漁師の数を示している。

　まず、この表から理解できる顕著な傾向は、かつての小型トロール漁師の多くが現在では干物製造に従事しているということである。彼らのうち12名が干物製造のみで生計を立てている。また、釣り漁にも多くの旧小型トロール漁師が移行している。これらの生業活動のどちらかによって生計を維持している人々は、かつての小型トロール漁師たちの半数以上（合計23名）に上ることが理解できる。次に、刺し網漁に従事する者が若干いる。刺し網漁は通常夫婦のみで行われ、町内の市場向けの魚を漁獲対象とする、生計維持的な小規模漁業である。しかし、後述されるように、この漁法はパナカン地区の主要な商業的漁業が操業不可能な時の代替として重要な役割を果たしている。さらに、わずかではあるが、小型トロール漁操業からの収益を資本として、クロン漁やリコム漁などの商業的漁業経営に移行した漁師も存在する。そして、そのような商業的漁業の臨時乗組員として、僅少ながら日々の現金収入を得ているものが4名、伝統的漁法である漁柵を建造した者が1名、パナカンを去って他町に移っ

表4-1　現在の収入源ごとのかつての小型トロール漁師数

現在の収入源	漁民数
干物製造	12
釣り漁	8
釣り漁 + 干物製造	3
釣り漁 + 干物製造 + 巻刺し網漁	1
釣り漁 + 刺し網漁 + クロン漁臨時乗組員	1
刺し網漁	3
刺し網漁 + クロン漁臨時乗組員 + 船大工	1
クロン漁経営	5
リコム漁経営	1
リコム漁臨時乗組員	3
リコム漁臨時乗組員 + 地曳網（乗組員）	1
漁柵経営	1
他町へ移出	4
トライシクル（運転手）	1
計	45

た者が4名、そしてトライシクル（乗り合い三輪バイク）の運転手をする者1名となっている。

　パナカン地区の海域資源利用形態の再編の事例として、もう1つ顕著な傾向が指摘できる。それは近年における釣り漁の急増である*10。表4-2は、釣り漁に従事する漁師の数と漁船の隻数の年代ごとの推移を示している。

表4-2　釣り漁に従事する漁師数と漁船隻数の推移

	～1975	'76～'80	'81～'85	'86～'90	'91～'95	'96～'00	'01～'05	'06～	計
漁師数	2	7	7	10	5	12	21	20	84
漁船隻数	2	7	7	10	5	13	29	49	122

　現地調査によって、パナカン地区在住の108人の釣り漁師のうち84人に関して、また総計155隻の釣り漁漁船のうち122隻に関してデータが得られた。表

---

*10 香港や中国本土への輸出向けの活魚を対象とした釣り漁の急増は、ナラ町のみでなく、パラワン州に共通した傾向である。州北部のカラミアン諸島における1990年代の活魚漁の顕著な拡大については、Fabinyi（2014）を参照。それによれば、2003年時点におけるフィリピンからの活魚輸出の55%が、パラワン州からのものである（Fabinyi 2014：152）。

4-2によれば、41人の釣り漁師が、2001年以降に釣り漁操業を開始している。さらに、同表の1996年から2000年の期間内に、釣り漁を開始した漁師12名のうち、8名は2000年に操業を開始している。また、釣り漁漁船数を見ても、2000年以降に隻数の急増が見られ、この時期に、複数漁船を所有する釣り漁師たちの顕著な増加があったことを示している。これらの漁師たちは、釣り漁を開始する以前は、クロン漁やリコム漁など商業的漁業の乗組員漁師、他の漁師の所有する釣り漁漁船の乗組員、あるいは小型トロール漁の乗組員などさまざまな活動に従事していた。いずれにせよ、ここから言えることは、漁業法やナラ町漁業条例が効力を持ち始め、資源管理の制度化が進む過程で、小型トロール漁をはじめとする、パナカン地区にかつて存在した、さまざまな漁撈による生業機会が狭小化する一方、釣り漁が多くの漁民を吸収する代替的生計手段として登場してきたということである。

　パナカン地区の釣り漁は2、3名の少人数で操業され、比較的少額の初期コストで操業可能なため参入障壁が低い。釣り漁の漁獲は、1990年代までは、地元ナラ町や近隣町村の鮮魚市場で売られるのみであった。それが、2000年以降、潤沢な買付け資本を有する鮮魚仲買人が現れた。これら仲買人は、パナカン地区の鮮魚をまとめて買い付け、州都やマニラの市場に卸すルートを確立した。それ以降、鮮魚の買値は高騰した。さらに2004年以降の傾向は、釣り漁からの漁獲を、活魚のまま中国市場に輸出することである。特に、ハタなどの高級魚は、香港や台湾市場向けに輸出される。以来、地区内には、活魚を高価で買い付ける仲買人たちが常駐する事務所が2、3開設されている。

　このように、ナラ町、そしてパナカン地区における、海域資源管理制度の文脈化の実践は、資源利用形態の再編を引き起こし、さらに、さまざまな漁法で構成される新たな漁業複合を生み出している。その漁業複合とは、次節で詳しく論じられるように、パナカン地区における主要な商業的漁業であったクロン漁とリコム漁を主軸としつつ、それに支えられる干物製造や釣り漁、さらに季節風の時期の代替的活動としての、刺し網や地曳網によって補完されるものである。それは、さまざまな漁撈活動が、海域環境の時間と空間の活用を、微細に調整し合いながら、相互依存的関係を維持することによって、成り立つ複合である。次節では、この「クロン／リコム複合」とでもよべる、新たな漁業複

合を検討してみよう。

第3節 「クロン／リコム複合」——新たな漁業複合の形成

　まず、この複合の核となるクロン漁とリコム漁の漁獲は、干物製造用の鮮魚として、また釣り漁で用いられる餌として供給される。干物製造人と釣り漁師にとり、クロン漁とリコム漁から安価な鮮魚を安定的に確保することが、操業上の大きな利点となる。

　パナカン地区における釣り漁操業は、通常2晩から3晩に渡り、1回ごとの操業には40kgから50kgの鮮魚を餌として要する。しばしば釣り漁師たちは操業中の海上でパナカン地区のクロン漁やリコム漁漁船に接近し、友人あるいは親族である操業長に対し、餌となる漁獲があれば購入を申し出る。運良く大漁の場合には、5kgほどの魚を無償分与されることもある。このようにして、釣り漁師たちは、通常の市場価格では2000ペソから2500ペソする餌代を、700ペソから800ペソほどで確保することが出来るのである。また、多くの釣り漁師たちは出漁前に浜辺で待機し、漁場から戻ってきた直後のクロン漁やリコム漁の漁獲を購入する。このような取引では、1000ペソから1500ペソほどで餌用の鮮魚の確保が可能となる。つまり、前章にて検討したかつての小型トロール漁師たちの干物製造と釣り漁へのシフト、そして2000年以降に生じた釣り漁操業の急増は、クロン漁とリコム漁からの安価かつ豊富な鮮魚の安定的供給によって維持されていたのである。

　しかしながら、この複合は、クロン漁とリコム漁が操業停止する時期に、代替となる諸活動によって補完されなければならない。先述したように、クロン漁は北東季節風の卓越する強風による高浪の時期には、カタクチイワシの漁が困難になり、また夜間に集魚灯を用いて操業するリコム漁は、満月の前後数日間は、集魚灯の効果が落ちるため、操業停止せざるをえない。この期間は、鮮魚の供給が停止するため、同時に干物製造と釣り漁も活動停止となる。この期間の代替的生業手段となるのが、刺し網、地曳網、そして強風から守られたマングローブ林近辺で行われる釣り漁などである。

　前章表3-1では、地区内にて刺し網漁に専従する漁師が19名いることにな

っているが、彼ら以外にも、強風時の代替的生業用に、刺し網を所有する者は多く存在する。刺し網漁とクロン漁は、同じ漁場を利用するため、潜在的には漁場をめぐる対立が生じる可能性がある。しかし、刺し網漁が、クロン漁の操業が不可能な、強風時を主に利用して操業するため、このような対立は回避される。ある刺し網漁師は、このような、漁場利用の調整に関して、次のように語る。「（強風による高波のため）海水が混濁している時は、魚が刺し網に気づかない。だから、そのような時期には、刺し網は多くの漁獲が望める」。このようにして、「クロン／リコム漁複合」の主要な活動が停止する時期、人びとは単独で、あるいは妻のみを伴って刺し網漁に従事するのである。

　クロン／リコム複合を補完するもう1つの代替的活動は、伝統的漁撈活動といえる地曳網である（図4-2）。パナカン地区における地曳網は、浜辺付近に周期的に集まるカタクチイワシが漁獲対象である。表3-1（148頁）によれば、調査時において地曳網に主に従事する漁師は4名である。しかし、この活動は、従来多くの住民にとって臨時の現金収入源となってきた。操業は、10人から20人の住民によって行われるが、決まったメンバーがいるわけではなく、天候が悪くて出漁できなかった漁師たちや、学校が休みの子どもたちなどがその都度加わって網を引き、1人あたり50ペソから100ペソほどの現金を得ること

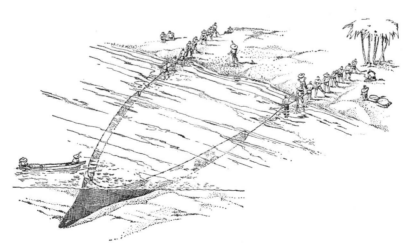

図4-2　地曳網（*suwayang*）、出典 Umali（1950）

ができる。

　しかしながら地曳網は、細かい網目の魚網を使用し、なおかつそれを浜に向かって引っ張ることから、アクティブ・ギアと規定される。よって、漁業法を厳密に適用すれば、操業は違法となる恐れがあった。しかしながら、ナラ町資源管理協議会は、町長や町議会と交渉し、地曳網の条件つき操業を認める「内輪の了解（internal agreement）」を得ることに成功した。それは季節風の時期などクロン漁操業が不可能な時に限り、地曳網の操業を許可するというものであった。地曳網は、クロン漁が対象とするのと同じカタクチイワシを漁獲対象とする。そのため、刺し網と同様、潜在的にはクロン漁と対立が生じる可能性がある。しかし、やはりクロン漁が操業不可能な強風時にのみ、地曳網が行われるため、このような対立は回避される。漁師たちによれば、風雨が強く、海水が濁っている時は、カタクチイワシは沖合から浜辺付近の浅瀬に移動してくる。また、カタクチイワシは普段は沖合にいるが、産卵期が近くなると、浜辺の河口付近にやってきて、そこで産卵し、その後は死んでしまう。クロン漁では、このような浅瀬に移動してきたカタクチイワシの捕獲は不可能で、そのような時は地曳網の方が、効果的である。また、強風時などには、クロン漁が操業できず、カタクチイワシの水揚げ量が減少するため、地曳網によってとれたカタクチイワシの市価は高騰し、高い収益を見込むことができる。このように、法律を字義通りに適用すれば、操業停止になる恐れのあった地曳網操業を、「内輪の了解」によって存続させることにより、地区の主要な漁法であるクロン漁との相互補完性を維持することが可能になっていたのであった。

　最後に、強風時の代替的釣り漁は、遠方の漁場で2晩から3晩かけて行われる通常の釣り漁とは異なり、パナカン地区沿岸のラサ島（事例3-3参照）のマングローブ林周辺の珊瑚礁で、底魚を釣る極めて生計維持的な活動である。刺し網、地曳網、そして釣り漁といった生計維持的漁撈活動は、「クロン／リコム漁複合」の主軸の活動が停止する期間の補助的セーフティ・ネットとして機能しているといえよう。ここで付記しておかねばならないのは、仮に小型トロール漁操業が継続していた場合、これらの代替的生業活動は不可能であったということである。なぜなら、これらの漁撈活動は、小型トロール漁と同じ沿岸漁場で操業する（地曳網、釣り漁）か、または底魚やカニなど同じ魚を漁獲対

象とする（刺し網、釣り漁）ため、両者は漁場、漁獲対象のどちらか、あるいは釣り漁の場合は双方で、対立するからである。つまり、小型トロール漁の操業停止によって、漁業複合の主軸を補足的に代替する諸活動が可能になっているといえる。

　パナカン地区の漁民たちは、いくつもの代替生計手段を多層的に組み合わせることで、海域世界の不確実性に対処していた。さらに、彼らは1つの集落内で利用可能な生計活動を複数準備するのみでなく、同一の生計活動が可能な集落を複数確保することによっても、自らの生活の場を維持していた。この点を検討するために、1つの事例を提示してみたい。

事例4-4：「クロン／リコム複合」のニッチとしてのコデル島

　パナカン地区の沖南方約30キロ、通常の動力付漁船で2時間ほどの海上にコデル島（*Isla Codel*）という名の小島が浮かぶ（写真4-1）。コデル島は、先に論じた「クロン／リコム複合」の一端を担う場として、重要な役割を果たしてきた。この島は、パナカン地区在住の漁師ダンテ・マルティネスと、その父やオジによって、1970年代に「発見」されたとされる。近年では、漁業法の影響を受けたパナカン地区の漁師たちが、これら「パイオニア」たちとの親族関係を利用しながら、コデル島にて生業活動を展開している。

　図4-3は、今日コデル島を生計活動の場として利用する、パナカン地区出身者の親族関係を示している。

　コデル島の「パイオニア」の1人である、ダンテ（図中の⑫）は、パナカン

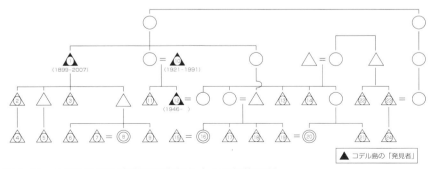

図4-3　コデル島にて漁撈活動を行う人々の親族関係

地区にて3組のクロン漁、地曳網、そして釣り漁を経営する漁師である。かつて彼は、小型トロール漁を経営していたが、その操業が全面的に禁止された2004年以降は、クロン漁を主な生計手段としている。そしてダンテは、パナカン地区の地先海域でカタクチイワシの魚群が見出されない時、あるいは季節風の卓越する時期などはコデル島に移動し、島の周囲でクロン漁操業を行う。コデル島は周囲を囲むいくつもの小島によって季節風や強風から守られているばかりでなく、既に多くの干物製造人が密集するパナカン地区に比して、島では干物製造のための十分な空間が得られる（写真4-2、4-3）。

　コデル島を利用する者の中には、ダンテ同様、かつては小型トロール漁経営者であったが、2002年から2004年頃の小型トロールに対する規制が強まった時期以降、干物製造に移行した者たちがいる。ダンテの弟（⑪）を始め、②、④の父子、⑦、⑧の夫婦、㉒、㉓、そして㉑などは、小型トロールの漁具一式を地方政府に引渡した後、ダンテから許可を得て、コデル島の彼の土地やその周辺に、小屋と干物製造場を設け始めた。彼らは、ダンテや以下に述べるクロン漁経営者たちから供給される鮮魚で干物を製造し、その妻たちがナラ町をはじめパラワン州南部の町々の市場で販売している。

　先述のように、以前のパナカン地区におけるクロン漁は、北東季節風の卓越する時期には小型トロール網に切り替えて代替的操業を行っていた。しかし、小型トロール漁が禁止されて以降は、この生計戦略は維持することが出来なくなった。コデル島は、このようなクロン漁の北東季節風の期間における安全な操業の場を提供することになった。図中の③、⑤、⑨、⑭、⑲と⑳の夫婦などは、経営するクロン漁の季節的操業のニッチをコデル島に見出し、上述の干物製造人たちに鮮魚を供給している。

　コデル島は、かつての小型トロール漁経営者や、今日のクロン漁経営者のみでなく、刺し網漁師（図中の⑮と⑯）、干物製造労働者（同⑰、⑱、㉔）、あるいはクロン漁の臨時乗組員として日銭を得る者（同⑥、⑬）などにとっても、特にパナカン地区にてこれらの活動が不可能な時期の、貴重な代替的生業活動の場となっている。あるインフォーマントは、「コデル島は私たち親族（angkan）にとって欠かせない場所だ」という。ここにみたコデル島の事例からは、近年の海域資源管理の制度化によって大きな拘束を受けた漁民たちが、親族の紐帯

写真4-1　コデル島

写真4-2　コデル島の浜辺に並べられた干し魚製造用の簀子(*kapil*)

写真4-3　コデル島の漁師の小屋と干し魚製造用の簀子

を活用しつつ、新たに見出された代替的生業活動のためのニッチを利用する実践が明らかになる。

第4節　考察

　本章では、資源管理の制度が、地域共同体の特定の状況に適合する形で、可変的に浸透する局面としての、制度の文脈化のプロセスを検討した。前章で検討した制度化のプロセスと、本章での文脈化のプロセスは、表裏一体の関係であり、相互規定的に進行する。つまり、制度化と文脈化を、一方は中央が地方を規定する動き、他方を地方が中央を規定し返す動きとして、別個の一方向的ベクトルをもつプロセスとして捉えることは、適切ではない。むしろ制度化と文脈化は常に他方をその一部として含みつつ進展すると考えられよう。

　このように、制度化／文脈化を表裏一体のプロセスとしてみるときに、資源管理制度が地方コミュニティに浸透していく具体的局面と、資源利用者たちのエイジェンシーのあり方を理解することが可能となるであろう。確かに、市場経済的価値に従って海域を区画化、類別化し、合理的かつ責任ある管理者としての個を要求するグリーン・ネオリベラリズムは、漁村における従来の人と自然とのかかわりには存在しなかった身体的、精神的規律を集落住民に要求した。その意味で、確かに資源管理制度に内在する統治性は、今日のパラワン州にて進行する「資源利用をめぐるポリティクス」(Eder and Fernandez 1996) を生きる、「エコ・ラショナルな主体」を生産していた。しかしながら、本章で検討したように、その主体は、海域資源管理レジームの統治性の中で、コミュニティの秩序再編と、それを通した生活設計模索のための諸実践に従事するエイジェンシーでもあった。それは、人びとの「生のもっている統治されない領域、外的な権力による統治や管理を受容しない領域」(田辺 2008：36) と言い換えることも出来よう。

　さらに、本章で検討した、さまざまなステークホルダーたちの相互行為は、利害の対立を内包しつつも、ある共同性を生み出しているといえよう。もちろん、中央政府（環境資源省や漁業水産資源局など）、地方政府（町長や町会議員など）、環境系NGO、漁業監視員、バンタイ・ダガットそして資源管理協議会な

ど、いわば制度化のプロセスを進め、モニターするアクターたちと、それによって規制と拘束を被る資源利用者たちの利害は、しばしば激しく対立する。しかしながら、そのような対立を含む相互行為は、一元的にステークホルダー間の断絶を導くものではなかった。むしろそれは、「クロン／リコム複合」にみられるような、資源利用形態の再編を可能とする、諸アクター間の回路とネットワークを内包したものであった。例えば、本章で検討したナラ町漁業条例は、実質的には、資源管理協議会メンバーである、商業的漁業経営者たちの利益の優先的保護の面を持っていた。しかし、条例作成に関わったメンバーたちは、彼らの意図を、「特定の人のみが大きな打撃を被ることがないようにバランスを保つ」ため、あるいは「漁民たちへの憂慮（malasakit）を示したかった」と語る。実際に、ナラ町漁業条例によって、クロン漁やリコム漁などの商業的漁業操業が許可されなければ、これらの漁法を主軸とする、新たな漁業複合の形成も、不可能であった。集落の、社会経済的上層部の利害保護の一面を持った町条例は、同時に、集落内の漁法がいわば「総倒れ」になる状況を回避しつつ、操業停止に追い込まれた漁民たちが、代替的資源利用活動を模索する生活実践を誘発したのであった。ここには、資源管理のステークホルダー間の、対立する利害関係を内包しつつも、ゆるやかなネットワークによって広がる共同性を見て取ることができる。

　さらに、そのような共同性は、現代社会における親密圏と公共圏の関係性を考える上でも示唆的である。本章で明らかになった共同性は、親密圏と公共圏を二項対立的に対置する従来の議論の難点を示していよう。このような共同性は、本源的（primordial）な紐帯で結びつく親密圏としての共同体と、共通の関心やイシューをめぐる討議空間としての市民社会的公共圏とを、明確に区別された異質の領域と考える枠組からは充分に捉えることができない。その共同性は、例えばコデル島の事例に見られたように、確かに地縁血縁による親密な共同体的紐帯の一面を有していた。しかしその共同体的紐帯は、閉じられた空間で完結するものではなく、むしろ資源管理の公共性が要求する、さまざまな規制や拘束との相互交渉の過程で、再編を繰り返すネットワークであった。また、資源管理体制を支えるバンタイ・ダガットや漁業監視員たちは、資源管理者としての合理性と公共性を内面化しつつも、共同体の親密な紐帯から無拘束

には存在しない。むしろ、彼らの漁民取り締まりの実践（事例3-5）に示唆されていたように、公共性が要求する義務や責任と、共同体的紐帯が要求する「配慮」や「憂慮」との折り合いを付けつつ行われる折衷的な実践から、文脈化を可能にする共同性が生み出されていた。

　また、海域資源の共同管理の要である資源管理協議会は、親密圏としての村落共同体に公共性の観念を導入する主要なアクターであるといえよう。彼らは、海域資源保護区（MPA）の設置や、小型トロール漁の漁具没収など、資源管理の公共性が要求する規制や取締りを積極的に行ってきた。にもかかわらず、協議会の作成する町条例には、「漁民たちへの憂慮（*malasakit*）」から特定漁業への優先的許可の条文が挿入されていたのであった。そこでは共同体的紐帯にもとづく親密圏と、資源管理の合理性が要請する公共圏は、分かちがたく重複し、浸透し合っているといえよう。このような親密圏と公共圏の相互浸透の中で現れる共同性の中で、対立する利害を内包しつつも、「特定の人のみが大きな打撃を被ることがないようなバランス」を可能とする、集落の生活世界の秩序を構築することが可能となっていたと考えられる。前章と本章の議論が示唆するのは、規律化のなかでほぐれかけたコミュニティのつながりが、親密性を内包しつつ公共圏へと開かれるなかで結びなおされ、それによって人びとの生が可能になっている様態であるといえよう。

第5章
海域の生計を支えるコミュニティ的つながり
ある漁師のライフヒストリーから

　本章では、第3章、第4章と同様の調査地パラワン州ナラ町パナカン地区在住の漁師リト（仮名）のライフヒストリーを提示する。リトは、セブ島南部に生まれ、その後移住し、青年期以降の人生をパナカン地区にて過ごしている[*11]。リトのライフヒストリーからは、彼の人生のそれぞれの時期を特徴づける海域資源利用形態の変化を読み取ることができる。具体的には、それは、フィリピン漁業史における、「魚を追い求める大いなる競争（the great fish race）」（Butcher 2004）の時代、すなわち資源へのオープンアクセスにもとづき、漁場の限りない拡大が可能であった時代から、海域の囲い込みと資源へのアクセスの制限の時代への移行であった。つまり、それは第3章で議論した、今日のフィリピンにおける資源管理の制度化のプロセスである。本章では、漁師個人の人生に、そのようなマクロな制度化のプロセスが、いかに刻印され、反映されているかが検討される。

　リトのライフヒストリーに示唆されるのは、彼が、パラワン州において顕在化する「資源利用と保護のポリティクス」（Eder and Fernandez 1996, Dressler 2009）に大きく影響され、拘束を受けつつも、彼自身は、環境への配慮をアイデンティティの核とする、いわゆる「エコ・ラショナルな主体」（第2部プロローグ参照）とはなっていないということである。リトの生計戦略は、しばしばネオリベラルな資源管理レジームの統治性によって大きく制限されると同時に、

＊11　本章に登場する個人名は、全て仮名である。筆者がリトと最初に知り合ったのは、1999年であった。以来、筆者がパナカン地区を訪問する度に、彼との何気ない雑談や、非構造的なインタビューは継続された。会話やインタビューは、フィリピノ語とセブアノ語を用いて行われた。また筆者は、1999年には、彼の故郷であるセブ州オスロブ町を1週間ほど訪れ、彼の両親や兄弟姉妹をはじめ、かつてムロアミ漁に従事していた同郷者たちと話をする機会を得た。

時にリト自身が、そのような統治性のもとで生まれた新たな機会を利用して、それに応じた生計戦略を立てている。アグラワルが論じるように、「環境的主体 (environmental subjects)」の実践と思考は、必ずしも、常に環境保全に直接的に結びつくとは限らない。にもかかわらず、そのような主体の生きる環境は、ネオリベラルな環境統治レジームを支える政治的合理性によって、直接的、間接的に、方向付けられ構造化されているのである (Agrawal 2005a：164-165)。以下では、リトのライフヒストリーを通して、そのような主体の形成についてみると同時に、主体が取り結ぶ、共同体とのつながりに注目してみたい。それを通して、海域社会に浸透する「エンバイロンメンタリティ」と、それを支える諸制度との微調整を続けながら、自らの生計の場を確保する実践が明らかになろう。すなわち、本章は、前章における「文脈化」の実践を、個のレベルに照準を合わせて論じなおす試みでもある。

第1節　「魚を追い求める大いなる競争」の時代とムロアミ漁

リトは、フィリピン中部のビサヤ諸島中央に位置する、セブ島南部オスロブ町で1960年に生まれた。セブ島南部の山がちな地形や、石灰質の地質は、稲作には適さず、従来人びとは、生計維持的なトウモロコシ栽培に従事し、それを小規模な漁撈によって補う生活を送っていた。また、この地域には、アビネス (Abines) 家という有力な政治家一族が存在した。人びとはアビネス家に、仕事や、日常生活に必要なさまざまな財やサービスを依存した。そして、地域の政治経済はアビネス家に独占されていた[*12]。家長的存在であったアポロニオ・アビネスは、第2次世界大戦前までは、小規模な漁業によって身を立てていたが、その後政界に転身し、オスロブ町の議員や副町長をつとめた。一家の権勢は、1970年代から1980年代、アポロニオの子どもたち、特にアポロニオ・ジュニアとクリソロゴ兄弟の政治的経済的手腕によって、頂点に達した。なかでも、クリソロゴは、しばしば非常に強圧的な手法で、政敵や商売がたきを退

[*12] ここでのアビネス家とその権力基盤、特に漁業経営に関しては、調査地における人びとからの聞き取りに加え、次の諸文献を参考にした (Butcher 2004、Olofson, Cañizares and de Jose 2000、Olofson and Tiukinhoy 1992、Sidel 1999)。

けることに成功した。クリソロゴの政治手法は、フィリピン政治の1つの特徴として論じられてきた、「ボシズム（bossism）」として捉えられよう。ジョン・サイデルによれば、ボシズムとは「温情主義的な見せかけが、暴力と威嚇と融合したものであり、（ボスは）それによって富と資産を得、労働力を搾取し、選挙時には支援者を動員する」（Sidel 1999：123）。このようなアビネス家の政治的「王朝」を経済的に支えていたのは、2つの事業の独占的経営であった。1つは、セブ市と南部の町々を結ぶ旅客運送事業の経営[*13]。そして2つ目が、リトとその家族を含む、多くの村人たちがその生存のために依存していた、ムロアミ（muro-ami）漁と呼ばれる大型追い込み網漁の経営であった。

　リトによれば、彼の小学校の頃には、自分の父と兄を含め、オスロブ町のほとんどの男たちは、ムロアミ漁に雇用されていた。彼の記憶によると、当時オスロブ町には14隻の大型ムロアミ漁船、隣町のサンタンデールにも14隻、そして沖合いの小島シキホール島に2隻が存在した。そして、1隻の漁船には、280名ほどの漁師が乗船した[*14]。これらの漁船は、マニラ首都圏ナボタス漁港を本拠とする漁業会社フラバルに所有されており、アビネス家は、フラバル社とパートナーシップを組み、セブ南部でのムロアミ漁の経営、漁民の雇用などを担っていたのであった。1970年代から1980年代の時期のムロアミ漁は、毎年10ヶ月ほどの期間を、セブから500キロ以上離れたスールー海や南シナ海の豊かな漁場に遠征した。ムロアミ漁全盛期の1970年代から1980年代は、「魚を追い求める大いなる競争」（the great fish race）」（Butcher 2004）の時代であり、セブのみでなく、フィリピン国内の漁民たちは、オープンアクセスの海域において、改良を加えた漁具や漁法を用いて、より遠方の漁場の開拓に乗り出していた。この間、セブ南部の村々からは、漁師のみでなく、遠方での操業キャン

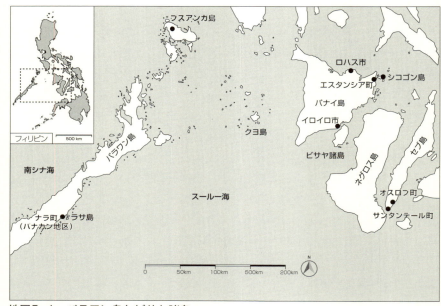

地図5-1　パラワン島とビサヤ諸島

プにて煮炊きをする女性たちも含め、数千人もの住民が参加したのである。リ
トの少年期には、彼の父や兄も、そのような遠征に参加していた。

　リトの回想によると、彼の少年期、ムロアミ漁操業は、毎年1月から11月の
間、パラワン州北部のブスアンガ島付近の小島タランプラン島に、「ステーシ
ョン（*istasyunan*）」と呼ばれるキャンプを設け、行われていた（地図5-1）。
1920年代に沖縄糸満からフィリピンに移住した漁師たちによって伝播された
といわれるムロアミ漁は、珊瑚礁に生息する魚類を、潜水夫として雇われた大
量の少年たちにより、網に追い込み、まさに一網打尽にする、きわめて効率的
かつ略奪的な漁法であった。潜水夫、あるいは海底で魚網の操作をする者など、
水中での労働に動員される少年の数は、1隻あたり300人以上にものぼった。
これらの少年たちは、セブに貧しい両親や家族を残す10代の少年たちであった。
当時のムロアミ漁は、児童労働の酷使の側面が、社会から強い批難を浴びてい
た。船上や海中での長時間の労働は過酷を極め、少年たちは銃を持った監視役
に重労働を強いられた。彼らの中には、病気になり、そのまま命を落とす者も

いた。

　リトは、小学校卒業後14歳の時に、自らムロアミ漁の遠征への参加を希望した。その理由は、当時、遠征操業から帰ってきた同年代の漁師たちが、よく肩で風を切りながら、気前よく仲間たちに大盤振る舞いする様子を見て、非常に羨ましかったからであるという。1980年代にセブ南部で調査をしたハロルド・オロフソンらも、当時遠征から帰ってきた若者たちが、酒、ギャンブル、闘鶏などへの蕩尽、さまざまな消費財の購入、あるいはフィエスタ（カトリックの信仰にもとづく地区あるいは町の祭り）の際の大盤振る舞いなどに興じる様子を描いている（Olofson, Cañizares and de Jose 2000：235）。

　しかしながら、いまだ10代だったリトは、そのような仲間たちの蕩尽が、アビネス家によって巧妙に仕組まれた「借金の鎖（credit bondage）」（Olofson and Tiukinhoy 1992：46）に逃れがたく拘束されていたことを知らなかった。貧しい少年とその両親をムロアミ漁遠征に誘うために、アビネス家は遠征前に1人当たり300ペソの給料前貸しを行った（1960年代末当時、人びとの主食であったトウモロコシ1サック＝約50kgが8ペソであった）。加えて、遠征中は、村に残る家族は、アビネス家が経営する商店で、米、とうもろこし、家畜のエサ、その他の必需品を、ツケで購入することが許された。これらの借金が全て引かれた後の残額が、遠征中の賃金として、漁師たちに支払われた。しかし、多くの場合、漁師たちの賃金は、借金総額を下まわり、彼らは借金の残額を返済するために、再び次の遠征に参加しなければならなかったのだ。

　リトは、潜水夫として2年間働いたが、「操業中の寒さには耐えられなかった」という。そして18歳時の遠征中に、リトは思い切った決断をした。船団が、操業先のパラワン島南部の集落で、給水のために停泊している最中、彼は夜陰にまぎれて逃亡したのであった。彼の逃亡の理由は、操業の過酷さのみによるものではなく、むしろ「新天地で運を試したい」という若者らしい願望でもあった*15。リトが逃亡し身を隠した集落は、パラワン州南部ナラ町パナカン地区であった。パラワン州のパラワン本島は、木材、鉱物、土地、そして海産物

＊15 リトの行動は例外ではなく、ムロアミの操業に耐えられず、遠征先のパラワン島で逃亡を試みる若い漁師は、少なくなかったと思われる。オロフソンらは、そのようなケースを記録している（Olofson, Cañizares and de Jose 2000）。

といった多様な自然資源に恵まれ、20世紀半ば以降今日に至るまで、フィリピン国内からこれらの資源を求める多くの移住者たちを引き付ける、国内の「最後のフロンティア」とされてきた（Eder and Fernandez 1996）。リトが身を寄せたパナカン地区は、このようにしてパラワンの豊富な水産資源を求めて、国内各地から移住してきた漁民たちによって形成された、いくつもの沿岸集落のうちの1つであった。

第2節　活気あふれる漁村での新たな生活

パナカン地区は、パラワン州の州都プエルト・プリンセサの南方91キロの地点にあるナラ町の一漁村である。リトがパナカン地区に身を寄せた1970年代から1980年代半ば、パナカン地区の主な漁業は、バスニッグ（*basnig*）と呼ばれる棒受網漁であった。リトは、臨時の乗組員として、すぐに棒受網漁集団に加わることが許された。いわばよそ者であったリトが、簡単に漁業集団に受け入れられた背景として、パナカン地区の漁民たち自身もリトと同じ経験を共有していたことが考えられる。すなわち、パナカン地区を形成した漁民たちも、出身地にて政治経済を牛耳っていたボスの搾取に耐え切れず、集団でパラワンに移入してきた人びとであった。

現在のパナカン地区形成の中心となった漁民は、1950年代初頭以降、パナイ島イロイロ州の北東に位置するシコゴン島から移住してきた人びとだった（地図5-1）。当時シコゴン島の漁民は、ビサヤ海域の水産業のハブとして機能していたエスタンシア町の網元が経営する棒受網漁船団に雇用されていた。1940年代から1950年代頃の網元と乗子漁師たちの関係は、フィリピンの伝統的農村社会に存在した、温情主義的な互酬性に規定されるパトロン－クライアント関係として捉えることができる。1960年代にエスタンシア町の漁業に関して人類学的調査を行ったザントンが述べるように、当時の網元は漁師にたいする多方面におよぶ責任感を持ち、両者は、相互依存の感情で結ばれていた（Szanton 1970：118）。しかしながら、戦後のフィリピン地方社会における生業の急速な商業化の流れの中で、社会階層間の互酬的関係は衰退し、「資本家と労働者間の、剥き出しの搾取的関係」が強化されたのであった（Szanton

1981：53)。資本家的網元のもとで、従来漁民たちの生存維持を可能にした、さまざま援助は削られていった。このような状況の中で、漁民たちは、当時の操業の季節的キャンプがあった、パラワン島へ移住したのである。1950年代から1960年代を通して、多くのシコゴン島の村びとが、これらの漁民に続いてパラワンへ移住した。ある女性は言う。「シコゴンの家族たちは皆続いて移住した。村全部がここパナカンに移ってきたんだ」*16。

　その後、パナカン地区へは、シコゴン島から移住してきた漁民に引き続き、ビサヤ諸島各地からの漁民が移入し、彼らによってさまざまな漁法が導入され、活気あふれる漁村へと発展していった。1970年代末には、レイテ島からの漁民によってクロン漁（kulong、昼間操業の巻き網漁、写真3-5）が導入され、第3章で詳述したように、今日までパナカン地区の主要な商業的漁業となっている。1980年代には、サマール島からの漁民が、パランレ（palangre）と呼ばれる延縄漁を導入した。また、1980年代半ばには、棒受網漁の効率性の低下を受け、シコゴン出身の漁民たちは、出身地でかつてさかんに行われていた漁法であるラワッグ漁（lawag、巻き網漁）を改良し、より収益性の高いリコム漁（likom、夜間操業の巻き網漁、写真3-4）を生み出した。1990年代には、ビサヤ諸島の主要な漁港の1つである、カピス州ロハス市からの漁民によって、2種類のトロール漁、フルボット・フルボット（hulbot-hulbot、デーニッシュ・トロール）とベイビー・トロールが導入された。さらに1990年代半ばには、セブ州ダラギット町出身の漁民によって、ビサヤ内海全域で広く行われている、パマロゴイ（pamarongoy）と呼ばれるトビウオ漁が導入された。このように、継続的な漁民の移入によって、彼らの出身地からさまざまな漁法、新しい技術と知識がパナカンに導入されてきた。彼らによって以前の漁法には改良が加えられ、新たな漁法が誕生したが、それによって古い漁法が消えてしまうことはなかった。例えば2009年以降のパナカン地区では、長らく行われていなかった棒受網漁が復活し、収益が落ちてきたクロン漁に部分的に代わって操業されるようになっている。このように、海域世界の不確実性に対応すべく、さまざまな漁法を臨機応変に取り入れる漁民たちの生計戦略によって、パナカン地区は活気ある

＊16 この移住の経緯に関する詳細はSeki（2000）を参照。

漁村へと発展してきた。

　リトは、1982年にマリフェと結婚した。マリフェは、パナカン地区の多くの漁民同様、シコゴン島から両親とともに移住してきた。このような経緯から、彼女は、パナカン地区の多くの棒受網漁経営者やその乗組員漁師の間に近親がいた。なかでも、オジのデンシオは、若い頃からシコゴン島で棒受網漁の操業長をつとめ、パナカン移住後も多くの棒受網漁船を所有し、経営するベテラン漁師であった。それに加え、彼は長年パナカン地区の地区長（Barangay Captain）としてリーダーシップを発揮してきた人物でもあった。結婚後リトは、デンシオの経営する棒受網漁に乗船することを許可された。棒受網漁が、より効率的なリコム漁に転換した後は、リコム漁を経営する別の姻戚の漁師に話をつけ、乗船させてもらうことになった。1990年代を通して、リトはリコム漁の操業長として船団を率い、パナカン地区沿岸のみでなく、パラワン州内各地の漁場で操業を展開した。このように、リトが従事した棒受網漁やリコム漁を始めとしたパナカン地区の漁業操業は、ナラ町に属する地先海域のみでなく、州内各町に属する地先海域を利用し、特に季節風に従って操業場所を変える移動性の高いものであった。パナカン地区の漁業は、多様な漁法の活用によってのみでなく、広い海域への自由なアクセスによっても支えられていたのであった。しかし、1990年代末以降、資源管理制度の浸透とともに、海域へのアクセスは次第に制限されることになる。以下にみるように、この変化は、リトの生業活動にも大きな影響を及ぼすことになった。

第3節　ネオリベラルな資源管理制度の浸透と資源の利用に関する制限

　第3章で論じたように、1990年代以降のパラワン州においては、地方自治法（1991年）や漁業法（1998年）をはじめ、さまざまな法律の施行によって、海域資源管理の体制が構築されてきた。第3章の議論の繰り返しになるが、その特徴は以下の諸点にまとめられる。1）従来オープンアクセスであった海域資源が、区画化され、囲い込まれ、特定の町住民、漁協、企業など限定された人びとに排他的資源利用権が付与される点。2）資源の市場価値に応じた海域のゾーニングと類別化。さらに、広範な海域が海域資源保護区（Marine Protected

Area, MPA）として指定され、そこでは漁業活動は制限され、代わりにエコ・ツーリズムなどが奨励されるようになる。3）「自己活性化」、「アカウンタビリティ」、「監査意識の向上」といった価値観と規範意識を内面化し、積極的に資源管理に従事する主体やコミュニティが育成される。以下では、このようなネオリベラルな資源管理体制の浸透が、どのように零細漁民たちの資源利用活動を制限していったか、引き続きリトのライフヒストリーから検討してみよう。

　現行の漁業法では、各町に属する地先海域を利用する排他的権利はその町の住民が有することが規定されている。そのため、他町からやってきて漁をする漁民と、地元漁民との間に、頻繁に摩擦軋轢が生じることになる。リトが従事するリコム漁は、このような規制によってもっとも大きな影響を被った漁法の1つであった。リコム漁は、漁場の競合相手が多くない海域や、季節風の影響を受けにくい海域に頻繁に移動して操業を行ってきた。しかし、現行漁業法のもと、これらの「不法侵入」は、地元自治体によって厳しい取締りを受けるようになった。リトによれば、ナラ町の隣町のアボルランの漁業監視員（Fish Warden）は、他町からの「不法侵入」に対してとりわけ厳しい。この監視員によって、リトはこれまで10回も操業中に逮捕されたという。そのような時には、通常リトは5000ペソから1万ペソの罰金を払って釈放された。

　さらに、ナラ町に属する地先海域内であっても、海域資源保護区の設置によって、リトとその他の漁民たちの活動は大幅に制限されることになった。例えば、パナカン地区沿岸に位置する小島であるラサ島（Rasa Island、写真3-8）は、島を囲むマングローブ林と豊富な珊瑚礁によって、ナラ町内の漁民に好漁場を提供してきた。しかしながら、1990年代末に、あるNGOによってラサ島を海域資源保護区に設定する条例制定の働きかけがなされた（事例3-3参照）。このNGOは、ナラ町に拠点をおきつつも、ヨーロッパ諸国に拠点を置く自然保護団体から活動資金を得ている環境系NGOであった。「カタラ協会（Katala Foundation）」という名のこのNGOの目的は、ラサ島を保護区にすることによって、パラワン島南部にのみ生息する希少種であり、かつ絶滅危惧種でもあるカタラ（Katala）と呼ばれるフィリピン・オウム（Philippine Cockatoo, *Cacatua haematuropygia*）を保護することであった。さらに、NGOは島周辺の珊瑚礁をも保全することで、スキューバ・ダイビングとフィリピン・オウムのバードウ

ォッチングとを組み合わせたエコ・ツーリズムを展開し、それによってNGO
の収益のみでなく、ナラ町自治体の収入も増大させることを企図していた。こ
のような経緯を経て、2001年にラサ島は海域資源保護区となり、島周辺の海
域では漁業操業のみでなく、漁船が通過することさえ禁じられたのであった。
ナラ町の地先海域内におけるリトらのリコム操業は、この過程で大きな制約を
受けることになったのである。

　さらに2006年1月に、リトがリコム漁操業を停止せざるをえない事件が起き
た。通常パナカン地区のリコム漁は、毎年10月から3月までの北東季節風の時
期には、州都プエルト・プリンセサ市に属する地先海域であるウロガン湾にて
操業を行ってきた。スールー海に面するパナカン地区とは反対に、南シナ海に
面するウロガン湾は、北東季節風の影響を受けずに操業が可能であった。とこ
ろが、リトは2006年1月31日の夜にウロガン湾内で操業中、国家海事警察
（Philippine National Police-Maritime Command）と共に監視をしていたある環境
系NGOによって拘束されてしまった。さらに、漁具は没収され、罰金を課さ
れ、その上刑事訴訟を起こされてしまった。その後リトは訴訟手続きのために
1ヶ月ほど州都に滞在することを強いられた。この事件は、罰金や弁護士への
支払い、没収された漁具を取り戻すための支払いなど、合計で7万ペソほどの
出費を漁船所有者に強いた。2006年8月の時点でリトはパナカン地区に戻って
いたが、州都での訴訟継続中のために操業許可証は没収され、操業を開始する
ことが出来ない状態である。リトは、彼の逮捕を先導したNGOについて、次
のように述べる。「今まで、アボルランなどナラ町周辺の町々でバンタイ・ダ
ガットに捕縛されたことは、10回以上ある。しかし、（地元のバンタイ・ダガッ
トには顔見知りもいるので）そのような場合には、行政罰のみで、罰金5000ペ
ソ払えば、翌日から再び漁に出ることもできる。しかしNGOにつかまった場
合には、そうはいかない。（特に州都に拠点をおく）NGOは非常に厳しい」。リ
トが、頻繁に出漁する町々の地元出身のバンタイ・ダガットの中には、顔見知
りも多く、多くの場合、つかまっても見逃されることも多い。しかし、全国的
に活動を展開する環境系NGOなど、いわば外部者には、このような情状酌量
の余地はなく、彼らはしばしば警察よりも厳格に、違法操業の取締りを行うと
いう。このように、今日の資源管理体制の浸透は、従来海域環境に内在する不

確実性に適応し、危険を分散させるために移動性の高い生業形態をとってきた零細漁民たちにとって、大きな制約を課すものとなっているのである。

第4節　鉱山とエコ・ツーリズムへの転身

　その後、リトに対する刑事訴訟は取り下げられた。しかし、拘束と訴訟で負った経済的痛手のため、リトのリコム漁は一時的操業停止に追い込まれ、リトは、パナカン地区で、仲間の漁船に同乗して日銭を稼ぐ日々を送っていた。そのようなとき、リトは、州都プエルト・プリンセサに居住するビジネスマンのルディーに、幸運にも、その漁船操業の腕を買われ、新しい生計の機会を紹介された。ビジネスマン兼鉱山技師でもあったルディーは、ナラ町内の鉱山やエコ・ツーリズムの経営に関与していた。ナラ町内には、銅、ニッケル、クロムなどを産する鉱山が多く存在した。1980年代以来、ルディーはナラ町内の鉱山を経営するいくつかの会社のもとで働いていた。それらの会社の1つであるナラ・ニッケル鉱山開発会社（Narra Nickel and Mining Development Corporation）にて役員をしていたルディーは、産出された鉱物を、沿岸漁村の波止場から沖合いに停泊する貨物船まで海上運搬するために、腕の良い漁船操縦者を探していた。リトは、鉱物や労働者たちの海上輸送のためのこのような漁船の操業者として雇われた。この仕事からは、ひと月あたり平均1万2000ペソから2万ペソの収入を得ることができた。リコム漁操業停止によって困窮に陥ったリトの家族の生活は、鉱山における雇用で何とか支えられた。

　しかしながら、この時期に興隆した、パラワン州内やフィリピン国内のみでなく、国際的な環境保全の言説は、次第にパラワンにおける鉱山経営の継続を困難にするものとなった。特に、教会、NGO、研究者たちなどは、鉱山開発が行われている場所は貴重な山林であり、それらのほとんどが先住民族の伝統的生活地域、あるいは保全の対象である森林や集水域となっていることに対して、深刻な危惧を表明した。このような世論の広まりの中で、パラワン州政府による鉱山経営の監視と規制の動きは次第に強まり、それに従わない鉱山は閉鎖に追い込まれた。そして2008年11月には、州政府は全国に先駆けて州内の全鉱山操業の一時停止を命じ、その後フィリピン政府も同様の対策を取ること

になった*17。このような、州内そして国内の反鉱山開発の流れに対して、鉱山の仕事を奪われたリトは、「法律と適正な手続きさえ経ていれば、鉱山開発は認められるべきだ」と訴える。また、パナカン地区のリトの友人は、ナラ・ニッケル鉱山開発会社は、ナラ町内で500人の労働者を常時雇用していたとして、地方経済にとっての鉱山の必要性を主張する。「鉱山技師や化学工学技師などの専門家は別として、一般の被雇用者は全てナラ町民だ。会社は、15日ごとに合計300万ペソをこれら町民の賃金として支払っていた。つまり、町内では1ヶ月の間に600万ペソの金が循環していたことになる。鉱山閉鎖によって、町内の経済は大打撃を受けることになる」。彼はさらに、反鉱山運動の急先鋒ともいえる環境系NGOに関して、次のように述べる。「そのようなエコNGOは、反鉱山を叫ぶことで、海外のドナーから活動資金を得ようとしているのだ。反鉱山を掲げなければ、彼らは資金を得られないのだ。彼らは反鉱山、反開発を叫んでいるが、彼ら自身が鉱山や開発から利益を得ているのだ」。

リトが鉱山の仕事を失って以降、家族はクウェートに出稼ぎしていた長女からの仕送りによって、細々と生計を立てていた。しかし、長女は出稼ぎ先にて妊娠し、妊婦の外国人労働者の就労を認めないクウェート政府によって、送還されてしまった。かつてリトと共に、鉱山労働者として263ペソの日給を得ていた長男も、閉山によって解雇された。このような、困窮を深める生活の中で、リトは、パラワンにおける新たな成長産業ともいえるエコ・ツーリズムに活路を見出すことになる。

リトに、エコ・ツーリズムにおける雇用の機会を提供したのも、鉱山関係の仕事を紹介してくれたルディーであった。ルディーは、ナラ町近海の複数の島々を結ぶアイランド・エコツーリズムの運営に着手していた。そこでアイランド・ホッピングを楽しむ旅行者用のボートのオペレーターとしてリトを雇用したのであった。そのアイランド・エコツーリズムは、以下のようなものであった。

ルディーは、パナカン地区から小船で45分ほどの近海に浮かぶ、面積4haほどの無人島ハリーナ島を所有していた。このハリーナ島の浜辺は、絶滅危惧

---

*17 この経緯における、研究者の関与の一例としては、Austin et al.（2009）を参照。

種であるウミガメ（*pawikan*）の州内唯一の産卵場であるとされ、島一帯は海域資源保護区（MPA）に指定されている。島を訪れた人びとは、砂浜の各地に設置された柵の中で保護される、多くのウミガメの卵や、水槽で飼育される孵化したばかりのウミガメの子どもなどを観察することができる。また、ヨーロッパを中心とした海外からの多くの「グリーン・ツーリスト」たちを呼び込むために、ハリーナ島リゾートでは、「ウミガメ里親プログラム」を実施している。これは、ツーリストが1匹あたり1000ペソを払い、子どものウミガメの「里親」となり、ウミガメが成長して海に戻っていくまでの生育と保護のための費用を全て負担する約束をするというものである。子どものウミガメには全て番号の付された札が付けられ、里親の名前が登録される。そして、「里子」のウミガメが、産卵のためにハリーナ島の浜に戻ってきた際には、海外の「里親」に知らされるというシステムになっている（写真5-1、5-2、5-3）。

　さらにルディーは、近辺の複数のリゾートと提携を結ぶことで、より多くのツーリストを呼び込もうとしている。その様なリゾートの1つである、ナラ町中心部近くのビーチ・リゾートは、2003年に経営開始し、主にアメリカ、ヨーロッパ、そして近年では韓国などからのツーリストが訪れている。このリゾートは、通常は月当たり150人から200人ほどの宿泊客があり、クリスマスや乾季の休暇期間などのハイ・シーズンには、月300人ほどの客があるという[18]。ハリーナ島のもう1つの提携相手は、パナカン地区近海のラサ島である。先述のように、ラサ島は2001年以降海域資源保護区（MPA）に指定されている。特に、ラサ島では、ナラ町部に事務所を置くNGOの「カタラ協会」が、ヨーロッパの環境系NGOやドイツ、フランス、イギリスの動物愛護協会などの支援を得て、フィリピン・オウムの保護に取り組むとともに、バードウォッチングとスキューバ・ダイビングを組み合わせた、ツーリズムを積極的に展開している。

　これらのリゾートや海域資源保護区との提携によって、ルディーの経営する

---

[18] フィリピンは、3月下旬に学校の卒業式を迎え、以後6月の新学期までの間が、学生などにとっては、休暇期間となる。この時期は乾季であり、一年のうちで最も暑い時期でもある。また、カトリックの暦で例年3月末から4月初旬に巡って来る聖週間の祝日とも重なり、この時期が多くのフィリピン人にとっての休暇や旅行シーズンとなる。

写真5-1　ハリーナ島の浜辺にてウミガ　　写真5-2　ハリーナ島で飼育される子ガメ
メの卵を保護する

写真5-3　成長したウミガメとリトの長男（ハリーナ島にて）

ハリーナ島リゾートを訪問するツーリストは、近年増加傾向にある。彼らは、フィリピン国内のみでなく、韓国、台湾、シンガポールなどからのツーリストで、季節による増減はあるが、平均して月50人から150人ほどが訪問する。

　今日リトは、これらの場所を行き来するツーリストを乗せるボートの運航を任され、月8000ペソの賃金と、それに加えて観光客からのチップなどを得て、生計を立てている。未だ学校に通う3人の小さな子どもを含め、7人の子どもがいるリトの家族にとって、このようなエコ・ツーリズムからの収入は、子どもの学費と家族の生計維持をかろうじて可能にする程度である。それでも、リトは、少ないながらも毎月一定の収入が得られることを、幸運にめぐまれたと感じている。ただ、リトは、このようにエコ・ツーリズムから収入を得つつも、より良い条件が整いさえすれば、いつでもリコム漁などの漁業操業や、鉱山の仕事に戻りたいと考えている。

第5節　考察

　本章で提示したリトのライフヒストリーからは、マクロなレベルにおける海域資源管理制度の浸透と、ミクロなレベルで個がそのような制度に対してどのように対処しつつ、日々の生計活動を展開しているかが読み取れる。さらに、そこには、プロローグにて検討したような、環境をめぐる統治性、すなわちエコ・ガバメンタリティの議論では説明しきれない、人びとと環境との関係、あるいは環境を利用した生計戦略の側面が示唆されているように思える。本節では、リトのライフヒストリーが意味することを、さらに考察してみたい。

　政治学者のジェームス・スコットは、資源管理を含むさまざまな開発の試みは、「国家的空間（state-space）」の拡張をもたらすと論じた（Scott 1998）。国家的空間とは、地域固有の生態や環境に根差した土着の資源利用の諸実践を、一元的に統治可能なものとするため、「規格化（standardized）」し、「単純化（simplify）」することで生まれる、均一で非人称的な空間であるといえよう。その拡大の過程では、資源利用者たちの多様で、「雑多な（messy）」実践は、行政的管理に必要となる透明性を達成すべく、国家にとって「判読可能（legible）」で、「可視的（visible）」なものへと転換されてゆく（Scott 1998）。こ

れはまさに、資源保全の文脈でウェストらが指摘した、「一般化（generification）」と「脱複雑化（decomplexification）」と同一の過程である（West, Igoe, and Brockington 2006：261）。そして、この過程は、本章で検討した1990年代以降のフィリピンにおける資源管理制度においても、如実に反映されていたといえる。海域資源は、特定の人びとによる排他的利用のために囲い込まれ、さらに資源の市場価値に応じた、区画化と類別化がなされた。それは、本来複雑で多様な人と自然との関わりを、市場が資源に付与する価格にもとづいて「規格化」し、「単純化」するプロセスといえよう。そこでは人は、資源の市場価値を保護し、養い、高める管理者として主体化されていく。

　しかしながら、本章で検討したライフヒストリーは、そのような議論が想定する「エコ・ラショナルな主体」には包摂しきれない、フレキシブルな制度との相互交渉、あるいは調整の実践を示していた。リトの生計戦略は、確かにネオリベラルな環境をめぐる統治性によって大きく影響されていたが、彼の実践は、単にそのような権力や合理性に対する順応か抵抗かという二分法によっては理解できない。ムロアミ漁師としてのリトの前半生は、広大な海域における自由な移動に依拠した生計戦略が可能な、いわば「魚を追い求める大いなる競争（the great fish race）」の時代であった。一転して、1990年代以降の彼の生計活動は、次第に強まる行政的な監視と規制のもとにおかれ、さらに国内外の環境主義的な言説に大きく影響されるようになったのであった。そのような影響は、リトの操業中の逮捕と漁具の没収、あるいは鉱山会社による雇用の停止などの出来事に如実に観察できる。しかしながら、その後のリトの状況は、単にコミュニティにおける周辺化や排除、その結果としての窮乏化というものではなかった。むしろ彼の対応は、資源管理制度の浸透によって新たに生み出された生計の機会である、エコ・ツーリズムから収入を得る道であった。このようなリトの生計機会の選択は、単なる「エコガバメンタリティ」への順応ではない。エコ・ツーリズムによって家族の生計を維持しつつも、状況次第で漁撈や鉱山就労への転身を常に念頭におくリトの姿勢は、環境主義の合理性によって一元的に規定されるものではなく、むしろ地域社会の提供するさまざまな資源利用の機会の間をフレキシブルに転身する生活の構えを示唆しているといえよう。

　リトのライフヒストリーに示唆されていたもう1つの点は、彼の生活戦略は、コミュニティ内の社会関係の柔軟な活用によって可能になっていた点である。18歳でムロアミ漁船団から逃亡して以降のパラワンの漁村での生活、2006年にリコム漁操業が困難になってからの生活、そして2008年に働いていた鉱山が閉山に追い込まれて以降の生活、これらリトの生活の重大な転機、あるいは危機において、新たな展開のために活用されたのが、親族・非親族を含む共同体内の親密な関係であった。ここでは、このような生計活動の展開における柔軟な社会関係の活用を、個人や共同体の特異性に帰すことをせず、むしろ東南アジア海域社会のより一般的な性格に位置づけて考えてみたい。歴史的に人口移動の高さによって特徴づけられる、マレーシアのランカウィ島の漁村で人類学的調査を行ったジャネット・カルステンは、人びとが自己と他者の関係を、出自を軸とした垂直につながるものとしてではなく、キョウダイ関係を軸とした水平方向にひろがるものとして認識していることを論じている（Carsten 1995）。この意味で、ランカウィの親族関係は、過去に向かってその関係性をたどるのでなく、未来に向けて開かれているとカルステンは論じる（Carsten 1995：316）。ランカウィの民族誌が示唆するのは、次のようなことである。人びとは、祖父母については言うまでもなく、両親についてさえ、彼らがどこで生まれたかということを思い出せない。さらに、多くの人びとは、隣人や同一村落の住民たちの出身地について知らず、またそれを気にかけることもない。このような、いわば集合的忘却が共通のアイデンティティを構築する上で重要になる点に注目しつつ、カルステンは以下のように論じる。

　「ランカウィにおける親族関係は、以前には関係のなかった、あるいは薄かった人びとの間での、活発で、中断することのない、関係性の創造であり、それは人びとの移動性の高さと結びついたプロセスである。もてなし、養育、結婚そして出産などの親族関係を形成する諸プロセスを経て、島への新参者は身内へと変換される。大事なことは、未来に向けて、親族関係を創り出すことである。多くの場合、人びとの多様な過去に関する詳細は、少しずつ消去されてゆく。この意味で、過去を忘却することは、新たな共通のアイデンティティを構築するためのアクティブな過程なのである」（Carten 1995：324）。

もう1つのオーストロネシア海域社会からの事例をみてみよう。アストゥティによるマダガスカルの漁撈民ヴェズの研究は、ランカウィにおけるのと同様な、流動的なアイデンティティのあり様を示している。それによれば、ヴェズ漁民のアイデンティティは、出生、出自、その他過去から継承されたいかなる実体によっても定義されることはなく、現在において人びとがどこで何をするかという文脈に依存して創り出されるという。より具体的には、漁撈民であるヴェズにとって、「海と格闘し、浜辺に居住する者」は、誰でもヴェズとして認められ、受け入れられる（Astuti 1995：3）。あるヴェズの漁民が述べるように、「人は血統によってヴェズになるのではなく、海に出て、漁をし、浜辺に住むことでヴェズとなるのだ」（Astuti 1995：3）。

　特定の祖先とのつながりを軸にして出自集団が形成される単系社会に比較して、自己を中心として父方母方の双方の親族を含む、ゆるいまとまりによって構成される、島嶼部東南アジア社会においては、祖先の記憶は亡失されやすいという点は、これまでも「系譜の記憶喪失（genealogical amnesia）」（Geertz and Geertz 1964）、あるいは「社会的記憶喪失（social amnesia）」（Dumont 1992）として論じられてきた。カルステンやアストゥティの議論は、このような「忘却」の現象が、移動性の高い海域社会において、アイデンティティやコミュニティを構築する上で、むしろ積極的な意味をもつ要素であることを明らかにした。リトのライフヒストリーに戻れば、彼がパナカン地区に移入した後の生計活動は、まさにカルステンが述べるような、「過去の多様性に関する詳細の忘却」と、それによって可能になる「新たな関係性の創出」に支えられていたといえよう。そして、生業に対して拘束的に作用する制度に対して、絶え間なく微調整を試みるリトの日常的実践は、そのような関係性の継続的な創出によって可能になっていたのである。ネオリベラルな資源管理の統治性によって、従来の生業活動を支えていた人びとの社会関係や相互扶助の関係は周辺化、分断化される。そこで要請されるのは、自律的な資源管理者としての主体であり、共同性に拘束されない個人化であるともいえよう。しかしながら、本章で検討したライフヒストリーは、そのような状況においても、「活発で、絶え間ない、関係性の創造」（Carsten 1995：324）によって拡張される、社会的なつながりの可能性を示唆しているといえよう。

第3部

トランスナショナルな社会的場における
移動と親密なつながり

カリフォルニアに渡ったフィリピン人家族

プロローグ

　ここまで本書では、フィリピン国内の都市と村落部を議論の対象としてきたが、第3部の各章では、フィリピンを「トランスナショナルな社会的場（transnational social field）」に位置付ける。20世紀半ば以降顕著な増加をみる海外出稼ぎや移住によって、フィリピンをとりまく「トランスナショナルな社会的場」は、近年一層の拡大を経験している。そこにおいて、ネオリベラリズムの浸透がいかなる「社会的なもの」の変容と、あらたなリスクの出現を促し、人びとはそれにいかに対処しようとしているのかを、以下の各章では検討する。

フィリピンからの人の移動とその概要

　フィリピンは、世界でも有数の「海外出稼ぎ立国」として、これまで移民研究のさまざまな関心をひきつけてきた。政府統計によれば、2013年12月現在の在外フィリピン人の数は、約1024万人とされ、この数は総人口約1億の1割を占める（CFO 2016）。その内訳をみると、移民として永住する者（permanent）が約487万人、短期の雇用契約などによる一時滞在者（temporary）が約421万人、そして非正規あるいは非合法的な滞在者（irregular）が約161万人となっている。永住者の大半は北アメリカに集中しており、アメリカ合衆国に約314万人、カナダに約63万人が居住している。一方、短期雇用契約による一時滞在者の居住地は、ほぼ全世界に渡るといえるが、なかでも多くの人びとの渡航先となっているのは、東アジア（東南アジア含む）、中東湾岸諸国、そしてヨーロッパである。東アジアでは、マレーシアに約79万人、シンガポールと香港にそれぞれ約20万人などとなっている。湾岸諸国では、サウジアラビアとアラブ首長国連邦が突出しており、前者に約100万人、後者に約82万人が滞在している。また、ヨーロッパではイタリアに約27万人、

イギリスに約22万人などとなっている。この他にも、主要な移民受け入れ国家であるオーストラリアに約40万人（多くが永住者）のフィリピン人が居住している。日本は、1980年代以降、「興行ビザ」を取得し、バーなどでエンターティナーとして就労する、フィリピン人若年女性たちを受け入れてきた。その後日本人男性と結婚するなどして永住するフィリピン人が、約16万人存在する。

　移民としての永住者の大半が居住するアメリカ合衆国とフィリピンは、19世紀末にフィリピンがアメリカに植民地化されて以来、歴史的に深いつながりがあった。フィリピンからアメリカへの移民の流れは20世紀始めより開始され、特に移民の家族呼び寄せが法的に可能となった1965年以降、フィリピン人移民・永住者の人口は増加した。カナダでは、住み込みの家事・介護職で2年間就労した外国人に、永住権を与える制度（Live-in Caregiver Program, LCP）があり、それを利用するフィリピン人が多い。

　一方、海外における短期雇用契約を交わしての一時滞在は、1970年代半ば以降開始された海外雇用政策に端緒をもつ。当初は、オイルブームを背景に中東諸国で需要が増大した技師や建設労働に従事する男性労働者が主な渡航者であった。しかしながら1980年代半ばからは、海外での新規雇用者における男女比が逆転し、近年ではその7割から8割が女性によって占められており、「海外雇用の女性化（feminization of overseas work）」、あるいは「国際移動の女性化（feminization of migration）」と呼ばれる現象がますます顕著になりつつある（小ヶ谷　2007, 2009, 2016；上野 2011）。このような「海外雇用の女性化」は、再生産労働の国際分業体制の出現という、今日のグローバリゼーションの構造的特徴を背景としている。再生産労働とは、生産的労働を維持するために必要とされる労働であり、具体的には家政婦などの家事労働、乳幼児や子どもの世話、高齢者の介護や看護、さらには男性相手のエンターティナーや性産業も含まれる（小ヶ谷 2007）。1980年代以降、台湾、香港、シンガポールなどNIESと呼ばれる新興国の経済成長により、女性の社会進出が増大し、これらの国々のミドルクラスの家庭での再生産部門を担う女性労働者の需要が生じた（上野 2011）。そのような新興国の再生産労働の需要を満たしたのが、フィリピンをはじめとするアジアの発展途上国からの出稼ぎ女性労働者たちであった。さらに2000年代以降は、日本や欧米などの先進国における少子高齢化と、国家による福祉政策

の縮減や医療の民営化などを背景とした看護師や介護士の不足が生じ、その需要を満たしたのもこれらフィリピンなどからの女性たちであった。

　このように、「海外雇用の女性化」の現象は、アジアの新興国や欧米の先進国において生産労働力化したミドルクラスの女性たちの再生産労働を、比較的に低賃金で雇用できる途上国からの出稼ぎ女性労働者が代替するという、再生産労働の国際分業体制と、そこにおけるグローバルな女性たちの間の新たな階層関係の生成を示唆しているといえよう。さらに事態を複雑にする状況は、出稼ぎ女性たちの送り出し国フィリピンにおいて、妻や母不在となった残された家庭の再生産労働を担うのは、さらに経済的に周辺化された農村部出身の女性たちであるという現状である。国境を越え、異なる社会経済階層間の女性たちによって張り巡らされた、このような再生産労働の「グローバル・ケア・チェーン（global-care-chains）」（Hochschild 2000）は、生産労働の国際分業体制である「グローバル・サプライ・チェーン」を陰で支えるネットワークとして、今日のグローバリゼーションを特徴付ける要素であるといえよう。フィリピンから、東アジア、湾岸諸国、ヨーロッパ（特にイギリス、イタリアなど）への就労目的の移動の背景には、このような今日のグローバリゼーションの構造的要因があるといえる。

　以上のような、大まかな特徴を持つ、フィリピンからの国際移動であるが、第3部の論述の多くは、フィリピンからアメリカへの、ミドルクラスの人びとの移動を扱っている。そこで、以下では、移民送出し国フィリピンと受入れ国アメリカという文脈に絞り、それぞれの国における移民をめぐる政治経済的状況の変遷から、トランスナショナルな社会的場がいかにネオリベラルな潮流の影響を受けつつあるのかという点を検討してみたい。

ポスト工業化時代のアメリカとフィリピン系移民

　まず、受入れ国アメリカにおけるポスト工業化社会の労働市場とフィリピン系移民の状況を検討したい。フィリピンからアメリカへの移民は、1965年のアメリカ移民法改正以降に急増した。この改正によって、まずアジア諸国からの移民にとって障壁となっていた、出身国別割当制度が撤廃された。次に、市民権や永住権を取得した移民の家族や親族の呼び寄せが可能となった。さらに、

医師、看護師、技術者など専門的技能を持った高学歴の移民を優先的に受け入れる枠が設定された。これ以降アメリカへの移民構成は、ヨーロッパ系からアジア系へと大きく流れを変えることになる。具体的には、1971年から1989年までの間に、フィリピン人を含む400万人のアジア系移民がアメリカへ渡った（Ong and Liu 1994）。これら「新アジア系移民」たちの特徴は、その多くが高学歴の都市ミドルクラス出身で、専門職や企業家的背景を持つという点であった（Ong, Bonacich, and Cheng 1994：4）。

1965年移民法の施行は、アメリカにおける福祉国家の衰退とポスト工業化に伴う社会的経済的な構造変化の帰結であると同時に、そのような構造変化をさらに進展させる要因ともなった（Ong, Bonacich, and Cheng 1994：23-24）。すなわち、当時アメリカ国内の労働力需要は、従来の製造業を支えた単純未熟練労働力から、さまざまなサービス産業に従事する高度な知識や技能を有する人材へと次第にシフトしつつあった。しかしその一方で、国家によるさまざまな社会的支出は縮減され、なかでもこれらの専門職人材を育成するための高等教育への公的支出が大幅に削減されていった。その結果、特に医療系・技術系や知識産業などのサービス産業における人材不足が生じた。このような状況の中で、外国で高等教育を受けた、専門職移民への需要が高まったのである。1965年移民法改正は、このような国内労働市場の変化への対応であると同時に、それ以降大量に移入した専門職移民たちによって、アメリカのポスト工業化の傾向はより顕著なものになっていったといえるのである（Ong, Bonacich, and Cheng 1994）。

そして、外国人専門職への需要が特に高かった分野が、医師・看護師などの医療専門職であった。1970年代末以降のアメリカでは、医療費への大幅な公的支出削減や医療保険の民営化のもとで、国内の看護師の人件費をはじめとする労働環境は劣悪化し、これによってアメリカ国内の看護師不足は一層深刻化した（Ong and Azores 1994）。このような状況を背景とし、外国で教育を受けた看護師への需要が増大し、それを満たしたのが、低賃金長時間労働という過酷な労働環境にも柔軟に適応可能と考えられたフィリピン人やインド人の看護師であった（Ong, Bonacich, and Cheng 1994；ジョージ 2011）。実際、1970年代末においてアメリカで就労する外国人看護師2万8832人のうち、27.6％がフィ

リピン人によって占められていたのである（Ishi 1987：288）。

　さらに、アメリカの移民労働力市場のより近年の特徴として、移民の管理と統治におけるネオリベラリズムの浸透が指摘できる。すなわち、ポスト福祉国家体制の中で、周辺的な位置にある移民の社会的包摂のための公的支出が削られる一方、自らの技能や知識を受入れ国の雇用市場において最適化させるべく自助努力していけるミドルクラスの移民や、投資能力を有し、ハイテク産業の知識に富むグローバルかつ創造的な社会階層の移民が、「社会的コストのかからない移民」として歓迎される傾向が浸透しつつある（Glick Schiller 2011；cf. 塩原 2005, 2010）。それは、特に、歓迎される移民とそうでない移民を仕分け、選別するための統制原理として、マーケットの論理を優先する考え方である。特に、1990年代以降のアメリカにおいては、多様な文化的背景や知識、技能を身につけたミドルクラスの移民の受入れにより、都市の再生やジェントリフィケーションを推進しようとする政策が、国内各地で採用された（Glick Schiller 2011）。しばしば「ネオリベラル多文化主義」とよばれるこの傾向は、国家による社会的コストの負担を回避しつつ、国内経済の活性化を生み出すための資源として、移民たちのエスニシティや文化の多様性を動員する試みであるといえよう。

　このような1990年代以降のアメリカの状況を背景として、移民の雇用市場におけるニッチとして多くのフィリピン系移民を吸収し続けたのが、病院、ナーシングホーム、一般家庭などでの看護や介護といったケア・ワークであった（Parreñas 2001, 2008；Boris and Parreñas eds. 2010）。上述のようなアメリカの移民受入れ体制は、フィリピン人移民たちにとり、ポスト工業化時代のアメリカの移民労働力市場が、ますます競合的なものになりつつあることを示唆していよう。さらにそのような体制において、フィリピン人移民たちは、移民労働力市場のニッチに適合的な知識や技能を磨き、自らの「市場価値（marketability）」と「就労可能性（employability）」を向上させ、「コストのかからない」移民となることを要請されている状況が理解できよう。

フィリピンにおける「ブローカー国家」体制
　ここまで述べてきたアメリカの移民受入れ体制は、必然的に送出し国フィ

リピンの移民政策にも影響を及ぼす。特に、近年の特徴としてしばしば指摘されるのが、フィリピンの「ブローカー国家（labor-brokering state）化」という傾向である（Guevarra 2010; cf. Ong 2006；Rodriguez 2010）。そこでは、フィリピン海外雇用庁（Philippine Overseas Employment Administration, POEA）を中心として、政府が積極的に海外の雇用市場における需要を調査・把握し、それに適合する労働力を生み出すべく国民に訓練を与え、積極的に海外市場への売り込みが展開される。それは、国民をエンパワーしつつ、スキルや知識を与えることを通して、受入れ国と送出し国双方に貢献し得る「商品」としての規律化された労働力を生み出すことを目標とする統治であるといえる（Guevarra 2010：5）。このような近年の動向は、政府にとっての海外出稼ぎが、国内に十分な雇用機会が生まれるまでの一時的な政策ではもはやなくなり、むしろ海外雇用が国家の経済成長のために欠かせない重要な要素として位置付けられていることを示している。本書においては、このようなフィリピンの「ブローカー国家化」の議論を基本的には認めつつも、しかしそのような労働者の訓練と統治は、国家のみによって行われるのではなく、むしろNGO、民間斡旋業者、さらには専門学校や職業訓練施設なども含む教育機関など、さまざまなアクターの直接的間接的な協同関係によって可能となるものと考える。したがって以下では、このような統治を推進する編成を「ブローカー国家」体制と規定する。

　このような「ブローカー国家」体制は、同時にさまざまな技能訓練プログラムによる労働者の「技能化」や「資格化」を進める。たとえば小ヶ谷千穂は、看護を含む医療関係および介護分野、また家事労働者の技能をフィリピン政府が訓練の上認定し、資格を附与する点を、フィリピンの海外雇用政策における近年の傾向として論じる（小ヶ谷 2009）。主に労働雇用省技術教育技能教育庁（Technical Education and Skills Development Authority, TESDA）などによって推進されるこの傾向は、技能化によって海外での女性労働者の脆弱性を軽減するという公式の目的を持つ（写真1、2）[1]。しかしその裏で、この政策には、海外出稼ぎ労働者の権利や福祉の保障に対する政府の責任よりも、資格付与によって海外労働者自身の自己責任能力や自助努力を要請するという意図が内包されている。それは、国際労働市場において求められる付加価値のある労働者を創出するフィリピン政府の戦略としての側面を示唆しているといえる（小ヶ

谷2009：370）。

　このような「技能化」、「資格化」は、海外の競合的な雇用市場にフレキシブルに適応できる「付加輸出価値（added export value)」（Guevarra 2010：125）を持つ、マーケタビリティの高い「商品」としての労働力が生み出される過程である。ゲバラによれば、フィリピン人移民に要求される「付加輸出価値」とは、例えば高い英語運用能力、介護能力、基本的な医療行為能力など、海外の看護・介護労働に必要とされる技能をはじめ、さらに「勤勉さ」、「ホスピタリティ」、「従順さ」、「やさしく愛情のこもったケア（tender-loving-care)」などの内面的徳をも含む（Guevarra 2010：132-136）。海外で働く労働者たちは、このようなスキルを身に付け、価値を内面化することで、ある者は「スーパーメイド」*2 としての自己を演出し、またある者はアメリカのポスト福祉国家体制の下で厳しさを増す介護・医療現場にて要求される「感情労働」、あるいは「親密な労働（intimate labor)」（Boris & Parreñas eds. 2010）に耐えうるケア・ワーカーとなってゆく（Gervarra 2010：190-191）。このようなフィリピン国家の変容の中で、海外を目指す人びとは、「さまざまなスキルの束をフレキシブルに組み替えつつ、自らのキャリアを管理し、さらにリスクを負う個人、しかもそのリスクの重荷を国家の領域から個人への領域へと移行させ、担っていく個人」（Dunn 2004：22）という意味でのアントレプレナーとして主体化されてゆくのである。

　このように、送出し国と受入れ国双方を跨いで広がる、トランスナショナルな社会的場は、決して均質かつ一元的な空間ではなく、むしろ非対称な権力関係によって差異化された空間として捉えられよう。それはモノ、カネ、情報、そして人が、国境を越えて絶え間なく循環する過程で相互に絡み合う社会関係

＊1　このような研修、指導はTESDA職員によって直接行われるのではなく、通常TESDAと契約したNGOが請け負う。写真1はそのようなNGOスタッフによって行われる指導の様子。写真2は同じNGOのオフィスの2階に設けられた訓練施設である。

＊2　小ヶ谷によれば、「スーパーメイド」の養成は、2006年7月のレバノン紛争の影響で、緊急帰国せざるをえなかったフィリピン人家事労働者たちへの支援対策として、当時のアロヨ大統領によって発案されたという（小ヶ谷 2016：196）。そこでは、応急処置、蘇生法、火事の際の避難方法、ペットのグルーミングなど、より高い報酬が期待できる、高技能の家事労働者を育成することで、労働者たちの海外における脆弱性を軽減することが目的とされた（小ヶ谷 2016：203）。

のネットワークの束によって構成され、その場を規定するのはさまざまな資源の不均衡な交換である（Levitt and Glick Schiller 2004：1009）。このような非対称性と不均衡によって特徴付けられる場への参加者たちを取り巻くのは、日常的な「社会的地位をめぐる闘争」（Levitt and Glick Schiller 2004：1008）であるといえよう。今日、トランスナショナルな社会的場は、より一層ネオリベラリズムの思潮と制度によって規定されつつあるといえる。そこでは、国家による移民・出稼ぎ労働者に対する包括的な保護と福祉の提供は後退し、移民・労働者一人ひとりの能力化と自助努力、そして自己責任が求められる状況が存在する。そのような傾向の中で、移民や労働者同士の間では、エスニシティや階層性に基づく連帯は望むことができず、むしろ個人化・断片化が進行し、各自の技能や知識によって、競合的な労働市場に適合していくことが要請されているといえよう。いわば「社会的なもの」の一方的衰退とも映る、このような今日

写真1　海外の雇用先における乳児のケアや応急処置について説明する指導員（マニラ首都圏パサイ市）

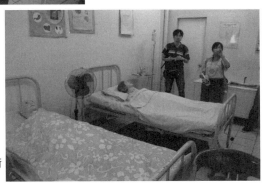

写真2　海外における介護の技術指導のための施設（同上）

のトランスナショナルな場において、人びとはどのようにリスクに対処しつつ、生活の空間を確保しようと試みているのであろうか。以下の各章では、この点を明らかにしてゆく。

第6章
「草の根のトランスナショナリズム」と親密なつながり
ある出稼ぎ労働者の妻のライフヒストリーを中心に

　トランスナショナルな社会的場は、海外へ移動する者だけでなく、国内に残りつつも、海外在住者と密接につながる人びとによっても構成される。第3部プロローグにて、「海外移動の女性化」を指摘したが、海外雇用によってもたらされる不安定性と脆弱性は、実際に海外出稼ぎをする女性たちのみによって経験されるわけではない。むしろ、夫の海外雇用によってフィリピンに残された女性たちが、妻として母として経験する困難は、海外出稼ぎがもたらす社会的コストとして近年広く指摘されている。同じく第3部プロローグにて論じた、「ブローカー国家」体制と技能化の過程では、海外雇用のリスクとコストが女性労働者自身によって担われざるをえない状況が明らかになった。一方で、夫の海外雇用によって生じる社会的コストは、夫と同様に、あるいはそれ以上に、むしろ残された妻とその家族にのしかかる。このような、残された女性たちの不安定性と脆弱性が、具体的にどのように経験されているのかを考えるために、本章では、1人の女性のライフヒストリーを提示したい。そこからは、夫の海外雇用によって妻、母、そして家族が経験する困難と周辺化が理解されるが、それと同時に、さまざまな非国家的アクターとのネットワークを活用しつつ、不安定性と脆弱性に対処するエイジェンシーを見ることができる。本章では、そのような女性の姿を「草の根のトランスナショナリズム」と呼び、それを支える親密なつながりに注目してみたい。

第1節　都市貧困層地区での生活と夫の海外出稼ぎ

　グラシア・コルプス（1947年生）はマニラ首都圏マリキナ市マランダイ地区に居住する女性である[3]。第1部の各章で触れたように、マリキナにおいては、

1990年代初頭までは地場産業としての靴製造の下請け、孫請けなどにより多くの住民が生計を立てていたが、現在では中国からの安価な靴輸入により、マリキナの靴産業は斜陽産業となっている。グラシアの幼少期はマリキナの製靴業の全盛期であった。彼女の父親（1911-2004）は小学校卒業の後、製靴業で働き始め、グラシアの幼少期には、従業員6人を抱え、週に300組ほどの靴を生産する請負の家内工業に従事していた。零細ではあっても継続的な現金収入が得られる製靴業の存在により、グラシアは高校終了後、専門学校にまで進み、秘書コースなどで学ぶことが出来た。

　その後グラシアは、1970年に中部ルソンのヌエバ・エシハ州出身で、高校中退後マリキナの製靴工場で働いていたロメオと知り合い、結婚した。しかし零細な地場産業の労働者としての夫婦の収入は僅少かつ不安定だった。ロメオはトライシクルの乗客の呼び込み、路上清掃人などの雑業に従事しつつ日銭を稼いだ。故郷ヌエバ・エシハの農村部での労働と、都市インフォーマル・セクターでの不安定な就労との間を往復する貧困生活が続いた。当時は、3度の食事にも事欠き、2人の子どもを含めた家族4人で、1つの目玉焼きを分け合って食べることもあった。

　生活の転機が訪れたのは1985年のことであった。当時グラシア夫婦は、隣人同士の頼母子講（*paluwagan*）からの融資で購入したトライシクル3台を経営して生計を立てていた。その頃ロメオは友人からの誘いでサウジアラビアにて建築現場労働の雇用があると聞き、所有していたトライシクルのうち1台を売却し、海外就労代理店への斡旋代にあてた。こうして、ロメオは1985年にサウジアラビアへ出稼ぎに行った。ロメオのサウジアラビアでの仕事は建設現場での肉体労働であった。最初の1、2年ほどは定期的に送金があった。この頃グラシアは子ども4人を抱えつつも、マランダイ地区でのトライシクル経営を順調に取り仕切り、定期的に夫からの送金もあり、経済的に最も安定した時期

＊3　マリキナ市マランダイ地区の詳細に関しては、第1章参照。グラシアと筆者は1991年以来の親交を続けている。特に、筆者が都市スラムにおける社会政策に関する現地調査をマランダイ地区にて開始した2000年代半ば以降は、調査時のさまざまなサポートを提供してくれる協力者である。ここに掲載した彼女のライフヒストリーは、そのような長期に渡る交流の折々に語られたエピソードに、筆者自身が編集を加えたものである。グラシアは第1章の事例1-6のグラシアと同一人物。なお、グラシアをはじめ本章に記載されている個人名は全て仮名である。

であった。1987年にはロメオは最初の休暇でフィリピンに帰国し、グラシアと共に2ヶ月間過ごした。しかしこの休暇が、グラシアがロメオと共に過ごした最後の時となった。

ロメオが休暇からサウジアラビアに戻った1988年以降、ロメオからグラシアへの送金は途絶え、連絡も取れなくなった。同じく出稼ぎでサウジアラビアにて就労していた、ロメオの兄弟がグラシアに打ち明けたところによると、ロメオはサウジアラビアで、同様に出稼ぎに来ていたフィリピン人女性と愛人関係になっているとのことであった。送金が停止し、生活資金が不足するなかで、グラシアは所有していた2台のトライシクルを売却せざるを得なかった。その後のグラシアと4人の子どもたちの生活は困窮を極めた。その様な時にグラシアの物心両面の支えとなったのは、近隣住民たちからのさまざまな支援であった。例えば経済的支援としては、1988年以降近隣の人々の組織する頼母子講からの資金捻出でサリサリ・ストア（小規模雑貨店）を経営したり、1992年から1994年まで、隣人が靴製造の請負の仕事を提供してくれたりした。こうした物質的支援と同様に、あるいはそれ以上に、精神的な支えがグラシアの大きな助けになった。そのような精神的支えは、地区の隣人たちや境遇を同じくする海外出稼ぎ者の家族によって組織されたNGO（後述）によるものであった。隣人やNGOスタッフたちが、グラシアの夫とその愛人への怒りを共有し合い、「同じ出稼ぎ者の家族だからこそ、共感し合うことができる（*nararamdaman nila ang nararamdam ko*）」という気持ちを抱けたことが大きかった。「これら隣人や家族の支援がなかったら、今頃私は精神病院送りになっていたことだろう」とグラシアは振り返る。

ロメオは、1992年にサウジアラビアから愛人と共に帰国し、その後新築した家に愛人と同居し、グラシアのもとには帰ってこなかった。未だ成人前であった子供たちは、父親を恋しがり、両親の別離に対して時にはグラシアを責め（後述の長男マルコの語り参照）、父親のもとに短期間身を寄せる時もあった。こうして母親と子どもたちとの関係にも軋轢が生じた。

こうした中、2005年に悲劇が起こった。ロメオは愛人とともに故郷ヌエバ・エシハ州の農村に戻り、新居を建てて生活していた。しかし、ロメオと兄弟たちの間には両親が遺産として残した土地の相続をめぐり対立が生じていた。

2005年のある日、相続の話し合いに介入してきたロメオの愛人に対し、腹を立てたロメオの弟が隠し持っていた拳銃の銃口を向けた。愛人をかばおうとして身を挺したロメオに弾は命中し、そのままロメオは命を落とした。

その後、2017年現在に至るまで、グラシアとその家族の暮らし向きは一向に良くならないばかりか、さまざまな苦難に見舞われている。現在、独身の末娘（1985年生）と2人で暮らしているが、定収入はなく、時折近隣の住民に雇われて家事労働者として働く娘の僅かな収入に頼り、糊口を凌ぐ生活である。

さらに長女ネリー（1972年生）夫婦とその子どもたちが、同一家屋の階下に居住しつつも、家計は別にして暮らしている。長女ネリーとその家族の状況には、眼前に刻々と進行する「貧困の世代間連鎖」という感を抱かざるを得ない。ネリーの夫ボボイは、ビナトッグ（ココヤシの果肉を調理したおやつ）や果物を自転車の荷台に乗せて販売する、露天行商人であった。1日300ペソほどの収入では、家族が食べていくので精一杯であった。雨が降ったり、商売道具の自転車が故障すれば、行商を中止せざるを得ない。季節に応じて販売する品物を変えるなどして、それなりに戦略を練っていたボボイであったが、次第に仕事への意欲を失っていった。ネリーとボボイには、2人の息子（長男1993年生と次男1999年生）がいた。2人とも、小学校は何とか卒業することが出来たが、高校進学後は学校を休みがちになった。グラシアは、学校に行かない孫たちをしばしば叱ったが、ネリーとボボイは、特に子どもの登校を強く促すこともなかった。こうした中、2人の息子たちは次第に勉強への意欲、学校への関心を失っていき、高校を中退した。中退後すぐに、兄は近所の女子高校生と半同棲状態となり、10代で父親となった。2017年現在、彼は2人の赤ん坊を抱え、非正規の建設労働によって何とか家族を養っている。

さて、不定期な収入と途絶えがちな仕事の中で、露店行商への意欲を失っていったグラシアの女婿ボボイは、次第に麻薬に手を染めるようになった。貧困層の多いマランダイ地区では、麻薬は簡単に手に入れることができた。ボボイは、自ら麻薬を使用するだけでなく、売人になっていった。グラシアをはじめ、ボボイの周囲の人びとは、この頃急に実入りの良くなったボボイを訝しく思い、おそらく麻薬販売から金銭を得ていたのであろうと推測していた。しかしボボイは、そのような収入を家族の生活のために用いることはなかった。むしろ、

近隣の人びとの間で広まっていた噂は、ボボイが麻薬売買から得た金銭を、不倫関係にある地区内の女性にみついでいるというものであった。次第にネリーとボボイの間には激しい口論が頻繁に交わされるようになり、夫婦は別居することになった。この頃から、ネリーは次第に自暴自棄になり、自らの生活を気に掛けることがなくなっていった。食事もとらなくなり、サリサリストアで数ペソで買ったジャンクフードで空腹を満たしていた。深夜まで近所のコンピューター・ショップに入り浸ってゲームに興じ、十分な睡眠をとることもなくなった。2016年年初ごろより、ネリーは体調不良を訴え、寝込むことが多くなった。激しい咳き込み、そして下腹部の膨張が見られるようになった。3月ごろには、腫れは下腹部から両脚に広がり、ふくらはぎはむくみによって肥大化していた。グラシアをはじめ近隣の人びとは、病院での検査を嫌がるネリーを説得して、ケソン市のある公立病院へ連れて行った。私立病院での高額な医療費を支払うことができない、貧困層が多く受診するこの公立病院は、大変混雑しており、ネリーたちは炎天下の中で長時間待たされた挙句、診療時間が終了し、帰宅せざるをえなかった。これ以降ネリーは、病院での検査診療を固く拒むようになり、「もう死にたい」、「死なせてくれ」などと口走るようになった。そして、グラシアらの必死の看病にもかかわらず、ネリーは2016年4月末に帰らぬ人となった。

　海外出稼ぎ労働者たちは、国内への送金や投資がフィリピン経済にもたらす好影響により、「今日のヒーロー（*bagong bayani*）」と称えられ、免税などさまざまな優遇措置を受けている。しかし、ここまで検討してきたグラシアのライフヒストリーからは、家族や国家への貢献を期待される海外出稼ぎが、しばしば新たなリスクを生み出し、国内に残された家族の生活を一層脆弱化、周辺化させる状況が見て取れた。グラシアは言う。「本当のヒーローは、海外に出稼ぎする人びととではなく、私たち、国内に残された者たちだ」。確かに、グラシアによって語られたライフヒストリーからは、出稼ぎ労働者によって国内に残された家族を守り、苦境に立ち向かい、耐え忍ぶ妻／母の姿が浮かび上がるであろう。しかしながら、興味深いことに、グラシアの長男マルコ（1970年生）は、それとは異なる母親像を語る。特に、マルコは、父親のサウジアラビア行きとその後の夫婦離別について、グラシアとは異なるバージョンを語る。以下、

マルコの語った父親の回想を検討してみる。

第2節　長男マルコの語るもう1つのバージョン

　マルコによれば、父ロメオは、とても勤勉であった。サウジアラビアに行く
前から、所有する3台のトライシクルのうちの1台を自ら運転して稼いでいた。
明け方、家族の誰よりも早く起床し、トライシクルを運転した。朝8時ごろに
は、一度帰宅し、家族のために朝食を準備してくれた。朝食を食べた後、家の
前を箒で掃き、再びトライシクルの運転に戻った。家の中は、父によっていつ
もきれいに掃除され、埃一つなかった。冷蔵庫には、いつもソフトドリンクが
揃っていた。マルコが熱を出した時などは、父がすぐに薬を買ってきてくれた。
咳が出て、呼吸が苦しい時など、早朝にルネタ公園（マニラ市の下町にある公園。
別名リサール公園）まで連れて行ってくれ、朝露（hamog）を浴びせてくれた。
「そうすると、不思議と呼吸が楽になった」と、マルコは幼少期の父との思い
出を回想する。

　父ロメオがサウジアラビアに旅立ったのは、マルコが15歳の時であった。
マルコによれば、父の不在中、「まだ赤ん坊だった妹の面倒を全てみたのは、
自分だった。いつも抱いて、あやしてやり、ミルクを飲ませ、風邪をひいたら
薬を飲ませた。家の掃除をしたのも全て自分だった。母や長女は掃除などしな
かったから、自然と自分がやった。いつも父のやっていることをそばで見てい
たので、自然と身についてしまったのかも知れない」。1987年に、父ロメオは
フィリピンに一時帰国した。ロメオは、トライシクルに加えて、ジープニーを
購入し、それで生計を立てれば、再びサウジアラビアに戻らなくてもやってい
けるのではないか、とグラシアに相談した。しかし、グラシアはそれを望まな
かった。彼女は、ロメオがもう一度サウジアラビアに戻ることを望んだのだっ
た。そのことをめぐって、両親が頻繁に口論していたのを、マルコは覚えてい
る。時にはロメオは、グラシアに手を上げた。ロメオとグラシアの喧嘩は、サ
ウジアラビア行きをめぐるものだけではなかった。ロメオは、グラシアがしば
しば家を空け、賭け事や近所の人びとと噂話に興じることを好まなかった。グ
ラシアの行いをロメオが咎め、口論になることもよくあった。マルコは、あま

り頻繁に喧嘩になるので、子供心に、両親の関係はもう長くは続かないだろうと思うようになったという。マルコによれば、母グラシアは、自分が咎められると、性格的にひっこむことが出来ず、とても攻撃的になった。マルコは言う。「母のこうした性格のために、父の心は次第に母から離れていったのだろう。父がサウジで別の女性と一緒になったのも、全てが父の過失であるとは言い切れない」。

　その後2度目にロメオがサウジアラビアから帰国し、別の女性と暮らし始め、家には戻ってこなくなった。マルコは言う。「それでも、自分ら子どもたちに対しては、父は、いつも父親としての愛情において欠けることはなかった。自分たち兄弟姉妹も、父に対して、子どもとして出来るだけのサポートをした。とてもやさしいお父さんだった。（…）でもお母さん（グラシア）は、自分ら子どもたちが、学校教育を最後まで終了できなかったのは、父親からのサポートが足りなかったからだと言って、よく父を責めた」。マルコによれば、父に全ての責任があるのではないが、確かに父がいなくなってしまったことは、いろいろな形で、今の家族の問題に影響している。2歳下の妹（ネリー）が、夫の行商によるわずかな収入を補填するために何らかの仕事をしようともせず、日がな1日ふらふらと過ごし、学校に行くことを止めてしまった自分の子どもたちを放任しているのも[*4]、弟（1976年生）が結婚と離婚を繰り返し、いつまでたっても定職を持たないでいるのも、末妹がいつまでも結婚することが出来ないのも、おそらく父の影響があるだろう、とマルコは考える。そして、最後に次のように言う。「長い間海外出稼ぎに出て、夫婦が何年も離れ離れになっても、つながりを保っている家族もいる。でも、自分たちのように、出稼ぎして、その時にはある程度の資金を得られても、結局家族が壊れてしまうということもあるんだ」。

　このように、夫であり父であるロメオの海外出稼ぎに対する思いは、グラシアとその子マルコでは、異なったものとなっている。どちらの語りが正しいかを問うことは無意味である。むしろ、トランスナショナルな社会的場に置かれた家族の困難が、どのように主観的に経験され、家族内の立場によっていかに

---

*4　マルコによるこの語りは、ネリーのいまだ存命中になされた。

異なったものとして経験されているかを捉えることが重要であろう。

　さて、グラシアは、サウジアラビアで就労する夫ロメオからの送金と連絡が途絶えて以降、自らも物心両面で困難を抱えつつも、マランダイ地区の海外出稼ぎ労働者とその家族たちに、さまざまな支援を行ってきた。以下では、そのようなグラシアの活動の事例を二つ検討する。

第3節　ある海外出稼ぎ女性の死と遺族への補償

　1996年8月1日、アラブ首長国連邦で雇用主を刺殺した廉で死刑判決を受け、その後正当防衛が認められて無事フィリピンに帰国した、家事労働者サラ・バラバガンは、フィリピン国民とメディアから温かい歓迎を受けた。しかし、「今日のヒーロー（*bagong bayani*）」として迎えられたサラと同じ飛行機にて、対照的に何ら注目を集めることもなく、棺に収まって無言の帰国をしたエレン・マカバヤンの存在を知る人は少ない。

　ヨルダンで家事労働者として雇用されていたエレンは、原因不明の死を遂げ、1996年8月1日棺に収まって無言の帰国をした。海外渡航以前のエレンは、マリキナ市在住の母と共にラバンデーラ（洗濯婦）として僅かな収入を得て生活していた。しかし、乳がんを患う母の治療費が必要になり、ヨルダンに出稼ぎに出たのであった。エレンとは近隣の付き合いであったグラシアは、彼女の通夜に出席し、そこで遺体に多くの傷や痣があることを不思議に思った。そこで母親から話を聞くと、エレンの死の直前に、雇用主から虐待を受けていることを訴える手紙がエレンから母親のもとに届いていたことがわかった。手紙には、エレンが自分の部屋に鍵をかけただけで雇用主の怒りを買い、暴力をふるわれたことなどが記されていた。

　そこでグラシアは、以前より交流のあったNGOに連絡を取った。このNGOは、KAKAMMPI（*Kapisanang ng mga Kamag-anak ng Migranteng Manggagawang Pilipino, Inc.*「フィリピン人海外労働者の家族のための団体」）であった。KAKAMMPIは、1983年に組織され、マニラ首都圏内で海外出稼ぎ労働者を多く出すコミュニティとネットワークを持ち、様々な支援を行っている。具体的には、海外で紛争や事件に巻き込まれた労働者への緊急支援、国内に残る家

族を対象とした教育活動や生計プロジェクトなどである。グラシアは、KAKAMMPIのスタッフとともに、マリキナ市選出の国会議員やメディアに働きかけ、エレンの事件を広く知らしめると同時に、死体解剖を行う手続きを取った。死体解剖の結果、ヨルダンの雇用主が、エレンの死因として主張していた、飛び降り自殺の痕跡は見出されなかった。この結果を受け、フィリピン上下両院議会では、ヨルダン大使などを喚問して公聴会が開かれた。その結果エレンの遺族たち（母、夫、当時6歳の子ども）はヨルダン政府と雇用主からの賠償を得ることができた。さらにグラシアらは、海外雇用労働者の遺族が政府から補償を得られる権利や必要な手続きなどに関して、エレンの遺族に情報提供し、その結果政府からの遺族補償や子どもの奨学金などの取得が可能となった。

第4節　レバノン紛争に巻き込まれた労働者の救出

この事例は、やはりマランダイ地区におけるグラシアの隣人であり、2005年5月にレバノンに家事労働者として出稼ぎに行ったシルビア（1971年生）の事例である。シルビアは、レバノンにて自動車会社社長に雇用されたが、雇用主のみでなくフィリピンの斡旋代理店からも、給料未払いなどさまざまな契約違反の被害を受けた。例えば、契約では週1日の休日があるはずであったが、実際に外出が許されたのは送金のために銀行に行くときのみであり、外界とのコミュニケーションも制限されていた。

2006年7月4日、シルビアは、イスラエル軍によるベイルートの空港爆破を、テレビで見て始めて知った。何が起きているのか雇用主に聞いたが、雇用主は何も教えてくれなかった。7月12日から14日に戦闘が激化した。彼女は、銀行に行く途中で多くの兵士や戦車を目撃し、驚き、初めてことの重大さを知った。その後雇用主の妻子はロンドンに避難したが、シルビアの帰国は許されなかった。彼女のパスポートは雇用主に握られていたため、どうすることも出来なかった。当時、レバノン人雇用主の多くは、自らが海外に避難している間、留守宅のメンテナンスをフィリピン人メイドに任せることが多かったという。

ところで、シルビアは通常より雇用主から所持を禁じられた携帯電話を隠し

持ち、フィリピンの家族や隣人のグラシアとも頻繁にメールを交換していた。グラシアも、母の日にはメッセージを送るなど、日常的にコミュニケーションを取っていた。イスラエル軍によるベイルート攻撃の混乱の中、雇用主の家に取り残されたシルビアは、携帯からグラシアにメッセージを送り、どうしたらよいかアドバイスを求めた。そこでグラシアは、前節で言及したKAKAMMPIのスタッフと相談し、レバノンのフィリピン大使館やカトリック教会にシルビアの雇用先の電話番号や雇用主の氏名を伝え、即刻対応してもらうよう要請した。その後フィリピン大使館からレバノン人雇用主に対して、シルビアの帰国を認めるよう要請の電話が入るが、雇用主は大使館の要請に簡単には従わなかった。さらにグラシアたちはシルビアにフィリピン大使館の電話番号を教え、直接助けを求めるように指示した。そこでシルビアは雇用主の留守を見計らい、フィリピン大使館に電話をし、その後大使館員に保護された。レバノン人の雇用主は、そのような措置に対して強く反発したが、大使館員の説得でようやくあきらめた。雇用主は、その後ロンドンへ避難した。

　シルビアは、大使館で30分ほど書類手続きをした後、付近のカトリック教会にて、他のフィリピン人労働者たちと一緒に、生活用水もない中で4日間もの待機を余儀なくされた。その後、彼女たちは、トラックの荷台に載せられ8時間かけてシリアへ移動し、バーレーン経由で空路マニラへ向かい、2006年8月9日無事帰国がかなったのであった。シルビアは、レバノンでの出来事を振り返り、「グラシアやKAKAMMPIの助けがなければ、雇用主の眼を盗んで大使館に電話するような勇気（*lakas loob*）はとても出なかっただろう」という。さらに現在彼女は、グラシアやKAKAMMPIの協力のもとに、いくつもの契約違反を犯した国内代理店を相手取って、訴訟を起こす準備をしている。

第5節　考察

　本章では、短期の契約労働のために海外出稼ぎを行う人びととその家族の状況を、グラシアのライフヒストリーから検討してきた。1970年代半ば以降の、フィリピンの労働力輸出政策は、オイルブームによって高まった中東諸国の建設現場などにおける労働力需要を背景として、開始されたものであった。ロメ

オは、そのような労働力の一部として、サウジアラビアに向かった。こうした背景の中、グラシアのライフヒストリーは、残された妻／母と家族が経験する困難を如実に示していた。ただ、一方で「耐える妻／母」が強調されていた感のあるグラシアのストーリーと異なり、その息子マルコの語りからは、出稼ぎをめぐる夫と妻との微妙な対立が垣間見えた。やさしく勤勉であった父と、それに対する母親の無理解、そして国内での家族との時間を大切にしたい父と、それに対しさらなる海外就労からの収入を求める妻といった、齟齬の側面も明らかになった。また、グラシアの長女ネリーの死という悲しい出来事は、海外出稼ぎが生み出すリスクの長期的帰結として捉えることができよう。そのようなリスクは、薬物の蔓延、医療制度や公教育制度の不備といった貧困層を取り巻く諸要因と相乗効果的に作用し合いながら、最終的に一人の女性の死へと帰結してしまったのである。

　第3節と第4節で検討した事例は、やはり中東諸国へ、家事労働者として出稼ぎに出る女性たちの事例であった。それらの事例は、プロローグで論じた、「移動の女性化」と、再生産労働のグローバル化という今日的現象の中で形成される、グローバル・ケア・チェーンに組み込まれる女性たちの状況であったといえよう。

　プロローグで論じたような、トランスナショナルな社会的場における国家の後退とネオリベラリズムの浸透は、海外出稼ぎ労働者たち、中でも、グラシアのような国内に残る者も含めた、女性たちにとって、家庭の崩壊、斡旋業者や雇い主による搾取、紛争など、さまざまなリスクを生み出しているといえよう。しかし、家内労働者や介護労働者が働くドメスティックな空間に、そのようなリスクは隠蔽されているため、国家による支援は届きにくい。このように、国家が海外雇用のコストを十分には担い切れない状況の中で、労働者たち、女性たちは、日常的な不安定性と脆弱性に対し、自助努力と自己責任によって対処することを要請されている。しかしその一方で、本章で検討したように、女性たちは、近隣集団、草の根の住民組織の結節点として、NGO、メディア、そして政府諸機関とのネットワークを積極的に構築、運用するエイジェンシーであるともいえよう。特に、ここではグラシアが述べた「同じ出稼ぎ者の家族だからこそ、共感し合うことができる（*nararamdaman nila ang nararamdam ko*）」

という言葉に注目したい。夫からの送金が途絶え、小さな子どもを抱えて途方にくれているとき、娘を海外の不可解な状況の中で亡くし、対応に苦慮しているとき、出稼ぎ先で紛争に直面し、逃げ惑っているとき、「勇気 (*lakas loob*)」と力を与えてくれたのは、公的な制度に基づく国や、専門家によって構成される市民社会やNGOではなく、むしろ海外出稼ぎという経験を共有し、そこから生じる困難や苦しみを共感し合える人びとの間での、親密かつパーソナルなつながりであったといえよう。グラシアが頼ったNGOのKAKAMMPIも、主宰者をはじめとするスタッフは、自分自身か配偶者が長年海外契約労働を経験した人びとである。その意味で、助けを求める当事者たちの親密圏からは往々にして離れたところに存在する、ミドルクラス専門職による市民社会的公共圏としてのNGOとは異なる（291頁の注28参照）。このような、いわば当事者同士の親密な紐帯があったからこそ、NGOや国とのネットワークを活性化することで、具体的な問題に対処することが可能になったといえる。このような当事者同士の共同性は、田辺繁治が論じるような、「人びとの情動、感能力によって共同するところに形成される（…）コミュニティ」（田辺 2012：250）である。それは、人びとの間にある共通の問題、争点に関する言語的コミュニケーションによって形成される公共圏であるよりも、むしろ「具体的な個々の他者の〈身体－生－生命〉への配慮や関心によって維持される」、「情動のコミュニティ」であるといえよう（田辺 2012：251）。個人化と断片化によって侵食される、今日のトランスナショナルな社会的場においては、そのような情動によって結びつき、個別の問題や困難を共感し、共苦するコミュニティによって、人びとの生きてゆく場の確保が可能になっているといえよう。

第7章
差異化としての海外移住

ミドルクラス・プロフェッショナルのアイデンティティに注目して

　前章では、ライフヒストリーという個に焦点をあてた考察から、トランスナショナルな社会的場に内包されるリスクを検討した。本章では、分析の対象を個から階層に拡大した時に、トランスナショナルな社会的場のリスクは、いかに現出するのかを考えてみたい。結論を先取りして言えば、それは社会階層間の分断と差異化として現出する。その点を、本章では、ミドルクラス・プロフェッショナルと呼べる人びとを対象として論じてみたい。

　1980年代後半以降のアジア諸国における民主化の過程で、市民社会的公共圏形成の担い手として、また自由主義的経済政策の推進役として、ミドルクラスの果たす役割が注目されてきた（Robison and Goodman 1996）。フィリピンの市民社会に関する研究においても、中間層やビジネス・エリートなどが、諸階層や周辺的社会勢力を統合することで討議的市民社会の公共空間が形成されることが論じられる（Hedman 2006）。しかしこれら政治経済学的議論に欠如しているのは、ミドルクラスを含む諸階層に関する文化論的視点である。すなわち、階級や社会階層を、生産関係や客観的な経済的指標によって同定される実体的集団として捉えるのではなく、むしろ異階層間の自己表象と他者表象のせめぎ合いや、日常における微細な差異化の実践を通した象徴的境界の構築の過程で流動的に浮かび上がる文化的構築物として把握する視点である（Pinches 1999）。このような社会階層の文化論的視点に立つ研究では、階層的アイデンティティは固定的・静的なものではなく、むしろ常に争われるべき流動的なものとして、異階層間アイデンティティの拮抗とせめぎ合いが強調される（Garrido 2008；日下 2007、2008；Schaffer 2005、2008）。

　本章では、トランスナショナルな社会的場における、このようなアイデンティティの拮抗とせめぎ合いが、如実にあらわれる局面として、近年のフィリピ

ン人ミドルクラスの海外移住を検討する。海外移住は、ミドルクラスにとって、新たな財、知識、ステータスの獲得を可能にし、他方で国内に残る他者からの差異化と卓越化を可能にする。そのような差異化と卓越化の実践は、トランスナショナルな社会的場において、人びとの紐帯のいかなる断絶と接合をもたらすのであろうか。この問いを具体的な民族誌にもとづいて明らかにすることは、今日の人類学の重要な課題であるといえよう。今日のグローバル化と共に浸透するネオリベラルな統治性は、特定の職能や利害によって結びつく集団への規制や保護を解体し、自由な市場における価値を生み出す個人の企業家精神とスキルの向上を要請することを通して、結果として伝統的な階級の細分化と分極化、そして格差と不平等を伴った社会全般における個人化（individualization）を帰結する（Crompton 2008；ハーヴェイ 2007）。このような状況を背景として、田辺明生によって指摘された次のような問いが、より差し迫った今日的課題として浮上する。「世界的に国家が後退し、中間集団の自己統治の能力をあてにした社会への権限委譲が方向性として顕著になるなかで、社会はいかに自律的な秩序と連帯を形成し、相互依存的・相互協力的関係の中で人びとがそれぞれの生の価値を追求する場を提供できるのか」（田辺 2006：103）。本章と、それに続く8章、9章の議論には、このような問いが内在している。

　以下では、第1節においてフィリピンの階層構造に関して若干説明しつつ、本論の対象とするミドルクラス・プロフェッショナルの性格を明確にする。その上で、近年のフィリピンからの海外移動の興味深い動向として、とりわけ北米、中東、ヨーロッパ諸国における労働力需要の高まりに呼応し、急激な増加傾向を示すフィリピン人看護師の海外移住現象を検討したい。アメリカ合衆国を中心としたフィリピン人看護師の海外移住は、既に1960年代半ばから顕著になった現象ではあるが、近年に特有の興味深い傾向として、医師、療養士などの医療専門家が海外での就労と移住の便宜のために看護師資格を取得する点を指摘できる*5。さらに、医療とは直接関係の無い専門領域を背景に持つ多くのミドルクラス・プロフェッショナル、例えばエンジニア、公認会計士、弁護

＊5　本章の民族誌的現在は2000年代半ばである。その後10年を経過した今日、ミドルクラス・プロフェッショナルの海外志向動向に、現象面での変化があることは想定できる。しかし、彼らのアイデンティティと海外移住に関する本章の基本的議論は、現在においても有効であると考える。

士、建築家、企業の管理職といった人びとが、看護師資格を取得し、海外移住を試みるという点を指摘することが出来る。すなわち、今日のフィリピンにおいて看護師資格は、ミドルクラス・プロフェッショナルの海外移住のための便宜的な「第二のパスポート」としての側面を合わせ持ち、フィリピンからの看護師たちの海外移住は、彼らのトランスナショナルな社会的場への、独自な適応過程を示しているといえるのである。第2節においては、看護師として海外移住を試みるミドルクラス・プロフェッショナルたちの語りの資料から、彼らが現在のフィリピン社会に対して抱く不信、不安、あるいは失望感を明らかにする。彼らにとっての海外移住は、そのような閉塞状況を乗り越え、他者からの差異化と卓越化を目指す戦略として企図されているのである。

第1節　フィリピンのミドルクラス・プロフェッショナルと海外移住

　フィリピンの階層構造に関しては、19世紀のスペイン植民地期から続く少数の大土地所有者と多数の零細農民によって構成される二層社会という性格が一般的に認められてきた[*6]。アシエンダと呼ばれる大農園所有者と小作農との間の私的利害関係に基づくパトロン−クライアント関係を背景として、政治的には少数エリートによる寡頭制支配が、フィリピン社会の特徴として指摘されてきた。しかし1946年の国民国家としての独立以降の政治経済的変遷の中で、単なる「オリガーキー論」や「エリート対マス」という構図ではフィリピンの階層構造は捉えきれなくなってきている。1950年代以降の輸入代替政策の下での製造業の発展とともに、土地所有からは切り離された新興企業家層が成長し、同時に政府部門で働く専門職、管理職、あるいは事務職の増加、さらに私企業で働くサラリーマンなども見られるようになった。特に、1986年に終焉を迎えたマルコス独裁体制以降の民主化の過程では、高学歴の専門・技術職、経営・管理職などからなるミドルクラスの存在は一層顕著となり、彼らはコラソン・アキノ政権（1986-1992）下での市民社会的空間の拡大の中で政治的発

＊6　本章におけるフィリピンの階層に関する記述は木村（2002）、田巻（2000）、Pinches（1996）などを参考にした。

言力を増大させてきた*7。

　本章では、このようなアキノ政権期以降に増大したミドルクラスを対象とするが、中でも大学以上の学歴を持ち、医師、看護師、エンジニア、公認会計士、建築家など国家資格を要する専門職や企業（とくに多国籍企業）の管理職やビジネスマンなど、収入レベル的にはアッパー・ミドルと規定できるプロフェッショナルの人々に注目する。このようなミドルクラス・プロフェッショナルは、しばしば修士号や博士号保持者を含む高学歴、専門・管理職、そして政治に対する意見やライフスタイルにおける嗜好などの点において一定の共通性を有する集団であるが*8、主観的な階層アイデンティティを共有する同質的集団であると考えることは出来ない。例えばその政治意識においても、彼らが常に共通の志向性を持つとは限らず、むしろ彼らは「一方では、民主主義やインターナショナリズムや世俗主義や自由主義を支持し、他方では、権威主義支配や排外的ナショナリズムや宗教原理主義や国家主導を受容する、多様であいまいな意識をもった集団」（岩崎 1998：26）とも考えられるのである。

　以下では、ミドルクラス・プロフェッショナルの海外移住の興味深い傾向として、近年急増する看護師資格取得者とその海外移住動向について検討する。フィリピン海外雇用庁の統計によれば、1994年から2006年までの間、海外で働くフィリピン人看護師数は毎年およそ5000人から1万人の間で推移し、年によって増減が激しいものの、近年特に2001年以降においては毎年1万人前後の流出がある。12年間の総計では約10万2000人の看護師が海外に移動したことがわかる（POEA 2008）。

＊7　フィリピン政府の職業別就業者割合を示す統計によれば、専門・技術職、経営・管理職、事務職など、ミドルクラスと考えられる職種に就く人口の割合は、全就労者人口の23％ほどを占める（NSCB 2009）。

＊8　例えば、フィリピンにおける市民社会の議論の中で五十嵐誠一は、下層階級と上・中間層の間での民主主義観の相違に注目し、各層が政治家に求めるものとして以下のように述べる。「下層階級にとっては『個人の尊厳 (personal dignity)』、『思いやり (consideration)』、『親切 (kindness)』、『同情 (compassion)』、がキーワードとなり、上・中間層にとっては『争点 (issue)』、『清潔 (clean)』、『アカウンタビリティ (accountability)』、『透明性 (transparency)』がキーワードになる」（五十嵐 2004：234）。また、このような階層間の政治意識の差異に注目し、ミドルクラスによる秩序だった政治的意思表示としての2001年の「ピープル・パワー2」と、貧困大衆による無秩序な暴動として「ピープル・パワー3」を捉える議論に関しては Bautista（2001）を参照。

　これらのフィリピン人看護師たちの就労先は、サウジアラビア、アラブ首長国連邦などの中東諸国を中心としつつも、シンガポールなどのアジア諸国のほか、アメリカ合衆国、イギリスなどの欧米諸国を含み、多岐に分散している。中東諸国の主要な就労先はサウジアラビアで、毎年5000人前後のフィリピン人看護師を受け入れている。また、アメリカは1994年には2833人、1995年には3690人のフィリピン人看護師を受け入れており、その後1998年には5人のみの受け入れと激減したが、近年2005年には3853人の新たな就労があった。イギリスは1990年代には受け入れ無しの年もあったが、2001年には5383人の就労を記録している（POEA 2008）。このことから、看護師の海外での就労は各国の年毎の労働需要の増減に従い、非常に変動が激しいことが理解できるであろう。

　さて、このように急増するフィリピン人看護師の海外就労であるが、近年における特徴として指摘できるのが、フィリピンで既に医師として働く人びとが、海外就労の便宜のために看護師資格を取る傾向と同時に、医師のみでなく、さまざまな専門職に就くミドルクラス・プロフェッショナルが、ビザ取得と就労の便宜のために看護師資格を取得し、海外就労を目指す傾向である。近年のフィリピンでは、既に学位を有する人びとのために、通常よりも短期間の就業年数で修了可能なカリキュラムを設ける看護学校が急増している。表7-1は、マニラ首都圏において、そのような学士たちの「再入学（second coursers）コース」を提供する主要看護学校における学生数の推移を示している。この表から見て取れるように、近年特に2000年以降の在籍者数は顕著な増加傾向を示しているといえよう。そして、各校の学籍係への筆者のインタビューによれば、これら激増する在籍者のうち少なからぬ人びとが、既に大学を卒業し、医師や療養士などの医療専門家をはじめ、エンジニア、弁護士、公認会計士、あるいは企業の管理職として働くミドルクラス・プロフェッショナルであるという。

　それでは、このように看護師資格を取得して海外移住を試みるミドルクラス・プロフェッショナルとは具体的にどのような人びとなのか。次節では、マニラ首都圏の看護学校や看護師国家試験のための予備校に在籍する人びとの海外移住の動機に焦点を当てたインタビュー資料を検討してみたい*9。

表7-1：「再入学コース」を提供する首都圏主要看護学校における学生数の推移

	A校 (マニラ市)	B校 (マニラ市)	C校 (マニラ市)	D校 (バレンスエラ市)	E校 (カロオカン市)	F校 (ケソン市)
2000年度	103	—	138	n.a.	41	170
2001年度	258	—	201	1,766	72	603
2002年度	886	—	970	1,728	153	1,225
2003年度	2,133	427 (開設)	1,214	2,135	426	2,316
2004年度	3,447	744	1,465	2,978	577	3,753
2005年度	4,728	895	1,612	3,128	772	4,446

出所：各校の学籍課（University Registrar's Office）における聞き取り

第2節　ミドルクラス・プロフェッショナルのアイデンティティと その両義性

　ここでは、ミドルクラス・プロフェッショナルたちの海外移住の動機の語り を検討する。そこからは、それぞれの語りに表出する差異化、卓越化の願望と、 それを遂行する上でのためらいと揺らぎという二面性が浮き彫りになる。

事例7-1：「子どものため（*para sa bata*）」の移住（2005年9月2日聞き取り）

　アルマ・クルース（1970年生、女性）は1995年に医師国家試験に合格し、現 在は皮膚科医としてマニラ首都圏の複数のクリニックにて勤務している。彼女 は2002年から2年半看護学校に通った。学費12万ペソ（調査時1ペソ＝約2.5円） は夫が負担した。夫（1957年生）は獣医で、マニラ市役所の検疫官として7年 間勤務しており、アルマによれば「国内の獣医業界では名が知れた獣医」であ

＊9　インタビュー調査はマニラ首都圏にて2005年8月から9月に行われた。インフォーマント選出の プロセスは、まずマニラ首都圏ケソン市内の看護学校において2クラス（受講生合計107人）、ま たマニラ市内の看護師国家試験用予備校の1クラス（受講生総数156人）に質問紙を配布し、彼 らのプロフィール、海外移住に関する基礎的情報などを記入してもらった。そして回答者の中か ら職種、年齢、性別などにもとづいてインフォーマントを選出し、45件のインタビューを行なっ た。本文中のインフォーマントは全て仮名である。なお、本章の議論は、2000年代半ばに行わ れた調査にもとづいており、その後10年を経過した現在の状況は大きく変化していることが予 想される。具体的には、アメリカをはじめとする欧米への看護師の移住は、受入国における需要 や制度改正により、大きく減少していることが考えられる。しかし、ミドルクラス・アイデン ティティの特徴とその動態に関する本章の議論は、現在においても有効であると考える。

るという。アルマは看護学校卒業後、2004年6月にフィリピンの看護師国家試験に合格した。続いて同年11月にはアメリカの医療施設での就労に必要となる外国看護学校卒業生審議会（The Commission on Graduates of Foreign Nursing School、CGFNS）の認定試験に合格。そして2005年3月にアメリカ合衆国の就労ビザ申請をし、2006年12月にビザが発給される予定である。2006年3月までにアメリカの看護師国家試験（National Council Licensure Examination for Registered Nurses, NCLEX）を受験する予定でいる。

　このように着々と看護師としてのアメリカ渡航準備を進めるアルマは、移住の動機に関して、「子供のため（*para sa bata*）」と語る。彼女には4歳の女児がいる。アルマは「（娘自身が）どの国で生活するのが良いか、自分で選択できる自由を与えてあげたい。そしてフィリピン、アメリカ両国の一番良いところを経験することができるようにしてあげたい。フィリピン、アメリカそれぞれの国が提供する福利厚生は異なる。それぞれの福利厚生の良い部分を自分の子どもが得られるようにしたい」と語る。

　さらにアルマは、移住の動機が「経済的なものではない」ことを強調する。「経済的には、現在夫婦の収入で満足した生活を送ることができている」。むしろ移住の動機は、フィリピン国内の政情に全く先行きが見えないことへの不安にあるように思われる。例えばアルマは、「ピープル・パワーでは何も変わらない。ピープル・パワーで得られるものは何もない」と述べる。フィリピンでは、1986年2月にマルコス大統領独裁体制を崩壊に導いた街頭での人びとの示威行動が「ピープル・パワー革命」と称され、その後も時の政権が汚職やスキャンダルに巻き込まれる度に政権交代を求める街頭での大規模なデモが繰り返されてきた（序章第5節参照）。特に、2001年1月には違法賭博の売り上げ金を横領した疑惑が発覚したエストラーダ大統領に対し、「ピープル・パワー2」と呼ばれる人びとの街頭での示威行動によって政権交代が実現した。先述の語りには、このような継続的な政権の不安定さに対して、アルマの抱く失望感を示していると考えられる。その失望感はさらに、「この国には行き場所がない（*Walang patutunguhan ang bansa nito*）」という閉塞感に行き着く。

　同時にその失望感と閉塞感は、連日のようにストリートでのデモを繰り返す「大衆（*masa*）」への批判的眼差しを内包する。例えばアルマは、「大衆は非常

に甘やかされている。彼らに聞けば、可哀想なのは自分たちの方だ（と答えるでしょう）（*Masyadong ispoiled ang masa, if you ask masa, sila ang kawawa*）」。これはインタビューが行なわれた2005年9月当時、やはり汚職が露呈したアロヨ政権の退陣を求めて国会前やストリートでデモを展開し、しばしば警官隊と激しく衝突する「大衆（*masa*）」に対するコメントである。そこでは、自らの貧困という「可哀想な」状況を逆手に取り、何でも欲しいものや要求がかなえられると思い、連日デモに繰り出す貧困層が「甘やかされている」と表現され、言わば貧者（*masa*）の自己憐憫への嫌悪ともいえる感情が表現されている。

　アルマは、このような国内の政情に対する閉塞感と表裏一体のものとして、アメリカ移住の願望を語る。彼女は、その一方で、移住は飽くまでも「万が一の保障（fallback option）」であるとも言う。つまり、仮にフィリピンの状況が今よりも悪くなったら、いつでも外国に出られるようにしておくための保障である。彼女にとって、移住は今すぐに必要とされる切羽詰った決断であるよりも、複数の選択肢のうちの1つである。なぜなら、アルマにとって「自分の国を去るということは簡単なことではない。アメリカでは厳しい差別があるかもしれない。頭ではアメリカに魅力を感じるが、心はここフィリピンにある（*Malapit ang utak sa States, pero ang puso nandito*）」。

事例7-2：「いままで築いたもの全てを残して行くのは、つらい」（2005年2月24日聞き取り）

　ビルマ・デ・ロス・レイエス（1969年生、女性）は、フィリピン大学法学部を卒業した弁護士である。マニラに事務所を構える多国籍大手製薬会社の管理職として、既に数年間働いている。経済的には不自由ない生活を送っているが、彼女は、夫と3人の子どもとともにカナダへの移住を考えている。さらにカナダの市民権を得た後に、アメリカに移住する計画も立てている。彼女は、移住の動機に関して、次のように語る。

　「OCW（Overseas Contract Workers、短期契約にもとづく海外出稼ぎ労働者）たちは、コンクリートの家（*bahay na bato*）、自家用ジープ（owner jeep）、あるいは自宅での小さな雑貨店（sari-sari store）といった、彼らのステータス・シンボルを得るために海外に働きに行く。しかし、私たちミドルクラスの望むラ

イフスタイルや、生活の質（quality of life）というものは、（フィリピンではな
く）海外でしか手に入らない。これは、フィリピンのミドルクラスの人々の悲
しい状況だ。（筆者に対し）この感情は、あなたみたいな日本人には決してわか
らないだろう。（…）ミドルクラスの人びとは、海外で活用できる、能力、競
争力、そして資源を持っているから移住する。そうすることで、限られた資源
しか持たない下層階級の人びとと競合せずにすむ。そうすることで、国内の多
くの機会を、彼ら（下層階級）に残していくことができる」。

　しかし、同時にビルマは、彼女の不安をも語る。「もちろん、フィリピンで
これまで築いたもの全てを残して、海外でゼロから始めるのは、つらい」。

事例7-3：　「社会に対して不安を感じるようになった」（2005年8月17日聞き取り）

　ジョン・デヴァラ（1969年生、男性）は電子通信エンジニアで、マニラの研
究機関で働いている。彼は、2001年以来、海外移住の考えを抱いていたが、
フィリピンにおけるような安定した仕事が得られるかどうかも分からず、躊躇
していたという。しかし、エストラーダ政権下における汚職腐敗が顕在化し、
政府が非常に不安定になるにつれ、ジョンの中では、移住がもたらす負の側面
よりも、肯定的・積極的な側面が勝るようになった。

　一方、ジョンの妻メイは、サント・トーマス大学芸術学部を卒業し、現在イ
ンテリア・デザイナーとして働いている。メイによれば、フィリピンにとどま
り続けることに対する不安は、エストラーダが大統領選に立候補を表明した
1998年に生じたという。彼女は、その感情を以下のように表現する。

　「統治能力のない政治家が、大衆（masa）を動員してリーダーの地位につい
てしまう社会、そしてそのように動員された大衆（masa）が、（数の力によっ
て）国の行方を決めてしまうことのできる社会に、不安を感じるようになった」。

事例7-4：「複数の選択肢を残しておく」（2005年8月21日聞き取り）

　ピーター・オカンポ（調査当時40歳前後）は、1990年代初頭に医師国家試験
に合格した眼科医である。現在マニラ首都圏の複数の病院にて勤務するが、同
時に彼は看護学校に1年半通い、既に看護師資格を取得している。一方妻のメ

ラニーは1969年生まれで、1991年にフィリピン大学の経営学部を卒業。その後、複数の化粧品関連の大手多国籍企業にてマネージャーとして勤務してきた。

夫婦はアメリカ移住を希望している。その動機は、「子どもたちを先進国（the First World）にて生活させてあげたい」からである。オカンポ夫妻には12歳の長男と7歳の長女がおり、2人ともマニラ首都圏の有名私立小学校に通っている。しかし、メラニーは子どもの将来について不安を隠せない。彼女によれば、「フィリピン国内で将来一定の安定した快適な生活を送るためには、国内に展開する外資系多国籍企業で働くことが必須条件である。そのためには少なくともフィリピン大学、アテネオ・デ・マニラ大学、デ・ラ・サール大学の3大学のうちのいずれかで学び、しかも優秀な成績で卒業する必要がある。今では、これらの大学を出ていても、コール・センターでしか就職先が見つからないことも多い」[10]。

子どもの将来に対する彼女の上述のような不安は、フィリピン国内の具体的な政治情勢と連動している。メラニーは次のように述べる。「1986年2月にピープル・パワーでマルコス大統領が退陣し、アキノ新政権の下で新しい政治、国家作りが始まるのだと思い、期待していた。そして、そう遠くない将来にフィリピンも先進国の仲間入りが可能だと期待していた。しかし現状はマルコス独裁体制の頃よりもさらに悪化している」。夫妻は特に1998年のエストラーダ政権成立以降、真剣に移住を考えるようになった。「現在アロヨ政権も汚職や不正で批判を受けているが、アロヨは小悪（lesser evil）である」。「仮に弾劾裁判やピープル・パワーでアロヨを追放したところで、誰も彼女に代わる政治家がいない。フィリピンには行く末が見えない（*Walang patutunguhan ang Pilipinas*）」。

事例7-1に紹介したアルマと同様な閉塞感と失望感とともに、アメリカ移住への希望を語るオカンポ夫妻であるが、それでも「いつでもフィリピンに帰ってくるオプションは持っておく」という。特にピーターはフィリピンに帰ってくればいつでも眼科医として働くことが出来る。あくまでも「複数の選択肢を

---

*10 ここに述べられている大学はいずれも国内屈指の有名国立私立大学で、政官財、また学界、法曹界など各界のリーダー、エリートを輩出している。

残しておくこと」、「退路を断たないこと（Don't burn your bridges）」が大切なのである。

事例7–5：「ピープル・パワーでは何も変わらない」（2005年8月20日聞き取り）

　フェ・パディリア（1963年生、女性）は、公認会計士の資格を持ち、これまでフィリピンのメジャーバンクや多国籍企業にて勤務してきた。彼女は、カナダ、アメリカ、あるいはオーストラリアへの移住を考えている。移住の動機は、現在10歳の娘に、より良い環境を整えてやることである。フェは、政治的状況が極めて不安定なフィリピンで、娘が成育することを望んでいない。彼女は次のように語る。

　「フィリピン人は、自分で投票した政治家に対して決して満足することが無い。自分で選んだリーダーに不満があれば、ピープル・パワーで追い出せばいいと考えている。でも、ピープル・パワーを何度繰り返しても、根本的には何も変わらない。汚職は決して無くならない。GMA（グロリア・マカパガル・アロヨ大統領）は辞任するべきだ。しかし、その後にNoli（副大統領のノリ・デカストロ）が大統領になったところで、人びとにまた追い出されるだけ」。

事例7–6：「離婚後の新たな居場所」を求めて（2005年9月23日聞き取り）

　ルース・ゴー（1973年生、女性）は、1995年にサント・トーマス大学の生物学部を卒業。卒業後医師を志望していたが、結婚し子どもが出来たため、子育てに専念することになった。しかし、数年前に夫と離婚し、2人の女児を引き取り3人だけで生活することになった。現在、子ども2人はケソン市の有名私立小学校に通っている。現在は、前夫からの養育費が払われているが、将来的には独立して、安定した、しかも良い収入を得て、子どもの生活を支えてゆきたいと考えている。そのことが、ルースが看護師資格を取ってアメリカへ渡ろうと考えた一番の原因である。

　ルースの実家は華人系で、建築関係のファミリー・ビジネスを経営している。時々実家に帰って、商売を手伝ったりもするが、「一度結婚して出戻り帰ってみると、何か自分の居場所がないように感じ、居心地が悪い。」このことからも、自分と娘たちだけのスペースが欲しいと望むようになり、アメリカでの新

しい生活を考え始めた。

　ルースには、既にアメリカに移住した親族がいる。父方のオバ2人が既に20年以上前にアメリカに移住し、現在ピッツバーグにてナーシングホームを経営している。そしてルースの姉はこのオバを頼って渡米し、アメリカ滞在中にアメリカ市民権を持つフィリピン人と結婚した。現在、姉夫婦はカリフォルニアにてナーシングホームを経営している。この姉がルースに対して看護師資格取得を強力に薦め、看護学校の学費を全て負担してくれた。

　また、別れた夫の親族からの影響もある。夫の母方のオジ・オバには医者が多く、その内の1人で、産婦人科医であるオバに看護師資格取得を薦められた。また、夫側の別のオバは、既に20年ほどペンシルバニアでナースをするベテランである。このオバは、2004年にフィリピンに一時帰国した際、ルースに対して、「看護師になってアメリカに来た時には、私が働き口を見つけてあげる」と申し出たという。

事例7-7：「税金の払い甲斐がない（*Nanghihinayan magbayad ng tax*）」 （2005年9月15日聞き取り）

　コラソン・シソン（1963年生、女性）は1984年にレイテ州のフィリピン大学タクロバン校経済学部を卒業した。その後、1986年にマニラにて現在の夫と結婚した。夫はフィリピン大学建築学部を卒業し、その後ケソン市内にてアクリル・プラスチックによるキーホルダー、プラスチック・トロフィー、サインボードなどの諸製品を製造・販売するビジネス経営を開始した。現在シューマートなどフィリピン国内の大規模商業施設数箇所に販売店舗を持ち、国内販売網を拡大中である。

　コラソンは、夫とともに商売に従事しつつも、2004年から看護学校に通い始めた。看護師資格を取得して、アメリカへの移住を希望している。1983年以来アメリカに在住し既に市民権を取得した義母がおり、彼女がコラソンの夫の「家族呼び寄せ」ビザを申請中である。夫のビザが発給された後に、コラソンを含め家族でアメリカに渡航することを希望している。渡航がかなった後、移住初期に予想される困難な生計維持を支えるために、看護師資格取得を選択したという。また、夫の姉夫婦は1989年にアメリカへ移住し、現在ヒュース

トンにて看護師として勤務している。コラソン夫婦は1992年、1993年にアメリカ旅行をした際に、この姉夫婦を訪問し、その時にアメリカの看護師の報酬を含めた良好な労働条件を知り、看護師資格取得への強い動機を得た。

　アメリカ移住の動機はコラソンの場合もやはり「子どもたちにアメリカで良い教育を受けさせる」ためである。現在彼女には16歳の長男から4歳の末子まで4人の男児がいるが、全てアテネオ・デ・マニラなどの国内有数の有名私立学校に通っている。しかし、それでも子どもの将来に対する親の不安は去らない。コラソンによれば、「フィリピンには良い学校はある。しかし問題は、卒業した後の仕事が見つからないということ」。さらに子どもの将来に対する不安は、就労あるいは経済的なものに限らない。例えば、「子どもたちをフィリピンで生活させたくない。なぜなら、まず政府が非常に不安定であるから」。彼女のフィリピン社会の現状に対する批判は、政情の不安定さに関してのみでなく、政府のシステムに対する不信としても表明される。特に個人的なビジネス経営に従事する彼女は、営業許可に関する規則をはじめ、さまざまなルールが一律に明文化されておらず、むしろその時その場での役所におけるやり取りに大きく影響される状況に対して、「グレイ・ゾーンが多すぎる」と苛立ちを表す。「何が本当の規則、ルールなのかが明文化されていない。そのようなシステムにおいては、自分の利益のためにシステムを曲げて操作する力のあるものが常に得をする。そこではたとえシステムが腐敗したものであろうと、そのシステムに乗っかっていかないと生き残れない。人びとはこのような状況の中で、好むと好まざるとに関らず、システムに飲み込まれてしまう（*Makakain ka ng sistema*）」とコラソンは述べ、腐敗したシステムに迎合して生きてゆかざるを得ない状況に対する歯がゆさを表明する。さらに、社会のシステムに対する彼女の不信は、「税金の払い甲斐がない（*Nanghihinayan magbayad ng tax*）」という、国家への最低限の義務を遂行することへの疑問へと至るのである。

　コラソンの海外移住のもう1つの動機は、現在のビジネスの拡大にある。アメリカ渡航がかなった後も、フィリピン国内の数箇所で展開している小売り店舗を維持しつつ、さらにアメリカにて販路を拡大してゆく企図を持っている。彼女にとっては、看護師資格もこのような複合的な生計戦略の一部として考えられているのである。

事例7-8：「ここでは法律ではなく人が支配している」（2005年9月19日聞き取り）

ダイアナ・ユー（1961年生、女性）は、歯科医として自身のクリニックを開業するとともに、いくつかの病院でも診療にあたっている。彼女は、2004年から2006年の間、看護師コースに通って看護師資格を取得し、現在アメリカに移住を考えている。移住の動機は、政府の役所において、日々彼女が経験する「政府の腐敗」であるという。その例を、彼女は次のように語る。

「かつて、市役所で、営業許可を申請したところ、査定官（assessor）から5000ペソ請求された。しかし、翌年に同じ手続きをしたら、600ペソで済んだ。前年と何も条件は変わらないし、全く同じ書類を提出したにもかかわらず。誰が正しくて、誰が間違っているのか、全く分からない。みんなが、それぞれ自分のルールで動いている。市長が代われば、それに伴って部下たちも入れ替わり、行政のルールも変わってしまう。ここでは、私たちは法によって統治されているのではなく、人によって統治されている」。

さらに、華人系であるダイアナにとって、看護師資格は、治安が悪化するフィリピン国内における、「保険（insurance）」のようなものであるという。華人系フィリピン人を標的にした身代金目的の誘拐事件が頻発するマニラにおいて、ダイアナは日々不安を抱いていた。そのような状況下で、看護師資格と、それによって可能になる海外移住の選択肢の確保は、今後治安がさらに悪化したときのための、「保障（security）」であり、「保険（insurance）」なのであった。

事例7-9：「看護師の資格はパスポートに過ぎない」（2005年9月19日聞き取り）

ビンセント・サラザール（1964年生、男性）は1984年にマニラの私立大学の臨床検査技師（Medical Technologist）学科を卒業。卒業後は大手の多国籍製薬会社で8年間勤務した。一方、臨床検査技師である妻は、同じ会社の人事部マネージャーとして、現在まで19年間勤務している。ビンセントは現在看護学校に通い、アメリカかカナダへの移住を考えている。その動機は現在彼が手がけている電子カルテ（medical transcription）作成請負事業をグローバルに展開するためである。

ビンセントによれば、マニラでは2003年頃から北米医療機関からの電子カ

ルテ作成のアウト・ソーシングが急増するようになった*11。その頃よりビンセントはマニラやセブ市の主要な大学医学部や看護学校と提携し、電子カルテ作成者養成のためのカリキュラムを提供している。2005年度中には、ケソン市内に独立した電子カルテ作成者養成学校を開設する予定でいる。ビンセントは、アメリカあるいはカナダへの移住後、この電子カルテ関連のビジネスを多国間で拡大する計画を抱いている。ビンセントには、カナダやアメリカの医療機関に看護師として勤務したり、老人ホームを経営する妻方の親族が複数存在し、これら親族を頼って妻と共に移住を考えている。そしてビンセント自身これら医療介護施設の経営に参与するのみでなく、フィリピン国内では看護師の雇用斡旋業に参入し、フィリピン人看護師をアメリカ、カナダに送り込む。さらにマニラにて経営する電子カルテ請負事務所と養成学校を維持しつつ、そこへアメリカ、カナダの医療介護施設から電子カルテのアウト・ソーシングを行う。このような、医療関連ビジネスのトランスナショナルな展開を試みるビンセントは、次のように語る。「看護師資格を取得して移住しても、実際に自分が移住先で看護師として働くことはないだろう。アメリカで老人の下の世話をするなんてまっぴらだ。看護師資格はパスポートにすぎない」。

事例7-10：老後の保障のための移住（2005年9月19日聞き取り）

　マニュエル・タン（1965年生、男性）はルソン島南部のカマリネス・スル州の州都ナガ市出身である。1985年にレガスピ市の大学を卒業した後、1987年以降地元のナガ市にて、国内最大手の保険会社の引き受け業務（underwriter）を担当している。一方、妻は同じくナガ市在住の公認会計士である。しかし、妻は地元での国税局役人との関係が疎ましく、会計士の仕事はなるべく引き受けないようにしているという。なぜなら、「役人との交渉を円滑に行うためには賄賂が必要になる。好まなくともシステムに飲み込まれる以外ない（*makakain ka ng sistema*）」。当初妻は、看護師資格を取得して海外移住を希望

＊11　インタビューから10年を経た今日、海外からの電子カルテ作成請負事業は、コールセンター業務とともに、先進国多国籍企業からの業務請負、いわゆるBPO（Business Process Outsourcing）産業として、フィリピンにおける急成長産業の重要な一角をなし、海外出稼ぎに代わる国内の就労先として期待されている。

していたが、年齢的に困難と思い、夫婦で相談した結果、マニュエルのみが看護学校に入ることになった。

　2005年に看護学校を卒業したマニュエルは、現在国家試験の準備のため、マニラの予備校に通っている。夫婦はマニュエルが看護師資格を取得後、アメリカへの移住を希望している。アメリカ移住の最大の動機は、退職後、さらには老後の保障の問題である。マニュエルは言う。「フィリピンではどれだけ働いても、年を取れば何も残らない」、「アメリカではたとえ給料の30％を引かれても、60歳でリタイアした後はフィリピンでは手に入らない福利厚生が得られる」、「フィリピンでは、一度大きな病気をすれば、それまでの貯蓄はふっとんでしまう。アメリカの場合は、健康保険の制度が整備されているから、そのようなことがない」、「腕の良い医師が、どんどんフィリピンからいなくなってしまっているのも心配だ」という。

　ここまで紹介してきた事例からは、トランスナショナルな社会的場に生きる、フィリピン人ミドルクラスたちの、いかなるアイデンティティが読み取れるであろうか。また、彼らのアイデンティティ構築の実践によって浮き彫りになる、トランスナショナルな社会的場は、いかなる特徴を持つものと考えられるであろうか。以下その点を考察してみたい。

第3節　考察

　まず、ミドルクラス・プロフェッショナルの海外移住の動機の語りには、上層と下層双方の階層、あるいはそれらの人びとから構成される国家に対する不信、それに起因する失望感と閉塞感が示唆されていた。彼らにとって移住とは、そのような閉塞状況から逃れ、海外での新たなライフ・スタイルを獲得することで、他者からの差異化、卓越化を実現するための実践であるといえる。しばしば語られた、「この国には行き場がない（*Wala nang patutunguhan ang bansa nito*）」という言葉に、そのような失望感、閉塞感、あるいは漂流する国家への不安といった感情が表されているといえよう。それは、具体的にどのような状況を背景として語られたものだろうか。

　フィリピンでは、1986年に市民の街頭での示威行動、すなわち「ピープル・パワー革命」によって、20年以上続いたマルコス大統領による独裁体制が打倒された。しかしそれ以降も、クーデターや反政府武装勢力との紛争、政治家や官僚の汚職腐敗などの諸要因によって、恒常的な政情不安が続いてきた。事例中の、多くの人びとにとって、その状況は1998年以降のジョセフ・エストラーダ大統領政権以降、より深刻化したと考えられている。往年の銀幕のスターとして、弱きを助け、強きを挫く、勧善懲悪のヒーローを演じたエストラーダは、現実の選挙戦においても「貧者の味方（*Erap para sa mahirap*）」をスローガンに、多くの下層貧困層の人びとの支持を得て、歴史的な得票数を得て勝利した（写真7-1）。しかし、その政権運営は、ポピュリスト的な施しを明確な方向性も無く続けるものとして、ミドルクラスからの批判と嫌悪の的となった。事例7-3のメイが語った、「統治能力のない政治家が大衆（*masa*）を動員してリーダーの地位についてしまう社会、そしてそのように動員されてしまう大衆（*masa*）が、政治の行方を決めてしまうことのできる社会に不安を感じるようになった」という言葉は、このような状況を背景に語られたものである。

　その後、2001年には、エストラーダ大統領への違法賭博からの賄賂疑惑が発生し、その解明のために、議会における弾劾裁判が開催された。そして、不透明な裁判の推移に不満を持った多くのミドルクラスが路上での示威行動によってエストラーダ大統領を失墜させた出来事は、「ピープル・パワー2」と呼ばれた。エストラーダに代わり、副大統領であったグロリア・アロヨが大統領へと昇格し、政権を継いだ。しかしその後アロヨ大統領にも選挙時の不正疑惑をはじめ種々の汚職が発覚し、以降弾劾裁判を求める野党勢力や、改革を求める国軍の一部によるクーデター、あるいはさらなる路上での「ピープル・パワー」で政権交代を叫ぶ勢力などにより、政治的混沌状態が生み出された（写真7-2）。このような状況が、漂流する国家への不信と不安、さらには失望感を、ミドルクラス・プロフェッショナルに抱かせているのである。「フィリピン人は、自分で投票した政治家に対して決して満足することが無い。ピープル・パワーを何度繰り返しても根本的には何も変わらない」という、事例7-5のフェの語りには、国内情勢から一歩身を引き、他人事のように政情を眺めるミドルクラス・プロフェッショナルの、冷めた視線さえ感じられる。

写真7-1　エストラーダ大統領の選挙ポスター。Erapとはフィリピン語の「友達 (*Pare*)」の綴りを逆さにしたもので、エストラーダの愛称。「大衆 (*masa*) に力を。貧者のために」と書かれている。

写真7-2　アロヨ大統領退陣を求めてストリートに繰り出す人びと（2008年 2月）

　同様に多くのインフォーマントが口にした、「システムに飲み込まれてしまう（*Makakain ka ng sistema*）」という語りは、ミドルクラス・プロフェッショナルの海外移住の背景には、経済的要因以上に、政府のシステムへの不信が存在することを示唆している。そのような不信は、自分たちの納税行為が適正に報われていないという不満に結びつく。例えばあるインフォーマントは言う。「自分たちは（源泉徴収によって給料から自動的に税金が天引きされるのだから）、税金を拒否することは出来ない。それに対して多くの大衆（*masa*）は税金を払っていない。しかし実際に選挙の時に決定権を持つのは彼ら大衆（*masa*）である。税金を払っている我々が自分たちのリーダーを決めることができず、税金を納めていない大衆（*masa*）がこの国では指導者を決める力を持っているのだ」[12]。

　以上のように、ミドルクラス・プロフェッショナルたちは、一方で国内の上層階級を占める政治的エリートや彼らによって作られ、運用されるシステムに対する不信を抱く。他方で下層の労働者階級、貧困層である「大衆（*masa*）」や「人びと（the people）」に対しても、批判的眼差しを向ける。そこには、しばしば自らの貧困状況に対する同情と憐みを、ポピュリスト的政治家に対して求める下層階級への批判と、それとは対照的な価値である、汚職の追放やよいガバナンスを求めるミドルクラスの自己意識が認められる（cf. 五十嵐 2004：234）。このような他階層に対する不信と批判から生まれるのが、ミドルクラス・プロフェッショナルの抱く失望感と閉塞感であると考えられる。

　海外移住は、そのような閉塞状況を脱出し、教育、福祉、ビジネスなどさまざまな面での、オルターナティブなライフスタイルと、それによって獲得される新たな自己を実現する機会として捉えられていたといえよう。このような差異化と卓越化の実践としての海外移住という側面とともに、注目せねばならないもう一つの側面は、最終的に国を去ることに対して、彼らが抱く躊躇の感情であろう。オングによって、「複数パスポート保持者」、あるいは「宇宙飛行士」などと形容された、アジア太平洋地域を軽やかに移動してゆく華人系プロ

＊12 同様の語りは、フィリピンの階層間の摩擦軋轢を文化論的に考察する諸研究の中でも指摘されている（Garrido 2008、日下 2008、Schaffer 2005、2008）。

フェッショナルたちとは対照的に（Ong 1999）、前節で検討したフィリピン人ミドルクラス・プロフェッショナルの人びとには、国を去ることに対する、ある種のためらいと揺らぎが見出される。例えば、紙幅の都合上省略したケースも含め、調査中にインタビューを行ったほとんどのインフォーマントにとって、海外移住はあくまでも「万が一の保障（fallback option）」であり、さらに政情が悪化した場合の「保険（insurance）」として語られる。そこには、いつでも海外に移住するというオプションを確保しつつ、閉塞感を抱きつつも、フィリピンでの生活を続けざるを得ない、ミドルクラス・プロフェッショナルの姿が見えてくる。それは、「頭ではアメリカに魅力を感じるが、心はここフィリピンにある（*Malapit ang utak sa States, pero ang puso nandito.*）」という事例7-1のアルマや、「もちろん、フィリピンでこれまで築いたもの全てを残して、海外でゼロから始めるのは、つらい」という事例7-2のビルマの言葉に、如実に表現されているといえよう。

　あるフィリピン人男性は、このようなミドルクラス・プロフェッショナルのためらいに関して、次のように述べる。この男性は、フィリピンでは麻酔医であったが、その後看護師資格を取得してアメリカに移住し、現在シカゴにて看護師として就労している。「私のように、医師であったが看護師資格を取得した者のなかで、実際にフィリピンを去ることを躊躇している人びとは沢山いる。その理由は、彼らがフィリピンで得ている快適さの全てを手放すのは、難しいからだ。フィリピンでは、乳母（*yaya*）やお手伝いさん、それに家族・親族など、多くの人びとの助けに頼ることが出来る。これらの医師たちは、状況が本当に深刻になってはじめて、実際に国を去るだろう。そうでなければ、そのまま国にとどまるさ」。

　また、多くのインフォーマントによって海外移住の動機は「子どものため」、特に子どもの教育のためとされていた。そのような動機を抱く親の多くは、子どもが学校を終え、海外で仕事を見つけて独り立ちした後には、フィリピンに帰国する希望を表明する。海外移住は、あくまでも子どもにとってのオプション提供の手段なのであり、自身とフィリピンとの物理的精神的紐帯を断ち切ることは、意図されていない。つまり、トランスナショナルな社会的場における、ミドルクラス・プロフェッショナルたちの適応戦略は、「退路を断つな（don't burn your bridges)」という事例7-4のピーターの言葉に集約されている。特に事例7-7や事例7-9に顕著に見られるように、海外移住によってフィリピンでのビジネスのさらなる拡大を試みるミドルクラス・プロフェッショナルが目指すのは、フィリピンをも含めたトランスナショナルな空間での複数のビジネス・オプションの確保である。さらに言えば、彼らにとってフィリピンとのつながりは、そのビジネスの維持・拡大にとって欠かせない資源ともなっている。海外移住が、多くのインフォーマントにとり「万が一の保障」であるように、逆に海外でビジネスを展開しようと試みるミドルクラス・プロフェッショナルにとっては、フィリピンとの紐帯こそがそのような「保障」、あるいは「退路」なのである。

　このような「退路」を絶たずに、複数のオプションを残しておくという、ミドルクラス・プロフェッショナルの戦略は、まさに彼らの「ミドル」というポジションに起因すると考えられる。すなわち、フランスのミドルクラスに関して、ブルデューが指摘した、「下から上がってきたプチブルの不安に満ちた上昇志向」（ブルデュー　2000：172-173）と同様に、今日のフィリピンのミドルクラス・プロフェッショナルは、いつ下降するか分からない不安の中で絶えず上昇を試みざるをえない。彼らの差異化と卓越化の実践が同時に内包せざるをえないのは、まさに「落ちることへの恐怖（fear of falling)」（Ehrenreich 1990）である。この「落ちることへの恐怖」は、近年のフィリピンからのトランスナショナルな人の移動によってもたらされる、社会階層関係の流動性の増加とも関連している。すなわち、海外移住あるいは出稼ぎは、しばしば社会階層間、特に下層労働者階級とミドルクラス・プロフェッショナル間の差異と格差の拡大、固定化をもたらす一方、海外からの送金によって下層労働者階級の可処分所得は増加し、一部の成功した海外出稼ぎ労働者の中からは、「ニューリッチ」と呼ばれる資金力と購買力を持った人びとも出現しつつある（Pinches 1996)[13]。このように今日のフィリピンの階層間関係は複雑化し、階層間の境界が見えに

＊13　しかし、このような一部の海外出稼ぎ労働者たちも、金は手に入れたがそれをどう使うかという面での「嗜好（taste）」と「洗練（refinement）」に欠ける成金として、ミドルクラスからの否定的な眼差しによって差異化されるという状況も存在し、今日のフィリピンにおける階層間関係は一層複雑化する（Pinches 1999, 2001）。

くくなっているという意味で、より「ハイブリッド」かつ「重複的な (overlapping)」ものになりつつある (Aguilar 2003：154)。逆説的ではあるが、このような階層間の境界が見えにくい状況であるからこそ、本章で検討の対象としてきたミドルクラス・プロフェッショナルの人びとにとって、どこに他階層、あるいは他者との差異を見出し、境界を構築するか、そしてそのような差異と境界の明確化によって、「ミドル」の位置を維持することが重要になると考えられる。例えば、「コンクリートの家」、「自家用ジープ」、「小さな雑貨店」といった短期的な生活安定をもたらす財の獲得を目指す行為として海外契約労働を捉え、自らの海外移住をそれとは異なるものとする事例7-2のビルマの語りには、そのような階層間の象徴的境界構築の側面が垣間見られる。このように海外移住による差異化と卓越化を試みつつも、後ろ髪を引かれるように、自らの「退路」を複数残しておこうとする彼らの実践には、「ミドル」であるがゆえに抱かざるを得ない、「落ちることへの恐怖」を読み取ることが可能であろう。

それでは、このようなミドルクラス・プロフェッショナルのアイデンティティ構築の実践としての海外移住は、トランスナショナルな社会的場のいかなる特徴を示唆しているであろうか。本章で検討した、海外移住の動機に関する語りは、確かに他の諸階層との対比の下に生成するアイデンティティを示唆している。しかし、それは主観的に共有される階層的ポジションや、同質的な階層アイデンティティとしては考えられない。むしろ、本章の諸事例から明らかになるのは、ミドルクラス・プロフェッショナルたちの海外移住の動機付けは、自己のキャリアの展開や生活の保障、子どもの教育と将来のためといった、きわめて個人主義的な上昇志向や安定志向に基づいているこということである。むしろトランスナショナルな市場における自己の価値（すなわちmarketability）と就労可能性（employability）を高めるための海外移住の試みによってもたらされるのは、「かれら」に対する「われわれ」という集合的一体性ではなく、むしろそれとは対照的な個人化（individualization）であろう。ミドルクラスの海外移住の願望は、人びとの紐帯の細分化、分極化、そして個人化を惹起し、促進する、トランスナショナルな社会的場に浸透するネオリベラルな統治性によって生み出されると同時に、他方でそのような願望自体が、細分化、分極化、

個人化を一層深化させるとも捉えられよう（cf. Crompton 2008、ハーヴェイ 2007）。

　それでは、さまざまな人の移動によって構成される、今日のトランスナショナルな社会的場は、社会階層間の格差と分断、さらには階層的アイデンティティそのものの細分化と分散化によってのみ、一元的に規定されるのであろうか。そうだとすると、本章冒頭に掲げた、「社会はいかに自律的な秩序と連帯を形成し、相互依存的・相互協力的関係の中で人びとがそれぞれの生の価値を追求する場を提供できるのか」（田辺 2006：103）という問いは、答えられないまま置き去りにされてしまう。この問いに答えるために、ミドルクラス・プロフェッショナルのアイデンティティに見られた両義性、すなわち差異化と卓越化を求める一方で、ためらい、躊躇するような二面性という性質が、トランスナショナルな社会的な場における社会的連帯や共同性の契機となる状況を検討する必要がある。この点は第9章にて議論することにして、次章においては、実際に海外移住をしたミドルクラス・プロフェッショナルの人びとの子どもたちが、移住先での経験を通して構築するアイデンティティを検討してみたい。

第8章
葛藤のなかの「家族」
アメリカ合衆国におけるフィリピン系1.5世代移民のアイデンティティ

　前章で検討したように、フィリピンのミドルクラス・プロフェッショナルの人びとの移住の動機の多くは、「子どものため」というものであった。政情不安で治安も悪く、公立学校の教育の質は劣悪で、たとえ国内屈指の有名大学を卒業しても、それに見合う職は得られない。そのようなフィリピンを去り、海外で子どもに良い教育と職業を得させたい。そのような願望が、彼らの差異化と卓越化の実践の基本にあったといえる。しかし、親のそのような願望によって、幼少期に海外に連れてこられた子どもたちの状況は、親の望んだ通りになるとは限らない。むしろ、自分の気持ちは考慮されることなく、平穏であった幼少期の環境から突然引き離された経験は、子どもたちの内面にさまざまな葛藤を引き起こす。

　本章では、そのような越境する子どもたちのアイデンティティを考察する。特に、彼らが、親との間に対立と葛藤を抱えつつも、移住先で経験する周辺化や排除の経験の過程で、アイデンティティの中心にあるものとして「家族」を語ることの意味について論じたい。第1節では、子どもの移動と、その「家族」の表象について考察する意義について、簡潔に述べた上で、本章が対象とする子どもたちの属性について説明する。第2節では、幼少期の環境から、突然引き離された子どもたちが感じる、悲しみ、怒り、そして受容の経験を検討する。一方、親の下した移住の決断を、時の経過とともに受け入れ、理解するようになる子どもたちも、第3節で検討されるように、移住先の日々の生活で、親との間に、さまざまな反目と葛藤を抱え続ける。にもかかわらず、移住先で経験する周辺化と排除の中で、自らのアイデンティティの拠り所として、「家族」が語られる。すなわち、現実の家族はさまざまな亀裂と葛藤を含みつつも、その表象は、トランスナショナルな社会的場において経験する周辺化と排除に

対抗する象徴的資源として動員されていることが明らかになるであろう。

第1節　子どもの移動と「家族」の表象

　世界でも有数の海外移住者送出し国として、フィリピンはこれまで移民研究のさまざまな関心をひきつけてきた。近年の研究においては、グローバル・エスノスケープの一角を構成するアクターでありながら、これまで比較的注目されてこなかった存在、すなわち移民の子どもたちへの関心が高まりつつある（Gardner 2012；Levitt and Waters 2002；Portes and Rumbaut 2001；Rumbaut and Portes 2001；関口 2008）。しかしこれらの研究では、出身地に「取り残された子どもたち（children left behind）」、すなわち親が海外に移住した後に母国に残された子どもたちへの注目か（Parreñas 2005）、もしくは「移民の子どもたち（children of immigrants）」、すなわち親の移住先にて生まれ育った第2世代の子どもたちへの注目（Espiritu and Wolf 2001；Espiritu 2003；Wolf 2002）、どちらかに収斂する傾向があった。そこでは、子どもたちの経験は、移民第1世代である親の経験との関係や影響のもとで考察され、子どもたち自身の主観的移住経験が焦点化されることは少なかった[*14]。しかし今日主要な移民受入れ諸国において、移民の家族呼び寄せ制度が整備されるとともに、越境する子どもたちが増加しつつあり[*15]、特に母国の文化を濃厚に保持しつつ移住した子どもたちが、ホスト社会にて経験するさまざまな周辺化や排除の経験は、日本を含む移民の受入れ諸国において、近年社会問題化する傾向にある。このような状況は、子どもたち自身を移住に関わる主体的アクターとして捉え、彼らによって経験され、解釈される移動を焦点化することの必要性を示しているといえよう。

　このような意図のもと、本章では学齢期（初等教育か中等教育の最中）に親に連れられてアメリカへの移住を経験し、その後もしばしば移住先と母国の間を行き来する子どもたちである1.5世代移民に注目する。ダニコが述べるように、

＊14 ここでの先行研究の整理や、移民1.5世代に注目することの意義に関しては、長坂（2011）やNagasaka & Fresnoza-Flot（2015）の議論に多くを依拠している。

＊15 1981年から2009年の間に、34万人以上の14歳以下のフィリピン人が国外に移住しており、特に2000年代半ば以降増加しているという（長坂 2011：49）。

1.5世代移民に関して研究者間で共有される定義は未だ存在していない（Danico 2004）。アメリカにおける韓国系1.5世代を研究したダニコは、彼らに対し、「バイ・カルチュラル、バイ・リンガルであることを特徴とし、その自己形成期にアメリカに移住した者たちである。彼らは韓国文化とアメリカ文化の双方で社会化を経験し、結果として両方の文化的価値観と信念の束を表明する者たちである」（Danico 2004：2）と定義している。このように、移民1.5世代の子どもたちの経験の特徴は、彼らが母国と移住先の双方で、二重の社会化とアイデンティティ形成を経ざるをえなかったという点である。そのような彼らの経験への注目は、いわば出身国と移住先の双方に紐帯を持ちつつも、しかし双方にて十全な帰属を達成しえないというアンビバレンスと困難さを浮き彫りにするであろう。そのような子どもたちの越境に対する主観的経験の焦点化は、今日のトランスナショナルな社会的場における、移動に伴う微細な差異を内包する主体形成とアイデンティティ構築の理解へとつながるであろう。

　トランスナショナルな社会的場は、決して均質かつ一元的な空間ではなく、むしろ非対称な権力関係によって差異化された空間として捉えられよう。それはモノ、カネ、情報、そして人が、国境を越えて絶え間なく循環する過程で相互に絡み合う社会関係のネットワークの束によって構成され、その場を規定するのはさまざまな資源の不均衡な交換である（Levitt and Glick Schiller 2004：1009）。このような非対称性と不均衡によって特徴づけられる場への参加者たちを取り巻くのは、日常的な「社会的地位をめぐる闘争」（Levitt and Glick Schiller 2004：1008）であるといえよう。

　このような性格を持つ場において構築される、越境する子どもたちのアイデンティティを検討するために、本章では彼らの間で語られる家族表象に注目する。フィリピン人移民の間で、家族の観念が特に重要なものとして語られることは、先行研究においても指摘されている。例えばダイアン・ウルフの研究は、アメリカのフィリピン系移民の若者たちの間では、家族の絆こそがフィリピン人であることの核として共有されていると述べる（Wolf 2002）。しかし、ウルフによれば家族はつねに肯定的な意味を持っているわけではなく、家族の濃密な空間とそこで醸成される親の子に対する過度な期待が、しばしば移民の子どもたちにとって抑圧的に作用し、少なからぬ若者たちが抑鬱症などの心理的問

題を抱え、時に自殺未遂にまで追い込まれることが指摘される（Wolf 2002）。しかしウルフの研究では、移民集団内における第2世代と1.5世代が区別されずに議論されているため、世代間における微細な差異を伴うアイデンティティ構築が十分に対象化されていない。本章第3節にて述べられるように、1.5世代と第2世代は、それぞれの集団に対して「フィル・ボーン（Fil-born）」（フィリピン生まれの移民）と「フィルアム（Fil-Am）」（アメリカ生まれのフィリピーノ・アメリカン）という呼称を、自称とともに他称としても用い、両者の違いを明確に認識している。そして、本章のインタビュー資料が示すように、1.5世代の若者たちのアイデンティティは、同年代の第2世代のそれに対してきわめて対照的に語られるという特徴を持つ。特に家族とは、第2世代に対して対抗的に提示される1.5世代のアイデンティティ構築に動員される表象として捉えることができる。そのような、現実の家族の実態を必ずしも反映していない、他者に提示される表象としての家族を、本章では括弧つきで「家族」と表記する。子どもたちにとって、「家族」とは必ずしも核家族を意味せず、むしろ祖父母やオジ、オバ、そしてイトコたちなどの近親、時には長年自分を育ててくれた非親族の乳母などを含んだまとまりとして語られており、本章においてもそのようなものとして捉える。

　本論に入る前に、以下で検討される1.5世代移民がどのような存在なのか、特に親の社会階層的背景を中心に、ここで簡単に触れておきたい。インタビュー対象となった子どもたちの親の多くは、1990年代末から2000年代半ばにかけてアメリカに移住した。彼らの多くはフィリピン国内にて公務員、技師、事務職、自営業、教師などのミドルクラス諸職に従事する人びとであった。前章で述べたように、この時期、フィリピン国内では、エストラーダ前大統領（任期1998年-2001年）やアロヨ前大統領（任期2001年-2010年）両政権下で生じた深刻な政治経済的危機と社会不安が顕在化した。国内の混沌と、それによって増大した政府や社会に対する不信を背景に、またこの時期のアメリカをはじめとする欧米での看護師や介護職の需要の急増に呼応すべく、多くのミドルクラスのフィリピン人たちが、それら欧米諸国へと移住した[*16]。本章が対象とした移民1.5世代とは、そのようなミドルクラスの両親に連れられ、あるいは呼び寄せられてアメリカへ移住した子どもたちである。従って、以下のデータは、

前章で検討したミドルクラス・プロフェッショナルの人びとの実の子どもたち
へのインタビューではない。しかし、親世代の社会経済的背景や移動時期、動
機の共通性などにより、前章で検討した親たちの子どもの経験を、本章のデー
タから類推して考察することは十分可能であると考える。

　インタビュー調査は、カリフォルニア州サンフランシスコ市に隣接するサ
ン・マテオ郡 (San Mateo County) デイリー・シティ (Daly City) に居住する
1.5世代の子どもたちを主な対象とした。デイリー・シティは、サンフランシ
スコ市の中心街から約13キロ (8マイル) 南方に位置し、全就労者のおよそ50
％がサンフランシスコ市内で雇用されている (City of Daly City 2013)。一方、
デイリー・シティ域内の主な雇用先としては、市の中心に位置する総合病院
Seton Medical Center、ジェファーソン学校区、市役所、そしてSerramont
Shopping Centerなどである (City of Daly City 2013)。このように、デイリー・
シティは、医療、教育、小売りなどのサービス産業に従事するミドルクラスが
居住する、大都市近郊の住宅街といえる (写真8-1、8-2)。フィリピン系移民
たちは、後述の如く、多くが看護師や介護、医療専門家として就労する。その
一方、少なからぬ移民たちがサービス・セクターの下層に組み込まれている。
例えば、ベニート・ベルガラは、デイリー・シティーにおけるフィリピン系移
民のエスノグラフィーの中で、フィリピンにて大学教育を修了した多くのホワ
イト・カラーの人々が、アメリカ移住後その資格や能力を生かす場が与えられ
ず、学校や企業の雑役夫、空港の警備員、ショッピングモールのレジ打ちや倉
庫の荷役係など、単調な作業の繰り返しと不安定就労によって特徴付けられる
都市雑業的労働に従事している状況を指摘している (Vergara 2009：55-60)。

　次に、デイリー・シティの住民の民族構成に目を向けると、アジア系移民の
多さがその特徴として指摘できる。2010年現在の人口10万1123人のうち、白
人は23.6％、黒人が3.6％、ヒスパニック系が23.7％である。全人口の55.6％が
アジア系であり、そのうちチャイニーズが15.4％、フィリピン人が3万3649人
で33.3％をしめる (City of Daly City 2013)。フィリピン系移民総人口の面では、

＊16　例えば、1990年代末には毎年おおよそ2万人から3万人台で推移していたアメリカへの移住者の
　　数は、2004年以降4万人台に達し、2006年には4万9522人となっている (CFO 2013)。

カリフォルニア州内ロサンゼルス郡（フィリピン系移民人口30万人）、同サンディエゴ郡（同13万人）、あるいはハワイのホノルル郡（同13万人）などが目立つ。しかし、行政区内総人口に対するフィリピン系移民人口比率の面では、デイリー・シティは全米の中でも顕著な高さを示している[*17]。また、アメリカ生まれの移民に対し、フィリピン生まれの第1世代やその子どもたちである1.5世代移民の比率が高いのもデイリー・シティの特徴である（Vergara 2009：23-24）。

　デイリー・シティへのフィリピン系移民の流入は1970年代に開始された。その背景には、市の中心に位置する総合病院Seton Medical Centerが、多くの外国人看護師の就労先となったことがあった。そのようにして移入した第1世代が、その後家族を呼び寄せることで、デイリー・シティにおけるフィリピン系移民の人口は、1980年からの10年間で倍増した。そして今日ではその7割以上がフィリピン本国生まれの移民となっている（Vergara 2009：25）。このように、デイリー・シティにおいては、各世代間の日常的かつ密な相互行為が展開されていることが予想され、その点が調査地としてデイリー・シティを選択した理由である。

　本章では、デイリー・シティとその周辺の大学に通う1.5世代の子どもたちをインタビューの対象とした。それらの大学には、サンフランシスコ州立大学など大規模な4年制大学も含まれるが、多くの子どもたちが2年制のコミュニティ・カレッジに通っていた[*18]。彼らは、当時一般教養科目を履修しながら、後に同じコミュニティ・カレッジの専修課程や、4年制大学の専門コースに編入を目指す学生たちであった。渡米後間もない移民にとって、語学能力の面などから、4年生大学への入学はハードルが高く、まずコミュニティ・カレッジに通いつつ、その後の進路を模索する場合が多い。本章のインフォーマントの多くが、コミュニティ・カレッジの学生であることの理由もそこにあると思わ

---

*17　実際の人口比の数値以上に、デイリー・シティが「フィリピン人の町」であるというイメージは、西海岸はもちろん、アメリカ全国のフィリピン系移民の間でも浸透している。例えば彼らの間で広く流布するジョークに、「デイリー・シティがいつも濃い朝靄に覆われるのはなぜか分かるか？それはフィリピン人が一斉に朝食用のご飯を炊くからだ」というのがある。

*18　具体的にはサンフランシスコ市立大学（City College of San Francisco）やスカイライン・カレッジなどである。なお、ベイ・エリアの他大学における比較資料として、スタンフォード大学（第2節の諸事例参照）やサンノゼ市内のコミュニティ・カレッジに通う学生にもインタビューした。

れる（写真8-3）。

　インタビューは2010年3月、2011年3月、同9月などの期間に、合計44名の1.5世代移民に属する学生たちに対して行われた[19]。表8-1は、それぞれのインフォーマントに関して、移住に関連する情報を記載している。また表には、本章における彼らのアイデンティティに関わる重要な要素として、現在の専攻、将来の進学・就職の希望などの情報を記入している。

　インフォーマントの間には、共通する幾つかの興味深い特徴が見出される。1つ目は、インフォーマントである子どもたちの移住は、1970年代以降のフィ

写真8-1　デイリー・シティの住宅街

写真8―2　デイリー・シティ遠景。マッチ箱の様な家が軒を連ねる様子は、典型的なアメリカのミドルクラス住宅街といえる。

写真8-3　フィリピン系学生組織のミーティング風景。1.5世代と第2世代の交流の場でもある。(サンフランシスコ市立大学にて)

リピンからアメリカへのチェーン・マイグレーション（chain migration）の帰結である点。つまり、子どもたちをアメリカに呼び寄せた父親あるいは母親自身が、すでに看護師などとして1970年代以降にアメリカに移住していた、彼らの親などに呼び寄せられて渡米したケースが多い。2つ目に、本章の議論にとって最も重要な点であるが、多くのインフォーマントの家族、特に母親や姉妹が看護師や介護士として働いていることが指摘できる。さらにインフォーマント自身もその半数以上が、現在の教養教育課程が終了した後には、看護師コースに進学し、将来は看護師を目指すと述べている[20]。3つ目に、移住第1世代の親たちの中で、医療関連のサービス業に就くもの以外では、少なからぬ人びとが、清掃、雑役、ショッピングモールの店員、倉庫整理、空港サービスな

＊19 それぞれの学校にて、フィリピン系学生組織やフィリピン系移民の学生が多く受講している授業を訪問し、移住に関する基本的事実を問う質問紙を配布し、1.5世代に属すると思われる学生を抽出した。その上で、彼らの中から、インタビューに応じてくれる学生を募った。44名の学生へのインタビューは1対1の対面状況で行い、英語かフィリピノ語を用いて行われた。1回のインタビューに要した時間は1時間から2時間程度である。

＊20 具体的には、将来の進路として看護師あるいは医療関係者を希望している者が21人、本人は他の進路を希望しているが両親や親族が看護師になることを勧めている者が4人いる。また、本人は看護の道を希望せずとも、両親のいずれかが米国内で介護士や看護師として働き、本人の学業、生活をサポートしているというケースが17件にのぼる。また、部分的にではあれ家計を支えていることが予想される兄弟姉妹のうち、看護職あるいは医療看護助手に就いているものが9件、看護学校に通っているものが6件である。

表8-1：インタビュー対象者のアメリカ移住に関わる諸情報

#	性別	生年	所　属（専攻）	移住年	両親移住年	両親職業（比）	両親職業（米）
1	M	1991	CCSF[1]（electrical engineering）	2009	n/a	F：公務員 M：政府系企業 （管理職）	父：**介護職** 母：無職
2	F	1994	公立ハイスクール	2006	1998	F：トラック運転手 M：主婦	父：警備
3	F	1989	Stanford（Environmental Engineering）	2005	F：2001 M：2000	F：エンジニア M：地方議員	父：離婚 母：NGO（在米比人支援）
4	M	1992	SFSU[2]	2002	1998	F：農園経営 M：地方政府役人	父：店員など 母：**介護士**（CAN：Certified Nursing Attendant）
5	M	1990	Stanford（Urban Planning）	1995	1995	F：米空軍兵士 M：銀行	F：米空軍（引退） M：**医療技術者**
6	F	1989	CCSF	2009	n/a	F：比配属米海軍（米国人） M：主婦	F：米退役軍人（フィリピンでビジネス） M：**看護師**（死去）
7	M	1989	DACC[3]（Art Course）	1997		F：機械修理 M：事務職	渡米後両親離婚。里親の下で育てられる。
8	F	1988	SFSU（ジャーナリズム）	2002	2002	F：鉱山技師 M：大学教員（英文学）	F：IT関連 M：ミドルスクール英語教員
9	F	1990	CCSF	2005	2005	F：船員 M：主婦	F：食品デリバリー M：**介護士**
10	F	1989	CCSF	2007	2002	F：船員 M：銀行員	F：**介護士** M：**介護士**
11	M	1988	CCSF（Culinary Arts）	2004	2002	F：公認会計士、会社経営 M：客室乗務員	F：比系企業会社員 M：無職
12	F	1992	Stanford（Biology）	2006	2000	F：建設業 M：自営業	F：離婚（比在） M：**介護士**
13	M	1990	DACC（Audio Engineering）	2004	2001	F：無職 M：死去	F：ホテル従業員
14	M	1990	CCSF	2000	2000	F：無職 M：海外労働幹旋業	F：メンテナンス業務 M：事務職
15	M	1990	CCSF	2004	2004	F：弁護士 M：外務省	F：弁護士 M：コンシェルジュ
16	M	1989	CCSF	2005	2005	F：無職（サウジ出稼ぎ経験） M：会社秘書	F：無職 M：会社受付係り

キョウダイ	受入れ・呼び寄せ親族	進　路
姉（25才）：フィリピンの大学にて就学中。 兄（米永住権）：**マニラにて看護学校**	父方祖母	n/a
5人（うち4人が在米）**兄の妻が看護師**	父方オバ（薬剤師）	**看護師**（親の希望）
弟（スタンフォード在学）	なし。両親は渡米後離婚。母は米市民権持つ比人と再婚後離婚。	環境技術系
	父方オバ。栄養士。1980年代に渡米。父方キョウダイ、祖父母を呼び寄せ	弁護士（移民向け法律サービス）、あるいは**看護師**（両親の希望）。
		4年制州立大へ進学希望（インテリア・デザイン専攻希望）。
弟。DACC在学中（音楽専攻）		アーティスト
	父方オバ。1970年代初頭に**看護師**として渡米。父方キョウダイ、祖父母を呼び寄せ。	ジャーナリスト。親の希望は**看護師**。
姉。看護師。	父方オバ。**看護師**として渡米。オジも米で看護師。	看護師
	父。渡米後米市民権を持つフィリピン人と書類上の婚姻。永住権を得て後、呼び寄せ。	看護師
	父の友人。比系フード会社ゴールディロックス経営。	シェフ
姉：比で看護師（米移住希望） 兄：**米で看護師**	母離婚後米にて米国人と結婚。永住権を得て後、子ども呼び寄せ。	**外科医**
	父渡米後、米市民権を有するフィリピン人と結婚。	ハリウッドでミュージック・テクニシャン。
	父方曽祖父、祖父がハワイ農園労働者。ハワイに呼び寄せの後サン・フランシスコへ。	4年制州立大芸術科に進学し、玩具デザイン専攻希望。
妹：CCSF在（**看護師希望**）	母が就労ビザで入国。	**看護師**
	母方曽祖父がアメリカ人軍人で第二次世界大戦時にフィリピンへ。母方祖母により呼び寄せ。	シェフ

255

17	F	1987	SFSU（**Nursing**）	1999	1990	F：地方公務員 M：無職	F：警備、店員 M：**CNA（看護助手）**
18	M	1990	CCSF	2006	2006	F：ファストフード 　店員 M：無職	F：離婚 M：無職
19	M	1991	CCSF	2001	2000	F：サウジ出稼ぎ M：電気代徴収	F：メンテナンス M：清掃業
20	F	1988	CCSF	2004	2002	F：サウジ出稼ぎ M：**看護師**（サウジ にて就労）	F：サウジ在 M：**看護師**
21	F	1990	Stanford	2001	2000	F：外資系企業勤務 F&M：レストラン経営	F：飲食業 M：家事労働
22	M	1993	CCSF	2007	2007	F：エンジニア M：無職	F：ホテル従業員 M：**介護士**
23	M	1990	CCSF（Art Major）	2004	1990s 半ば	F：農業 M：離婚	F：実験動物技術者 　（animal tech.）
24	M	1984	FCC（Filipino Community Center, NGO）	1997	1994	F：離婚 M：行商	継父：店員 母：店員、ウェイ トレス
25	F	1991	CCSF	2002	1970s	F：軍医 M：産婆	F：軍医（引退）
26	F	1991	CCSF	2004	1992	F：大卒後渡米 M：無職	F：ガススタンド店員 M：レジ打ち
27	F	1988	CCSF	2001	1992	F&M：会社員	F：空港（運搬） M：**介護士**
28	F	1993	CCSF	2009	2001	F&M：ねずみ講販売 　員	F：空港（荷物係） M：**看護助手**
29	F	1970	**LAの病院にて看 護師。米移住後に 資格取得。**	1988	1988	F：農民 M：公立学校教師	F：比在（離婚） M：カナダにて**介護士**
30	F	1980	**LAの病院にて看 護師。米移住後に 資格取得。**	1998	1987	F：船員 M：公立学校教師 　（84年に死去）	F：06年に死去
31	F	1988	Allied Medical Health Care Service（LAの**准 看護師学校**）	2007	2001	F：警察官（引退） M：不動産販売員	F：比在 M：**介護士**
32	M	1975	CCSF	1993	1990	F：鉱山技師 M：無職（大卒）	F：市営バス運転手
33	F	1990	SLC[4]	2004	1990	F：ジープニー運転手 M：無職	F：ファストフード 　店員、運転手 M：比残留（2004年 　死去）

妹：医療助手	父方祖母が1980年前後に介護士として米国へ。その後父を呼び寄せ。	看護師
	母方祖母が看護師として1970年代に渡米。母と本人と妹2人を呼び寄せ。	看護師
	父方オバが1980年代に渡米。父を呼び寄せ。	看護コースか心理学のどちらかに進学。
	母方祖父による呼び寄せ。	MBA希望
	母が観光ビザで入国。そのまま家事労働に就労	ロースクール希望。しかし両親は看護師希望。
兄：看護助手	父方のオバによる呼び寄せ。	4年制大学進学。マスコミ関係。
姉：渡米後比に戻り看護学校	父方祖父の呼び寄せ	映画産業
	母離婚後ハワイ在の米市民と再婚。その後本人呼び寄せ。	NGOでフィリピン系移民の若者支援と続ける。
姉：看護コース	父が米軍の医師として1970年代に渡米。	看護師
	父方オジ。船員（コック）として80年代に渡米。祖父、父を呼び寄せ。	4年制大学へ進学後エンジニア。
	父方祖父1984年渡米。父呼び寄せ。母方祖母介護施設経営。	両親は看護師希望だが本人は弁護士として母の介護施設経営を助ける予定。
	父方祖父による呼び寄せ。母と本人は2008年に父による呼び寄せ。	看護師。既に看護助手の資格あり。
姉が看護師として70年代にカナダ移入	姉によって母と本人呼び寄せ。本人は2002年に看護師となり米へ。	看護師継続。カナダに移る可能性もあり。
妹も米移住後看護師資格取得	父が98年に妹、本人、父方祖母を呼び寄せ。	看護師継続
妹（11歳、14歳）、弟（18歳）。全て2007年に呼び寄せ。	母が観光ビザで入国。2005年にヒスパニック系米市民と手続き上の婚姻。2007年に本人含め4人の子を呼び寄せ。	看護師になり自分の家族を持つ。「退職後は比に帰る。米市民になっても心はフィリピンにある。」
8人中5人が在米。同居する姉が看護師。姉は1989年に単独で渡米。	父方オバ。看護師として1970年代に渡米。	放射線技師。「ナースはなりたいが、最近のアメリカでは就職が困難」。
姉：看護学校生 兄：軍隊	父方オバ。渡米後に看護師資格取得。	呼吸器療養師。「ナーシングの専門コースに入るのは非常に狭き門」。

34	F	1992	CCSF	2011	1980年代	n/a	F：米比間の小規模 交易 M：客室乗務員
35	F	1989	SLC	2001	1989	F：ガソリンスタンド 従業員 M：ヘアサロン従業員	F：レンタカー会社 従業員（洗車係） M：食品販売員
36	M	1988	SLC	2003	1990	F：レストラン経営 M：ホテル従業員	F：証券会社勤務、 M：ホテル（事務職）
37	F	1991	SLC	2009	2001	F：不動産売買 M：銀行員	F：フィリピン食品 販売 M：経理関係
38	F	1992	SLC	2006	2006	F：宅配業、養魚池 経営 M：歯科医	F：空港サービス M：歯科助手
39	M	1992	SLC	2008	2004	F：タクシー運転手 （義兄が経営の 会社にて）	F：ホテル（ベッドメ イキング）、ジャ ニター
40	M	1989	CCSF	1991	1974	F：建設会社経営	F：フード・デリバリ M：**看護師**
41	F	1990	SLC	2009	2009	F：会計士（メラル コ勤務） M：製薬会社（ユニ ラブ）勤務	F：バス会社従業員 （清掃係） M：**介護士。看護師 資格取得中。**
42	F	1990	CCSF	1995	1995	F：食品会社勤務	F：**介護士**→空港サ ービス
43	F	1991	SFSU	2010	2010	F：マニラのUSAID 事務所勤務（シス テム・エンジニア） M：多国籍企業（広 告関連）勤務	F：銀行勤務（IT業 務）
44	F	1992	SLC	2008	1997	F&M：個人雑貨店経 営（Fは2007に死去）	M：ホテル勤務（ハ ウスキーピング） 継父：不動産ブロー カー

（20010年3月、2011年3月、9月調査から，医療、ケア・ワーク関連は太字にて表記）
1) City College of San Francisco　2) San Francisco State University　3) De Anza Community College (San Jose, California)　4) Skyline College (San Bruno, California)

	父方祖父。退役米軍人	ジャーナリズム
		看護師
		心理療養師、カウンセラー
姉：フィリピンにて**看護師資格**取得後に渡米予定。	F&M：米就労先企業による呼び寄せ	医師
	父方祖母。**看護師**として1991年に渡米。	証券取引業
		映画産業
姉：マニラにて病院勤務（**医療技師**）。 兄：マニラにて会社勤務（電気技師）。	母方祖母。父の姉が米の海兵隊と結婚。渡米後母を呼び寄せ（1970年代）、母が父を呼び寄せ。	
姉：比で**看護師**資格取得し現在米で勤務。	母方祖母がUSシティズン。移入当初同居の母方オバが米で**看護師**。	精神科医
		医者
		薬剤師

どのサービス業、あるいは都市雑業的労働に吸収されている。彼らは、移住前のフィリピンでは大学を卒業し、ミドルクラスの諸職あるいは専門職に就いていた。しかし移住後にはこのような社会階層的下降が生じている点が指摘できる。

　これらの諸特徴は、インタビューを行った44名の1.5世代が、プロローグで論じた、1965年移民法以降に増大したフィリピン系を中心とする、「新アジア移民」の一部として論じることが可能であることを示唆している。

第2節　1.5世代の移動の経験と感情の変遷——悲しみ、怒り、受容

　3節以降でより詳細に検討するように、本章における1.5世代の子どもたちは、かつてのフィリピンにおける、家政婦（katulong）、乳母（yaya）、そして多くの近親に支えられたミドルクラスの快適な生活から、突然引き離され、アメリカへの移住を余儀なくされた。アメリカで待っていたのは、ブルーカラー労働に従事する両親のもとでの、勤労学生の生活であった。そのような劇的な生活の変化、特に両親の社会的地位の下降は、1.5世代の子どもたちに深い悲しみを抱かせる。例えば21歳の女子学生（#41）[21]は、両親のアメリカでの職業について聞かれると突然泣き出し、「お母さんとお父さんの今の姿を見ると、いつも涙が出てきてしまう」という。彼女の父親は、移住前にはマニラの大手電力会社で会計士を務めていた。しかし、アメリカへ移住後は、バス会社の清掃の仕事をしている。職場では、同僚のヒスパニック移民と折り合いがつかず、苦労しているという。一方、彼女の母親は、移住前はフィリピンの大手製薬会社にて勤務していた。アメリカでは、アウトレット・モールの倉庫で働いていたが、差別的な処遇を受けて解雇された。現在母親は、介護士として働くと同時に、看護師を目指して学んでいる。このような、移住前後の階層的地位の大きな変化は、子どもたちのうちに深い悲しみを生むとともに、両親の移住の決断は、以下の事例にみられるように、多くの子どもたちに両親への怒りを抱かせることになる。

＊21　本章を通して、インフォーマントの番号は表8-1中の番号を示す。

事例8-1：　「自分の人生を決めるのに何の選択肢も与えられていないと感じた」：
　　　　　　　　メリッサの移住

　メリッサ（#21）はスタンフォード大学の学生である。移住前、彼女の父親は、フィリピン中部の都市セブ市のアメリカン・エキスプレスにて働いていた。母親は、同じくセブ市にて、レストラン経営や料理のケイタリングの商売に従事していた。2001年に両親が移住を決意したのは、エストラーダ大統領に対する弾劾裁判と、その後の逮捕によって生じた、政治的混乱の中でであった。当時11歳であったメリッサは、「アメリカに家族旅行に行こう」と両親に促され渡米した。その時の様子を彼女は次のように語る。

　「両親はアメリカに永住するとは言わなかった。私と妹は、アメリカで旅行を楽しんで6月の新学期にはフィリピンの学校に戻ると聞かされていた。私はアメリカ旅行ができると思って、とってもはしゃいでいた。しかし、ここに着いてから聞かされたのは、全く別の話だった。それは本当に大きな驚きだった。それは到着した当日で、当面住むことにしていたアパートに向かう途中の車の中で言われた。『皆ここで住むことになるんだよ。もうフィリピンには戻らないよ』。

　（故郷の）セブでは、私はすでにかなり堅固といえる友情を培っていた。一緒に学校に行ったりいつも周囲にいた友達は、これから一生付き合っていく人たちだと思っていた。その頃、すでに私はセブで両親か祖母のビジネスを継ぐ夢も抱いていた。私はセブを愛していた。そこで生活することを愛していた。そこを去らなければならない理由なんてどこにも見出せなかった。イトコたちもそこにいた。私の成長をそばで見守ってくれていた、おじさんやおばさんもそこにいた。だから私はセブに残りたかった。どこか他の場所に移らなければならない必要など全く感じなかった。

　空港からの車の中で、アメリカに永住すると聞いたとき、私は冗談だと思った。でも話している両親が真剣だと分かったとき、私は本当に激怒し、喧嘩になった。両親から嘘をつかれ、裏切られたと感じた。自分の人生を決めるのに何の選択肢も与えられていないと感じた。同時に深い悲しみに包まれた。なぜなら、単にアメリカ旅行だと思っていたので、またすぐに戻れると思っていたので、祖母や友達やイトコたちにきちんとお別れを言うことさえできなかった

から」。

事例8-2: 「両親の決断に私は全く含まれていないのだと感じた」：ジェシカの 移住

　メリッサと同じく、スタンフォード大学で学ぶジェシカ（#12）は、2006年に14歳で渡米した。ルソン島北部イロコス・ノルテ州出身の家族は、州都ラワッグ市において建設会社を経営していた。母親は、サロンを経営し、副業で化粧品販売なども行っていた。しかし、エストラーダ大統領と、その後のアロヨ大統領期における政治的混乱によってもたらされた経済の低迷によって、家族の会社経営も大きな打撃を受けた。ジェシカは、フィリピンを去らなければならないと知ったときの思いを、次のように語る。

　「両親の決断に私は全く含まれていないのだと感じた。私の誕生日に、（既にアメリカに移住していた母親が一時帰国して）、突然、『お前もアメリカに移住するんだよ』と告げた。それからフィリピンを去るまでに一ヶ月しかなかった。もちろん悲しかった。全てを残していかなければならなかったから。お父さんもお母さんも、私のために決断してくれたのだとは思う。だけど私の気持ちは一度もたずねてもらえなかった」

　その後両親は離婚し、父親はフィリピンに残ることになった。アメリカに渡ったジェシカは、父親、兄弟、そして友人たちを含め、多くのものをフィリピンに残していかなければいけないように感じたと、涙ながらに語る。続けて、「お母さんの決断には反対だったけど、どうすることもできなかった。だから、『OK。一緒に行くわ。お母さんと一緒に（アメリカで）過ごすことにするわ』と腹を決めた」と述べる。

　しかしながら、アメリカに渡って数年が経つ間に、このような1.5世代の子どもたちの怒りと悲しみは、徐々に両親の決断に対する理解と受容へと変化してゆく。さらに、アメリカで親が経験した苦労と困難を知るにおよび、親の選択に対して感謝を感じるようにもなる。事例8-1のメリッサの、移住後の経験をさらにみてみよう。

事例8-3：「ここでもう一度生活をすることは出来ないと感じた」：メリッサの一時帰国

　メリッサは、両親に対する感情の変化の面で非常に大きなきっかけとなった、フィリピンへの一時帰国について振り返る。「両親に対して（今では）なぜ怒る気になれないか、そのきっかけは2006年にフィリピンに一時帰国した時だった。その頃、母は私のことでとても心配していた。なぜならその時まだ私は両親に対して怒りを抱いており、『なぜ私たちをここ（アメリカ）に連れてきたの』、『なんでここにいるの。フィリピンにいることだってできたじゃない』と時に癇癪を起して当り散らすこともあったから。だから、あの2006年のフィリピンへの旅は、1つの『区切り（closure）』になった。（一時帰国の旅は）もちろんすごく楽しかった。むかし楽しんだセブの生活をもう一度楽しみ、かつての学校の友達にも再会できた。だけど同時に、そこ（セブ）でもう一度生活をすることは出来ないと感じた。当時アメリカではハイスクールの1年生で、ニュージャージーの生活にすっかり慣れていた。そこにはイトコも沢山いたし、友達もでき、いい大学に入るために頑張っていた。なぜ両親が私たちをアメリカに連れてきたのかが分かりはじめていたから。なぜ両親がフィリピンに残る道を選ばなかったかを理解し始めていたから」。

　一方、事例8-2のジェシカも、移住後5年が経過した調査時現在の心境を、しばしば涙ながらに次のように語った。「今は私と母の間に対立はない。なぜなら、母のしたことは全て私たち子どものためだったことが分かるし、それを尊重することができる。移住のプロセスや（母が先にアメリカに渡る際に）私たち家族をフィリピンに残していくということが、母にとってどれだけ大変だったか、今では理解できる。かつては残された自分たちの気持ちばかりを考えていた。でも今では、私たちを残していかざるを得なかった母の気持ちを考えることができるようになった」。

　ここでは、幼少期の慣れ親しんだ親密な環境から突然引き離され、全てをフィリピンに残して、移住先アメリカへの適応を迫られた子どものたちの経験した感情を検討してみた。もちろん1.5世代の子どもたちは、怒りから受容へと単線的にスムースな内面的変容を一様に経験するわけではない。ここで紹介し

たメリッサやジェシカが、現状をきわめて肯定的に捉えることができるのも、スタンフォード大学という卓越した教育環境に身を置いていることを考慮に入れる必要があろう。一方で、次節以降で対象とする多くのインフォーマントのように、地元のコミュニティ・カレッジで学び、勉学や将来の就職に関してさまざまな問題を抱える学生たちは、必ずしも現状を肯定しえず、移住によって引き起こされた深い悲しみを抱え続けることにもなるであろう。また、現状を肯定的に捉えるメリッサらにしても、今後の生活環境の変化の中で、両親に対する思いが再びネガティブなものに変化することも考えられよう。

　いずれにせよ、本節の事例から明らかになるのは、1.5世代の子どもたちと親との関係性は、決して調和的なものではなく、むしろ常に顕在的潜在的な綻び、亀裂、葛藤を内包しており、にもかかわらず状況依存的に達成される受容と理解にもとづく流動的な性質のものであるといえよう。以下では、このような両親を中心とした「家族」が、1.5世代の子どもたちのアイデンティティの語りの中で、「われわれ」の中心にあるものとして表象される状況を検討してみたい。

第3節　フィリピン系1.5世代移民のアイデンティティ
　　　――「自立／自律」、「相互依存性」、「関係的自己」の諸相

　ここでは、フィリピン系1.5世代移民のアイデンティティが、彼らにとって最も身近な他者といえる第2世代との関係において生成する状況を考察する。特に、彼らのアイデンティティの中心に位置づけられる「家族」表象が、「自立／自律の側面」[*22]、「相互依存の側面」、「関係的自己の側面」といった、アイデンティティの諸側面の語りの中で顕在化することを検討する。まず、ここでは1.5世代と第2世代の差異について明確化しておきたい。ハイスクールに通う17歳の女性（#2）は、次のように語る。「私の学校では2つの集団があるの。『フィルアム』と『フィルボーン』。彼らはお互いを好きになれない」。こ

[*22] インフォーマントの語りにおいてより頻繁に語られるのは物質的経済的自立を意味するindependenceであるが、文脈から考えるとそこには内面的精神的自律（self-reliance）の意味も込められており、そのため本章ではあえて「自立／自律」と表記する。

のように、フィリピン系移民の若者の間では、「フィルボーン（Fil-born）」（フィリピン生まれの1.5世代）と「フィルアム（Fil-Am）」（アメリカ生まれの2世、フィリピーノ・アメリカン）という呼称によって互いが差異化されている。

　両者の間には潜在的な対立のみでなく、しばしば物理的な抗争や衝突が生じる。19歳の男子学生（#4）は次のように語る。「僕のハイスクールでの経験では、フィリピン人移民（the Filipino immigrants、1.5世代を指す）とフィリピーノ・アメリカン（第2世代）の間には、大きな断絶がある。彼らは常に衝突し、喧嘩している。僕もかつてはそれに巻き込まれたことがある。僕もフィリピーノ・アメリカンと闘った。特に僕の住んでいるユニオン・シティでは、恒常的な衝突が長年続いている。フィルアムは僕らのことをいつもレッテル貼りするんだ（Those Fil-Ams, they always stereotype us）。僕らの英語のアクセントをばかにする。恐喝する。細かいあら探しをする。小さなことをつかまえて馬鹿にする。そのような扱いに対して、移民（1.5世代）たちは仕返しをするんだ。当然、物理的な抗争になる」。

　興味深いことに、このような「フィルボーン」からのコメントは、「フィルアム」によるものと一致する。第2世代の学生のみによるフォーカスグループ・ディスカッションにおいて、ある22歳の「フィルアム」は次のように語る。「僕にはフィリピンから来た友達もいるけど、彼らは自分たちだけの集団を作っているようだ（they have like their own crew）。移民たちは、フィリピン生まれの人たちだけで集団になる。彼らはわれわれのコミュニティには交わろうとしない。なぜなら、彼らは僕たちに対して置き去りにされている感覚、僕たちとは対等ではないという気持ちを持っているから（because they would feel like they are left out, they are not up to par with us）。それが彼らの考え方。僕らとうまくやっていくのにとても苦労している。僕らと彼らの間には、何か不思議な力が働いていて、それが一緒になることを妨げているようなんだ（There is that 'mysterious force' between us that we cannot connect with each other）。まるで終わりのない対立のように」。一方で、20歳の第2世代の女性は、第2世代と1.5世代の差異を次のように語る。「かつて移民たちがフィリピーノ・アメリカンをばかにして、その仕返しに、フィリピーノ・アメリカンが移民たちをばかにしたことを覚えている。私たちの間に壁があるのは事実だ。私はタガログ

語を話せないから、絶対にフィリピン人（1.5世代）たちに見下されていると思う。だけど私だって多少タガログ語を理解することはできるし、そのことで私が彼らの下に見られなければならないことなんてないでしょ」。

このように、1.5世代と第2世代の差異は、潜在的にせよ顕在的にせよ、日常的な相互行為の中で現実的に認識されているといえよう。以下では、このような両者の差異、あるいは「フィルアム」をフィルターとして認識される、移住先アメリカと故郷フィリピンとの差異が、1.5世代のアイデンティティにいかに投影されているかに注目しつつ、考察をすすめたい。

自立と自律の側面

しばしば1.5世代の子どもたちの間では、移住前のフィリピンでの生活と現在のアメリカでの生活が、きわめて対照的なものとして語られる。そこからは、彼らにとって移住の経験が、「家族」からの自立／自律であり、かつそれが肯定的な自己のイメージとして語られていることが分かる。まず彼らの語りの多くに見られるのは、かつてのフィリピンでの生活が、時間的拘束や生活上の細かな規則などに縛られず、いかにルースで自由なものであったかと、ノスタルジックな感情とともになされる次のような回顧である。「ここ（アメリカ）の生活は楽しむことができない。かつてのように何の目的もなく、ただぶらぶらと歩き回ったりして過ごすことは、ここではできない。ここでは全てがスケジュールにそって行われなければならない。ここでは皆があまりにも独立している。たとえあなたがティーンエイジャーで、ふと友達を訪問したいと思っても、あらかじめアポなしで訪問することはできない。まずスケジュールを立てることが必要なのだ。皆学校があったり、仕事があったり……。フィリピンにいた時のように自由に動き回ることはできない」（#9）。

彼らの回顧において、かつての母国での生活の舞台として語られるのが、フィリピンの最小行政単位である「バランガイ」である。しかし、語りの中でのバランガイは単なる行政単位ではなく、むしろそのノスタルジックな追想が凝縮されるコミュニティ空間として、象徴的な意味を附与されている。「フィリピンでは誰もが誰もを知っている。バランガイは家族のようなものだ。どの家を訪問してもいつも食べ物を出してくれる。互いを訪問するのに何の制約もな

い。リラックスできるんだ。しかしここアメリカでは、誰もが皆忙しく、いつ
でも何かが起きている。いつでも何かをしなければならない。ただ座ってリラ
ックスすることなんてできない」（#19）。

このようなフィリピンのルースな生活との対照で語られるアメリカの生活は、
必ずしも常に否定的に捉えられているわけではない。むしろ、フィリピンで生
活を続けていたら得られなかったであろう、自立と自律が得られたという語り
が多くみられる。「（アメリカの）ハイスクール2年生の時に、働くことを覚えた。
ここアメリカで自立することを覚えた。フィリピンでは、何でもしてくれるお
手伝いさんや、乳母や親戚のオバさんたちがいた。でも、ここでは全て自分で
しなければならない。ハイスクールの頃からKFCで働き始めた。職場の人た
ちともすぐに親しんだ。もしフィリピンにいたら、あんなに早い年齢で自立す
るのは無理だっただろう。オバさんやお手伝いさんに囲まれたフィリピンの生
活では、自立することなんか想像することさえできない」（#27）。

さらに以下の事例では、本章におけるフィリピン系移民1.5世代の子どもた
ちの多くが移動の過程で経験した、依存から自立／自律へという彼らのアイデ
ンティティにおける重要な契機が示唆されている。

事例8－4：「アメリカは僕をまっすぐにしてくれた」：アーノルドの移住

アーノルド（#11）は2004年に16歳で渡米した。父はマニラで会社を経営し、
家族は何不自由ないミドルクラスの生活を送っていた。それが2000年代初頭
以降のエストラーダ大統領弾劾裁判に端を発する政情不安の中で、父親の事業
は多額の債務を抱えることになり、両親はアメリカの新天地で再起を目指す決
断をした。

「2002年に、お父さんがまず先にアメリカに来た。それが最後の頼みの綱だ
ったんだ。お父さんの会社は500万ペソの負債を抱え倒産した。お母さんはよ
くお父さんの前で泣きながら、『私たちどうするの、どうするの』と問い詰め
た。お父さんはうんざりして、『この国を出て行くんだよ』と答えた。彼は、
フィリピンでビジネスをしてお金を失い続けるのに飽き飽きだったんだ。お父
さんはいつも言っていた。『ここにいても私たちにいいことは何もないよ
（*walang mangyayari sa atin dito*）』、『フィリピンにはもう希望はない（*wala nang*

pagasa sa Pilipinas)』。

　アメリカに来たばかりのときはとても大変だった。すべてがゼロからのスタートだったから。僕は当時まだ16歳で2人の妹とともに、とても感じやすい時期だった。全ては混沌としていた。フィリピンにいた時のようなお手伝いさんはもういなかった。お手伝いさんがいない！今思えばそのことが一番大変だった。フィリピンではすべてがそろっていた。かつては、6人の家政婦、2人の運転手、庭師、そして病気のおじいさんのために看護助手がいた頃もあった。

　フィリピンの思い出は、苦くて甘い。今でも時々ノスタルジーに襲われる。とっても恋しい。すごく楽しかった。友達は全てそこにいた。だけど一方で、……僕たちは貧乏で、必用な物も買えなかった。家族の生活が事業に飲み込まれてしまうような状態だったんだ。僕が小さかった頃は裕福だったが、13歳、14歳、あるいは15歳になるころには、『全てはどこに消え去ったのか？』という感じだった。僕のティーンエイジャーの時代は、全てが悪いほうに行った。両親はいつも喧嘩していたし、おじいさんは卒中で倒れた。こういった全てのことのために僕は学校をサボりがちになった。学校には行きたくなかった。成績も落第点だった。たばこやマリファナを吸うようになったのもその頃だ。パーティや飲み会に出て、女の子とセックスをするようにもなった。学校に行くことの意味なんか分からなかった。なぜならその頃には賭け事で現金を得るようになっていたから。家にも帰らないようになった。本当に最低の時だった。

　（2004年にフィリピンを去らなければいけないと知ったとき）僕は本当にくさってしまった。怒りがわいてきた。僕はバンドをやっていたし、ガールフレンドも2人いた。沢山友達もいた。マリファナを売って金を得ていた。もう家族のことなんかどうでもよかった。今から思えば当時の自分のことを後悔しているけど、その頃は本当に楽しんでいたんだ。いい車を乗り回して、女の子にもてたし、人生の一番楽しい時期だったんだ。そこへ突然お父さんがやってきて、『お前はアメリカに行くんだ』と言ってきた。

　いま思い返せば、アメリカに来たことは僕にとって本当に良かったといえる。なぜならアメリカは僕をまっすぐにしてくれたから（"it straightened me out"）。今の僕の生活は本当にまっすぐだ。アメリカに来て、ショックを受けて、家族に頼らざるを得なかった。新しい気づきだった。アメリカの経験は僕を直して

くれたようだ（"it kind of fixed me"）。フィリピンにいた頃は不良で、家族をあてにすることなんかなかった。それは大きな変化だった。フィリピンではいつも肩で風を切って、喧嘩ばかりしていた。だけど今では、頭を冷やされたようだ。たぶんそれは、アメリカでは全てを自分でしなければならないからだろう。フィリピンでは、いつも誰かが僕のベッドを片付けてくれ、誰かが洗濯をしてくれ、料理してくれ、車の運転もしてくれた。だけどいまでは自分の携帯の通話料金は自分で払うし、洗濯も皿洗いも自分でする。フィリピンでは乳母が僕の親代わりだった。両親はいつも仕事でいなかった。時々挨拶を交わすぐらいだった。かつての僕にとって家族とは、ただ寝に帰るための場所にしか過ぎなかった。それ以外の何ものでもなかった。外でやることがなくなったら帰る場所。それがかつての僕にとっての家族だった。でも今は僕は妹の面倒を見ているし、両親も僕たちのことを見守ってくれていると感じる。今の僕にとって家族とは、戻ることのできるただ1つの場所になった（"Family to me before was just a place come back to. It was just that and nothing else. If you are done, you go there. That was family back then. But now I am supporting my sister and I saw that my mom and dad are trying to look out for us. Now, family is the only place you can come home to"）。

　フィリピンでは「家族第1」と教えられる。しかしここアメリカでは「自分が第1」と教える。だけど僕の場合、ここで「家族第1」に変化した。アメリカに着いたばかりの時、僕たちにお父さんが言ったんだ。『われわれは1つの船にのっているんだ。好きだろうが嫌いだろうが助け合わなければならない』。フィリピンでは、何の責任を負う必要もなかった。お父さんが全てを担ってくれていた。だけどここでは、誰もが家族の生活のために責任を果たさなければならない。おそらくそのことが僕をまっすぐにしてくれたんだろうと思う」。

　本節で示されたいくつかの語りから明らかなように、1.5世代の若者たちは、乳母（*yaya*）・お手伝いさん（*katulong*）や親戚など面倒を見てくれる多くの「家族」に囲まれた、気ままで放縦なかつてのフィリピンの生活を懐かしみつつも、一方でより自立／自律的になったアメリカ渡航以降の自己の変化を肯定的に評価している。しかし興味深い点は、アーノルドの語りに示唆されている

ように、そのような自立／自律は、単純にアメリカ式の「自分が第1」には結びつかず、むしろそのような自立／自律とともに彼らが手に入れたのは、「家族」の再発見であったといえるのである。そして、自立／自律が強調されるアメリカの生活においてこそ、「家族」の絆を自らのアイデンティティの核にあるものとして捉える様子は、次に検討する1.5世代と第2世代の差異の語りにおいて最も顕著に浮き上がってくる。

相互依存性の側面

　ここでは、1.5世代の子どもたちが、自らと同年代のフィリピン系移民第2世代をいかに差異化しているかを示し、その差異を最も鮮明に表す契機として「家族」が語られることを指摘したい。まず、1.5世代にとって第2世代との差異は、言語使用をめぐって語られる。「ほとんどのフィルアムはタガログ語（フィリピノ語）を理解しない。それは恥ずべきことだ。フィリピン人ならば少なくとも自分の言葉を話すべきだ。彼らにはフィリピン人の血が流れてはいるが、付き合うのは難しい」（#25）。このような批判は、1.5世代が自らの英語運用能力に対して抱く不安、劣等感と裏腹の関係にある。「僕はフィルアムが使うFOB（Fresh Off the Boat：フィリピン語訛りの強い英語を話す新参の移民に対する侮蔑的表現）という言葉が大嫌いだ。もう耳にたこができるほど聞いたけど、やっぱり嫌だ。たとえそれが冗談であってもだ。いいか、彼らはたまたまアメリカで生まれたが、彼らの両親はフィリピン生まれだ。だからもし誰かのことをFOBと呼ぶのなら、それは自分たちの両親をFOBと呼んでいるのと同じことだ。ただ自分がアメリカで生まれたというだけで、祖国からやってきた人間を差別する権利など彼らにはない。彼らの中にはフィリピン人の血が流れている。ただ、生まれて最初に踏んだのがアメリカの地だったというだけ。このことが僕がフィルアムを好きになれない理由の1つだ」（#16）。

　このように認識される1.5世代と第2世代との差異が、特に顕著に認識される契機は、両親や親族などへの敬意の持ち方や、紐帯の強さである。「確かにフィルボーンとフィルアムとの間には大きな違いがある。特に敬意の持ち方の面で。例えば僕は目上の人に対して"po"（目上の話し相手に対して用いるフィリピノ語の小詞）を付けないで話をしたり、"mano"（相手の手の甲を自分の額に当

てて敬意を示す動作）をせずに接することはできない」（#19）。「第2世代は、両親がここに移住する際に経験せざるを得なかった苦労に対して、感謝しようとしない。自分たちがアメリカでさまざまな機会に恵まれているということを、何か当たり前のことのように考えている。何も考えずに今の生活を楽しんでいるだけ。両親たちは、看護師や介護士として大変な苦労をしてきたのに、今の生活を当然のように考えている」（#22）。

　前節のアーノルドの語りにあるように、1.5世代にとって「家族」とは、アメリカという不確実な大海に浮かぶ「1つの船」に乗り合わせた人びとであり、「好きであろうが嫌いであろうが、助け合わなければならない」。第2世代との関係性において認識される1.5世代のアイデンティティのもう1つの側面とは、このような「家族」との紐帯と相互依存性であり、それこそがフィリピン人の「コアバリュー」として語られる。

関係的自己の側面

　ここでは、多くの1.5世代の子どもたちにとり、重大な決断を迫られる問題である進学や卒業後の職業選択の局面において、上に見たような「家族」がどのように語られるのかを検討する。既述の通り、インタビューを行った1.5世代移民の学生の半数以上が、その進路に関して、今後看護コースに進み、卒業後は看護師として働くと答えている。以下では、そのような選択の過程に「家族」との関係がいかに反映されているのか、そしてそれは彼らのアイデンティティのいかなる様相を示唆しているのかを考えてみたい。その考察からは、常に「家族」との関係性のもとではじめて存在しえる自己という意味で、「関係的自己」とでも呼べる側面が浮き彫りになるであろう。

　多くの1.5世代の子どもたちにとり、フィリピン人が看護師をはじめとする医療サービス系の職業を目指すことは、「当然のこと」とされる。「第1世代である親たちは、フィリピン人が選択すべき職業に関して、一種のステレオタイプを持っている。誰もが医者かエンジニア、あるいは看護師にならなきゃいけないって。（…）それは安定した職業。それは安心をもたらしてくれる。フィリピン人は安心や安定という価値に惹かれる。だって、フィリピンが経験してきた歴史や政治を振り返れば、国が安定して安心が保証されていた時期なんて

なかったことが分かるでしょ」（#21）。「看護コースに進みたいわけではなかっ
た。だけど僕の周囲の人びとが『看護師になるのがいい。それは誰もが必要と
している事だから。機械や何かで代用されることもない』とすすめてきた。お
母さんが強くすすめてきたのも事実。家族の中で、僕が看護師コースに進むこ
とに疑問を挟む者は、誰もいなかった。僕たちにとってそれは当たり前のこと
なんだ」。（#18）。

　このような当然従うべき「ステレオタイプ」の存在は、1.5世代にとって、
自らの意志に反する選択を受入れざるを得ないことでもあり、しばしばそれが
重いプレッシャーとして感じられている。「将来は看護師コースに進む。親戚
は皆、看護師コースこそが私の専攻するコースだと言ってきた。他のコースの
選択などなかった。もっとも何か他に専攻したいコースがあったわけでもない
けど。いわば親戚の推すコースが何であれ、それを選ぶしかなかったというわ
け。両親よりも、フィリピン在住の私のイトコたちが私を説得しようとした。
いとこたちは、『もし看護師になって両親を助けてあげないならば、お前の両
親がアメリカに移住した甲斐がないだろう』と言ってきた」（#10）。「看護師コー
スに進むことはお父さんの影響が大きかった。自分に何が向いているのか分
からなくて、専攻を決めかねていた。多少プレッシャーを感じたけど、何もし
ないで無為に過ごすよりも、お父さんの希望に従おうと思って。もし私がアメ
リカで生まれ育っていたのであれば、おそらく両親の言うことよりも自分のや
りたいことを押し通すだろうけど」（#25）。「両親の言うことをとても重圧に感
じる。『私たちの生活のためにはお前だけが唯一の希望なんだよ』と両親は言っ
てくる。いつも『お前だけが…、お前だけが…』。私のやりたい事はどうなるの
か。あまりのプレッシャーで自分が本当にしたいことが分からなくなる」（#28）。

　一方、フィリピン系1.5世代の学生が多く通う大学のカウンセラーは、自分
の意志が不明確なまま、両親からの希望やプレッシャーに流されてゆく学生た
ちに関して不安を感じている。彼女自身フィリピン系移民であるカウンセラー
は次のように述べる。「1.5世代のほうが（第2世代よりも）親に対して尊敬の念
を持たねばならないと考えていることは事実だ。看護師になるよう両親から要
求され、しかし自分の気持ちをどのように両親に伝えたらよいのか分からず、
多くの学生が私のところにカウンセリングを希望しにくる。（中略）なぜ1.5世

代の学生たちが看護師を唯一の選択肢として親から提示されるのか。その理由は、親にとって看護師は彼らの知っている唯一の成功が保証された職業だから。看護師は親たちがこれまでずっと親しんできて、安心することのできる唯一の確実な職業なのだ（"Nurse is the only reliable profession"）。だから親たちは、子どもが芸術や歴史といったプラクティカルでないコースを選択することに反対する」。

　ここに語られている、親世代にとって「唯一安心できる確実な職業」としての看護師職とは何を意味するのだろうか。それは、19世紀末以降のアメリカによるフィリピン植民地化の史的文脈を考えることで理解されるであろう。1898年から1946年まで続いたアメリカ植民地期においてフィリピンに導入されたのは、公教育の制度とともに、総合的近代医療制度と公衆衛生の観念であった。アメリカ植民地政府によって推進された看護師教育は、本国で使用されていた教科書を用い、本国の医療実践に則ったものであった（Ong and Azores 1994：Choy 2003）。このようにフィリピン人は、流暢な英語運用能力とアメリカ本国における医療システムと実践に関する知識を身につけた看護師となるべく訓練されたのであった。このような背景により、フィリピン人にとり、看護師職とは歴史的にアメリカを中心とする海外における就労のための職業であり、またグローバルな労働市場における「唯一成功の保証された専門職」として認識されていたということが理解できる[*23]。

　これまでみてきたように、1.5世代にとって親からのプレッシャーは、しばしば否定的に、束縛として捉えられる。しかしながら、それは親の意思へのあからさまな反発と拒絶へは結びつかない。むしろ多くの者が、それにもかかわらず、親の意思を尊重し優先することに責任を感じ、次の事例に示唆されるように、それに従うことこそが「フィリピーノであること」の中核となる、ポジ

＊23　看護師職は1.5世代のみでなく、第2世代の子どもたちの多くが選択する職業でもある。しかしながら、第2世代の子どもたちは、自らの職業選択を「自分の意志によるもの」として、「親の意志に従うのみの1.5世代とは異なる」と語る。このような言明の背景として、アメリカ生まれのフィリピン系第2世代は、主流の白人社会から受入れられず周辺化されているために、「アメリカ人であらねばならない圧力」（木下 2009：148-149）に晒されているという指摘が参考になる。つまり、第2世代の方が、理想化されたアメリカ的な個人主義を積極的に、あるいは過剰に内面化する傾向があると推測することもできよう。

ティブな価値として捉え直されているといえる。

事例8-5：「僕だけでなく、家族の人生（"It's not our lives; it's the family's lives"）」：フィリップの職業選択

　フィリップ（#19）は2001年に10歳でアメリカに移住し、インタビュー時において20歳であった。親に薦められている看護師コースと、自分の関心がある心理学コースのどちらを専攻するか決めかねている彼は、次のように語る。

　「アメリカの価値観では、子どもといえども親の付属物ではなく、家族の1員でもなく、個人なのだ。僕の場合、親と本当に親密というわけではないけど、やはり彼らを大事に思い、常に気にかけている。アメリカ生まれの者たちは特に気にかけることも無い。18歳になったら親のもとを去り、今まで暮らしてきた家を『両親の家』と呼ぶようになり、『私たちの家』とは呼ばなくなる。（一方）フィルボーンの親たちは、『お前は私たちを助けるために生まれてきたんだ』と考える。彼らは僕たちが助けることを期待している。アメリカ生まれは反逆的で、このような期待に対して『ノー』という。『僕を生まない選択だってあったはずだ』というわけだ。簡単に親元を離れて1人でやっていくアメリカ生まれとは違い、僕は両親を助けなければいけないというプレッシャーを感じる。僕は、親のために時間を取ることはとても大事だと感じる。

　（両親の意思に逆らうことは困難であるかと尋ねられて）当然。僕たちはそのように育てられて来たから。親を助けるために育てられてきたんだ。親に対しては、いつになっても常に負い目の感覚が残る。例えば親は言うだろう。『私たちはお前を育ててきた。そのために全て背負ってきた。何も見返りは期待しないけど。ただお前に良い教育を受けさせたいだけだ』。さすがに親だって『大きくなったら私たちのことを支援してくれ、支払いを肩代わりしてくれ』などと直接的には言わないだろう。しかしこれまで教わってきたことから彼らの希望は明白だ。助けることが期待されているんだ。たとえそれがどんなに愚かに聞こえようとも、フィリピンの文化ではそうなっているんだ。フィリピンは人口が多いけど、親にとっては子どもが多いということはリソースなのだ。

　（フィルボーンとフィルアムの違いを聞かれて）彼らは本当にアメリカナイズしているよ。彼らがどれだけエゴイスティックかすぐに分かる。『僕、僕、僕

(me, me, me)』というタイプの人間なのさ。彼らは言うだろう、『もう自分で家賃を払っているのだから、親にはつべこべ言わせない』と。例えば、フィリピン生まれの僕の友人たちは、家でのいろいろな責任がある。そこへアメリカ生まれの友人が遊びに来ると、『一体どうして外に遊びにいけないんだ。いつもお前は責任を背負わされている』と言うだろう。僕は彼らに『そういうものなんだ』というだけだろう。彼らは、今どこかで誰かが僕の助けを求めているということを理解できない。僕たちは、いつでも助けることを求められている。これは僕だけの人生ではなく、家族の人生なんだ。必要とされる時には家族と共にいることが求められる。助け合うために生まれたというのはそういうことだろう（"They can't accept the fact that we're expected somewhere at this time. We're expected to help at all times. It's not our lives; it's the family's lives. We're expected to be with the family when we are needed. That's why we were 'created' to help out."）。それが僕たちが親に抱いている『ウタン・ナ・ロオブ（*utang na loob*、内的な債務、恩義の観念)』だ。おそらく僕たちが大きくなって子どもができても同じことだろう。フィリアムの考えとの間に対立があるのは明らかだ。彼らは言うだろう。『それは間違っている。親はお前を家に拘束しておくことはできない』。（一方）フィルボーンは、『これがフィリピンの文化なんだ。そうするのが当然なんだ』と考える。フィリピン文化は個人としての自己のみには依拠していない。もちろんアメリカの理想では、自分の負担を果たした後は自由だということになるが、フィリピンの文化ではそうはいかない。どれだけ助けても決してこれで十分ということはないんだ。いつも何か他に出来ることがあるんだ（"Filipino culture is based upon not yourself as an individual. Of course, you would expect in an Americanized kind of ideal, once you've done your share, you are okay to go out. But in Filipino culture, it doesn't go like that. You can never help enough. There's always something else you can do."）」。

　このようなフィリップの語りには、本章における多くの1.5世代移民に共通する自己の観念が表明されていると考えられる。つまりそれは、常に「家族」との関係性のもとではじめて存在し得るものという意味で、きわめて関係的な自己の観念であるといえよう。この観念は、同じくアメリカに移住したインド

人看護師たちの自己の観念に関して、シバ・マリアム・ジョージが議論した「連結的自律性（connective autonomy）」の概念と比較することができる（ジョージ 2011）。インド・ケーララからアメリカに移住した女性看護師たちに関してジョージは、「賃労働への参入と移住経験が彼女らの可動性と独立性を、経済的にも社会的にも、強める一方で、彼女らは、自律性をある一定の関係性と義務の束のなかでのみ経験することになる」（ジョージ 2011：54）と述べる。さらに、「彼女らが獲得した経済的、社会的自律性は個人化した自己認識をもたらさなかった。なぜなら自己の定義そのものが、他者への責任と義務の関係の中に埋め込まれているからだ」（ジョージ 2011：58-59）。本章のフィリピン系1.5世代にとっても、看護師になるということは、アメリカの競合的な移民労働市場のニッチに適合する主体として、自立／自律することを意味する。しかしそのような自立／自律は、個人的動機にもとづくものではなく、あくまでも「家族」のためとして語られる。ここには、「家族」との相互依存性や、取り除くことの出来ない連結性、そこにおいて担うべき義務と責任によってはじめて定義される、関係的な自己の観念とアイデンティティが表出していたと考えられる。

　しかし、1.5世代の子どもたちのアイデンティティを「連結的自律性」としてのみ捉えることは、移動のプロセスで表出されるアイデンティティの動態的性質を捉えそこない、本質主義的に固定化してしまう危険もあるであろう。ジョージは、アメリカに移住したケーララからの女性看護師たちの「連結的自律性」に関し、「非西洋文化出身の女性（と男性）が自律性の得失をどのように評価するかを理解するためには、彼・彼女らの人格（パーソンフッド）の観念が西洋文化のそれとかなり異なっているかもしれないということをまずは認識する必要がある」（ジョージ 2011：54）とも述べる。しかし、ここに検討している1.5世代のアイデンティティを、一概に「非西洋的自己」に依拠するものとして実体化することは適切ではなかろう。なぜなら、ここまでのさまざまな語りに表出していた自己の観念やアイデンティティとは、1.5世代の子どもたちが、フィリピンとアメリカを跨ぐトランスナショナルな社会的場において経験するさまざまな出来事や社会関係、とくに両親や「家族」との紐帯とその変化などに影響されつつ、流動的に形成されてきたものと考えられるからである。

第4節　考察

　本章では、前章で考察したフィリピン人ミドルクラスの移住によって、その子どもたちが経験した周辺化とアイデンティティ構築に焦点を当てた。ここでの周辺化とは、移動者一人ひとりが直面する葛藤、矛盾、対立、そしてそれまで慣れ親しんだ環境から「根こそぎ（uproot）」にされ、「引き離される（dislodging）」経験を意味する。それに対して、彼らのアイデンティティ構築とは、そのような周辺化を経験した自己を修復しつつ、統合的な自己を取り戻す行為であるといえよう。本章が示したのは、そのようなアイデンティティ構築に動員される重要な資源が、「家族」という親密なつながりであったということである。

　それでは、本章における議論からは、1.5世代の子どもたちのアイデンティティと、それと共に表出する「家族」表象に関して、どのような点が明らかになったのであろうか。前章において論じたように、第1世代の移住の決断は、決して親たちによる自己本位な行為ではなく、むしろそれは「子どものため」、「家族のため」という動機に支えられていた。しかし、そのような親の気持ちとは裏腹に、子どもたち自身は「なぜフィリピンを去る必要があったのか」、「私の気持ちは全く考慮されなかった」という反発、友人や「家族」に囲まれた親密でしばしば放縦な生活空間から根こそぎにされたことへの悲しみや怒りを抱くことになる。事例8-1、8-2、そして8-3で検討したように、移住先への適応と個人的成長の過程で、親への感情が受容と感謝へ変化することもあろう。しかし、少なからぬ1.5世代の子どもたちは、むしろこのような悲しみ、怒り、受容の間を揺れ動いていると考えられよう。すなわち、多くの1.5世代の人びとが、「家族（との絆）こそがわれわれフィリピーノのコア・バリュー」と語っていたが、それを彼らと親との関係を本質的に示す紐帯として、固定的に捉えることはできない。むしろ、本章の事例からは、さまざまな亀裂、矛盾、葛藤を内包しつつも、あるいはそうであるがゆえに、表出せざるを得ない「家族」表象とアイデンティティが見出された。そうした表象とアイデンティティは、彼らの日常世界におけるもっとも身近で重要な他者である、第1世代と第

2世代それぞれとの間の相互交渉の中で生み出されていた。

　まず、1.5世代の子どもたちのアイデンティティを規定する側面として、「家族」からの自立と自律の強調が指摘された。彼らは、移住前のフィリピンにおける近親、乳母などを含む「家族」の親密圏から引き離されたことを惜しみつつも、移住後の自立と自律を、「アメリカでしか得られなかった」新たな自己の一面として、積極的に評価していた。しかし、それをアメリカ生まれの第2世代を象徴する、「個人主義」や「自己中心主義」と同一のものと捉えることは出来ず、むしろ「家族」との絆や相互依存性と併存するものとして、「われわれ1.5世代」のアイデンティティは語られていた。そこには、フィリピンのルーツを忘れ（ようとし）、過度にアメリカの主流文化に適応しようとしていると1.5世代の目に映る、第2世代への批判が埋め込まれているといえよう。

　一方、大学における専攻や職業選択という局面においては、親や「家族」との相互依存性が強調される一方で、1.5世代がそのような紐帯に対してしばしば拘束と抑圧を感じているアンビバレントな状況が明らかになった。彼らにとって看護師を中心とする医療やケア産業の専門家になることは、単に自分の希望や夢の実現としては考えられていなかった。むしろそのような職業選択は、「家族」との相互依存にもとづく関係的自己を保つための、「唯一信頼のおける職業」とされた。このような職業選択においても、「自己中心的な」第2世代とは差異化されるべきものとして、1.5世代のアイデンティティが表出されていたといえよう。しかしながらその一方で、多くの1.5世代は、親や「家族」からの要求と自分の意志との対立、あるいは抑圧を感じながら、自らの望む進路や就職先が見出せないという葛藤に追い込まれてもいるのである。

　このように、本章で検討した1.5世代移民の「家族」表象は、自らのアイデンティティのコアとして理想化される一方、さまざまな亀裂、矛盾、葛藤を内包したものであるといえよう。確かに彼らのアイデンティティと「家族」表象には、他者との関係性の中でのみ見出される自己という意味で、関係的自己の側面が鮮明に語られていた。しかしそれは、ジョージがインドからアメリカに移住した看護師のアイデンティティに関して論じた、「非西欧的自己」を支える「連結的自律性」といった、静的で本質主義的な概念とは異なるものである。むしろそれは、「家族」との関係における「自立／自律」、「相互依存性」、「関

係的自己」といった諸側面が複合的に絡み合いつつ、状況依存的にいずれかの側面が優先的に表出するものとして捉えることが可能であろう。

　さらに、1.5世代移民のアイデンティティと「家族」表象は、彼らの生活世界の身近な他者によってのみでなく、プロローグで検討したような母国と移住先双方の制度的構造的要因によって、大きく規定されながら表出されるといえる。本章では、1.5世代のアイデンティティと密接に関連する職業選択として、看護師職に注目したが、彼らにとり看護師職とは、歴史的にはアメリカ植民地体制を医療・衛生面から支える専門職として、また1960年代以降においては、欧米のポスト工業化社会において増大するケア産業の需要を満たす職業として、「唯一安心できる確実な職業」とされてきたのである。多くの1.5世代にとって、現在のコミュニティ・カレッジを中心とする学校教育は、学問や知的好奇心の充足のための場というよりも、むしろそのような「唯一安心できる確実な職業」に向けた、よりプラクティカルな訓練の場として捉えられていると考えられる。つまり、そこはアメリカの競合的な移民労働力市場に開けたニッチとしての、看護やケア産業に適合的な労働力に必要とされる知識や技能を身につける場であるといえよう。

　一方、送出し国フィリピンには、プロローグで説明したような、「ブローカー国家」体制が存在した。前章で検討したように、本章の対象とした1.5世代の親世代にあたる人びとは、1990年代末から2000年代半ばにおいて、フィリピン国内でミドルクラスの諸職に就きつつも、アメリカ移住のための看護師資格取得を目指していた。当時、アメリカの移民労働力市場の需要に合わせて急増した民間の看護師養成学校は、まさにフィリピンの「ブローカー国家」体制の一角を占めるアクターであった。前章に提示した、移住の動機の諸事例に示唆されていたように、そのような体制の下で、第1世代の親たちは、グローバルな市場に求められる技能と資格を追求するアントレプレナーとしての価値と規範を内面化し、主体化していったのである。このような受入れ国と送出し国双方の制度的構造的要因によって、フィリピンとアメリカを跨ぐトランスナショナルな社会的場は、「自律的な秩序と連帯」が形成され、「相互依存的・相互協力的関係の中で人びとがそれぞれの生の価値を追求する場」（田辺 2006：103）であるよりも、むしろ自他の差異化と自己卓越化の諸実践によって一層

深化する、「社会的地位をめぐる闘争」（Levitt and Glick Schiller 2004：1008）の場となるであろう。ここで検討した1.5世代の「家族」表象と、それを核にもつアイデンティティ構築は、そのような「闘争」の中で周辺化された彼らが、幼少期の環境から根こそぎにされ、引き離された経験に意味を与えつつ、再び統合的な自己を取り戻し、両親をはじめとする他者とのつながりを結びなおす試みであるといえよう。

　最後に、本章の事例が、文化人類学や移住・移民研究において持つ意義について指摘してみたい。言うまでもなく、海外への出稼ぎや移住は、孤立した個人の行為ではなく、家計の安定と向上を求める世帯戦略であり、あるいはオルターナティブな生活様式とアイデンティティ実現を目指す家族の生活実践である。移住者の意志決定と行為は、必然的に家族構成員の意向に大きく影響される。このような家族の生活実践としての移動を文化人類学的に研究する際には、世代間・個人間で大きくその内容の異なる社会的文化的構築物としての「家族」観（関口 2008：80）を明らかにすることが1つの課題となろう。なぜなら、そのような「家族」観は、移住者のアイデンティティの中核にあるものであり、さらに移住者が自らの移動の行為によって生じた新たな状況を解釈しつつ、それに意味を付与し、適応していく過程と密接に関連しながら構築されるものだからである。

　しかしながら、本章冒頭で述べたように、従来の移動・移住研究においては、このような社会的文化的構築物としての「家族」観を積極的に紡ぎだすアクターとして、子どもは捉えられてこなかったといえる。一方で、多くの第1世代の移動が、「子どものため」に行われ、子どもはむしろ親の移動行為を規定する重要なアクターであることを考えると、より積極的な子どもの焦点化が必要となるであろう。これも本章冒頭でまとめたように、子どもを対象とした従来の移動・移住研究は、母国に残された子どもたちか、移住先にて生まれた移民の子どもたちのどちらかに焦点をあてる傾向があった（長坂 2011）。そこでは、子どもは親世代に従属的な存在として捉えられると同時に、子どもの生活世界としては母国か移住先のどちらか一方のみが対象とされた。そのような先行諸研究に対し、本章は、母国との紐帯や記憶を濃厚に維持しつつ、またしばしば移住後も母国への一時滞在を繰り返しつつ、移住先での適応プロセスの只中に

ある1.5世代の子どもたちに注目した。そのことの意義は、母国と移住先双方を含むトランスナショナルな社会的場に焦点をあて、そこにおける自らの移動経験を積極的に解釈し、意味付け、自らの立ち位置としてのアイデンティティを紡ぎだしてゆく行為主体として、子どもたちを捉えたということであろう（cf. Gardner 2012）。このような焦点化により、社会的文化的構築物としての「家族」観を、大人によって形成される一元的なものとして捉えることなく、むしろそれを多様でしばしば対立や亀裂を含んだものとして理解することが可能になるであろう。

　本章で検討した越境する子どもたちの事例は、1回きりの出来事として完結する移動ではなく、移住後も繰り返されるプロセスとして移動を捉える視点へとつながるであろう。それは、子どもたちが一旦アメリカに移住後も長短期の移動を物理的に繰り返すということを必ずしも意味するのではなく、むしろ物理的な移動が終了した後も継続的に更新される主観的解釈のプロセスとしての移動である。1.5世代の子どもたちは、誰一人として過去の移動を整合的に説明、解釈しうる鳥瞰的立場に立てるものはおらず、むしろ日々の生活における友人や親との関係、学業、進路、職業選択などの問題に取り囲まれつつ、自らの移動を解釈し続けているといえよう。そのような子どもたちの解釈は、取りとめ無く移ろいやすいものとして周辺化されるべきではない。むしろそこには、今日のトランスナショナルな社会的場に作用する権力作用と、それによって構造化される社会関係の網の目に絡み取られつつ拘束されながらも、他者との微細な差異の認識とともに表出される主体とアイデンティティが鮮明に示されているといえよう。このような、繰り返されるプロセスとしての移動の焦点化は、今日ますます複雑化するトランスナショナルな人の移動の理解にとって有効な視点を提供しうるであろう。

第9章
ゆるやかな連帯の可能性

ミドルクラスの両義的アイデンティティと「95年法」改正運動

　本章では、第7章で取り上げたフィリピン人ミドルクラス・プロフェッショ
ナルの事例に戻り、彼らのアイデンティティの特徴として指摘した両義性が、
トランスナショナルな社会的場における共同性の契機となる可能性を議論した
い。まず、本章でいう両義性の意味をより明確にするために、1つの事例を提
示したい。

事例9-1：休職届けを出しての渡米（2005年9月4日聞き取り）

　ジョシュア・エスピノーサ（1967年生）は、内科を専門とする医師である。
一方、妻ジーナ（1966年生）は、眼科医である。夫婦は、フィリピン国軍に所
属する医師として、国軍専用の病院や基地内の病院で、数年にわたり働いてき
た。しかし2002年にジーナは看護師学校に通い始め、看護師資格を取得した
後の2005年に、ジョシュアと2人の子どもとともに、アメリカに移住した[*24]。
移住の理由は、民間で働く同僚の医師に比べて著しく低い給料、加えて、頻繁
に配置換えが行われ、しばしばミンダナオ島のイスラーム反政府武装勢力との
戦闘地域の病院に配属されることなどであった。

　インタビュー当時、エスピノーサ一家は、2年間有効の観光ビザで既にアメ
リカに滞在していた。このことが、ジーナにとって、ビザが失効する前に雇用
先の病院を見つけなければならないというプレッシャーとなっていた。一方、
ジョシュアは、移住後もフィリピンのかつての就労先の病院を退職せず、1年
間の休職届けを出していた。これは、ジーナの求職活動がうまくいかなかった

---

*24 聞き取り時において、エスピノーサ夫妻は既に渡米していた。夫妻の移住に関する聞き取りは、
　　ジーナの妹に対してマニラ首都圏パシッグ市にて行った。

時には、ジョシュアがフィリピンの元の職場に戻る道を残しておくためであった。

　第7章で検討したミドルクラス・プロフェッショナルの人びとは、具体的な移住計画を抱きつつも、それに躊躇するという二面性を抱いていた。このような特徴は、エスピノーサ夫妻のように、実際に移住した人びとにも見出される。彼らは、物理的には新たな土地に移住しても、フィリピンでのキャリアと地位を捨てることには大きな躊躇を感じている。

　彼らの生活は、まさに母国と移住先の双方に片足ずつを置いたものである。事例7-4のピーターが、「退路を断つな（Don't burn your bridges）」と述べたように、ミドルクラスの多くは、彼らのトランスナショナルな試みが失敗した時の、いわば退路のための複数の選択肢を残そうとするのである。このように、ミドルクラス・プロフェッショナルのアイデンティティの両義性は、母国では得られない新たな地位とライフスタイルを移住によって得ようとする卓越化の願望と、その一方で自らの企図を挙行することへの躊躇と不安に苛まれるというかたちで表出するのである。

　ミドルクラス・プロフェッショナルのアイデンティティは、いわば、海外への移住と母国に残ることの両極の間を振り子のように往復する。ところで、後者の極、すなわち国内に残る選択へと振り子を動かすのは、トランスナショナルな社会的場における不安や恐れのみでは必ずしもない。本章では、ミドルクラスの人びとを後者の極へと引き付ける、もう1つの要因として、同胞とのつながりの希求という点を考えてみたい。そのための導入として、次の事例を検討してみたい。

事例9-2：「ピープル・パワーを繰り返せばよい」（2005年8月29日聞き取り）

　ベンジャミン・ファハルド（1972年生）は、フィリピン大学にて経営学を修了した後、ロー・スクールに進み、2001年に弁護士国家試験に合格した。現在は、マニラ首都圏の法律事務所で働いている。妻リアは、サント・トーマス大学を卒業した後、マニラ首都圏の大手多国籍製薬会社にて勤務している。夫妻は、2002年ごろからカナダへの移住を考え始めた。移住ビザ取得に必要と

なるいくつかの審査を通過し、カナダ大使館主催の移住者向けのセミナーにも何度か参加したという。

　しかしながら、同時に彼らは計画を実行するのを躊躇している。ベンジャミンは、弁護士としての活動を開始したばかりで、カナダ移住後にどのような職につけるか定かではない。さらにベンジャミンは、国に残ることに関して、より積極的な動機を抱いている。彼は次のように述べる。「我々の政府がいかに腐敗していようとも、それを変えることを諦めるべきではない。もし革命が必要なら、私は革命に参加する。ピープル・パワーがよい政府を生み出すことに失敗したら、ピープル・パワーを繰り返せばよいだけのことだ」。ベンジャミンとリアは、2001年に当時のエストラーダ大統領を失脚に追い込んだ、「ピープル・パワー2」と呼ばれる、路上でのデモに参加するため、多くの人びとが集まるオルテガス地区に毎日足を運んだという。ベンジャミンの語りは、「ピープル・パワー2」によって政権についたアロヨ大統領が、さまざまなスキャンダルや汚職にまみれてしまっても、政府を変革するために、国にとどまり続ける意志を表している。

　この事例は、ミドルクラス・プロフェッショナルが、社会や政治の変革というより積極的な動機によって、国にとどまる希望を抱いていることを示している。彼らのそのような動機は、2度の政変をもたらした「ピープル・パワー」の際に見られたような、広範な社会的連帯へとつながる可能性もあろう。しかし、ベンジャミンの変革への意志が、常に海外への移住と背中合わせに語られていたように、そのような連帯は、必ずしも持続的で強固なものとはなり得ず、むしろ暫定的で脆いつながりに終わることも十分予想されよう。にもかかわらず、そのような暫定的で脆いつながりが、何の成果ももたらさないとは限らない。むしろ、以下で検討する事例は、両義的で暫定的なつながりが、階層間の差異と分断によって規定されるトランスナショナルな社会的場の只中にあっても、具体的な社会改革をもたらし得ることを示唆している。

第1節　国家貧困対策委員会（NAPC）と「95年法」改正運動

　ここでは、フィデル・ラモス大統領政権期（1992-1998）の総合的貧困政策に基づいて設置された、NGO の連合組織である国家貧困対策委員会（National Anti-Poverty Commission, NAPC）と、そこに集うミドルクラスの人びとに注目したい。国家貧困対策委員会は、政府の傘下にありつつも、委員会内に設置される各貧困層セクターは NGO によって構成されている[*25]。それら各セクターは貧困対策に関する助言を政府に対して行う政策提言組織である。以下では、特にその委員会内に設置された諸セクターの1つである海外出稼ぎ労働者セクターに注目する。そして、そのセクターによって担われた共和国法8042号（通称「海外出稼ぎ労働者・海外居住フィリピン人に関する95年法」、Migrant Workers and Overseas Filipinos Act of 1995, 以下「95年法」）の改正運動を検討したい。この事例の検討を通し、諸階層の細分化、分極化、社会的紐帯の断絶が架橋困難なほどに深化する今日のフィリピンにおいて、暫時的にではあれ、連帯と共同性が成立する可能性があるならば、それはいかなる状況においてかという点を考えてみたい。

　国家貧困対策委員会の海外出稼ぎ労働者セクターは、マニラ首都圏に活動拠点を持ち、海外出稼ぎ労働者の支援を行う14の NGO によって構成されている。そして、「95年法」は、1995年に生じたフロア・コンテンプラション事件[*26]を契機として、海外出稼ぎ労働者の人権擁護、福利厚生を求める声がフィリピン国内で高まったことを背景として、性急に制定された。「95年法」は、フィリピン海外労働者の尊厳の擁護などを基本方針としたもので、小ヶ谷によれば、その最大の特徴は、はじめて「海外雇用を、経済成長を維持し国家発展を達成

[*25] 委員会を構成するセクターは、以下の14セクターである。1）農民・土地なし農業労働者、2）小規模漁民、3）都市貧困者、4）先住民、5）労働者・海外契約労働者、6）インフォーマルセクター労働者、7）女性、8）子ども、9）若者・学生、10）高齢者、11）障害者、12）被災者、13）非政府組織、14）協同組合。

[*26] 1995年にシンガポールで家政婦として就労していたフィリピン人女性フロア・コンテンプラションが、雇い主の子供と同僚のフィリピン人家政婦を殺害したという容疑で逮捕され、その後充分な審理を経ずにシンガポール政府によって処刑された事件。

するための手段として促進することはせず」、むしろそれに代えて、「国内での雇用を創出し、公正な富の分配と発展の利益を促進する」ことを明言したことにあった（小ヶ谷 2016：188-189）。

　一方、「95年法」には、現在フィリピン政府によって担われている海外出稼ぎに関する行政を、法律の施行から10年後に民間に委託するという自由化条項が盛り込まれていた。自由化の執行が迫りつつあった2006年に、国家貧困対策委員会の海外出稼ぎ労働者セクターを構成する諸NGOは、自由化条項の法律からの削除を求めて運動を開始した。彼らの自由化執行反対の理由は、次のようなものだった。もし、海外出稼ぎ労働者に関する業務が、政府から民間の雇用斡旋業者／代理店などに委託されることになれば、就労先の外国人雇用主や彼らと結託する国内雇用斡旋業者の利益が優先されることになりかねない。その一方で、海外出稼ぎ労働者本人の人権や福利厚生は、軽視されることになる。

　2006年には、このような主張のもと、国会議員への陳情を兼ねたワークショップが、数回にわたって開催された。その場にはフィリピン上下両院議会の労働委員会や、海外労働委員会などの委員長をつとめる国会議員やその代理が参加し、諸NGOは自由化条項が出稼ぎ労働者たちにもたらす帰結に関して、活発に意見を陳述した。特に彼らは、政府が海外出稼ぎ労働者に受講を義務付けている「渡航前指導セミナー」（Pre-Departure Orientation Seminar、以下PDOS）に関して強い懸念を表明していた（写真9-1）[27]。

　1980年代以降、PDOSは海外雇用庁によって認定された6つのNGOのみによって開講されていた。しかし、2002年以降自由化の流れの中で、PDOS開講がその他のNGOにも許可されるようになった。国家貧困対策委員会の海外出稼ぎ労働者セクターを構成するNGOは、さらなる自由化の結果、民間の雇用斡旋業者によってPDOSが行われるようになれば、セミナーの内容や質の統一

＊27 PDOSの内容は、1）出稼ぎ先の国、地域に関する一般的情報、2）海外における雇用のために必要となる手続き、3）海外出稼ぎ労働者の権利と義務、4）海外出稼ぎが国内に残された家族の生活に及ぼす影響、5）海外出稼ぎ労働者のための行政のプログラムとサービス、5）海外の労働から得られる収入の財政管理、6）帰国後のフィリピン社会への再統合の基本的ステップ、などである。

写真9−1　NGOによって行われるPDOS（渡航前セミナー）

が保てなくなるばかりでなく、海外出稼ぎ労働者の人権や福利厚生を中心とした現行のセミナーが、外国人雇用者の権利を強調するものになってしまうことを恐れていた。このような陳情と折衝を繰り返し、海外出稼ぎ労働者セクターの諸NGOは、2007年3月に共和国法8042号の自由化条項の削除を勝ち取ることができたのであった。

　このように、国家貧困対策委員会の海外出稼ぎ労働者セクターを構成するNGOは、政府の自由主義政策の行き過ぎを修正しつつ、海外出稼ぎ労働者たちの人権と福利厚生を守るための一定の社会改革を行うアクターであるといえる。この事例からは、NGOが、運動の対象としての海外出稼ぎ労働者を構成する労働者階級や貧困層と、折衝の相手としての国会議員や官僚など、異なる階層を巻き込みつつ、法律改正のための一定の市民的連帯を構築していたといえる。ここで、改めて留意しなければならないのは、第6章で対象としたような海外出稼ぎ労働者たちと、第7章で対象としたようなミドルクラス・プロフェッショナルとの間に認められる、社会階層的差異である。前者は、1年から

数年単位の短期雇用契約を結び、アジアや中東の各地で、家政婦や建設労働者として働く。彼らの海外渡航は、国内メディアなどによって、家族の生活のための「犠牲（*sakripisyo*）」として評価され、貴重な外貨の稼ぎ手でもある彼らは「国家の英雄（national hero）」として賞賛される。他方で、後者の人びと、すなわち国内で運転手や家政婦を雇い、既に快適な生活を送っているにもかかわらず、更なる安逸を求めて、あるいは国内の政情不安や治安の悪さを逃れるために欧米圏に移住する人びとの海外渡航は、しばしば「国家の裏切り行為（national betrayal）」として批判される（Aguilar 2004）。本章で対象としているNGOメンバーは、次節における事例からも明らかなように、後者のミドルクラス・プロフェッショナルたちと同一の社会階層的背景を有している。すなわち、ここで検討した「95年法」改正の運動は、海外出稼ぎ者としての労働者階級や都市貧困層と、ミドルクラス・プロフェッショナル、さらに折衝の相手としての国会議員や官僚など、さまざまな階層的背景を有するアクターを巻き込んだものであったといえるのである。

第2節　国家貧困対策委員会（NAPC）海外出稼ぎ労働者セクターにつどう人びと

　それでは、「95年法」改正の運動を展開したNGOメンバーとは誰なのか。彼らはどのような階層的背景を持ち、どのような動機によって運動に取り組んだのであろうか。実際に運動に加わったNGOメンバーの事例を紹介しつつ、この点を検討したい。

事例9-3：マイケル・ロドリゴ（2006年9月25日聞き取り）

　マイケル（1960年生）は、国家貧困対策委員会海外出稼ぎ労働者セクターの議長を務めている。彼は、マニラの南西に位置するミンドロ島にて公立学校教師の両親のもとに生まれた。マイケルがマニラにて大学を卒業した1970年代末は、マルコス独裁政権への反政府運動が激しく、彼も当時の民族主義的学生運動に身を投じた。1986年のアキノ政権誕生後は、各セクターで労働組合を組織する活動に従事した。そのような組合組織活動の一環として、海外出稼ぎ

労働者の権利擁護のNGOであるKAIBIGAN（「友人」の意）を1988に結成した。KAIBIGANは、2006年現在で全国に4万5000人の海外出稼ぎ労働者を組織するに至っている。

　一方、マイケルの妻は、フィリピン大学を卒業後、マニラの有名私立高校教師として8年間勤務した後、現在はアメリカ合衆国テキサス州ヒューストンにて公立高校の教師をしている。マイケルも子どもたちとともに、数年以内にアメリカへ移住する予定である。マイケルは言う。「アメリカに移住した後もKAIBIGANと同様の活動の継続は可能である。何故なら、ヒューストンにはおよそ1万人のフィリピン人がおり、中にはプロフェッショナルもいるが、差別をうけている人々も多い。たとえ市民権を取得しても『二級市民（second class citizen）』として蔑まれている。現在フィリピン国内で我々が行っているような活動は、アメリカ在住のフィリピン人たちの人権を守るためにも必要だ」。

事例9-4：ジョージ・アラネタ（2006年9月26日聞き取り）

　ジョージ（1951年生）は、1975年にフィリピン大学工学部を卒業後、アテネオ・デ・マニラ大学大学院に進学し、1979年に経営学修士号を取得した。彼は、長年マニラ首都圏にて銀行・金融業での要職に従事した後、2002年にNGOのKAMPI（*Kabalikat ng Migranteng Pililino, Inc.* 「海外フィリピン人の同胞」の意）を結成。主な活動は海外出稼ぎ労働者への渡航前セミナー（PDOS、先述）の提供である。ジョージは、NGO活動を始めた動機に関して、「社会的に一定の地位と実績を達成したため、今度は人びとにお返しをしたかった」と語る。

　一方、ジョージの妻は、経営学士号のほかに複数の修士号を持つ。長年国家公務員として働いてきたが、1995年に家族全員でカナダの移民ビザを申請した。ジョージは、ビザ申請の動機として以下のように語る。「申請当時、ラモス政権下でフィリピン国内の経済の調子は良かったので、移民ビザ申請に多少躊躇の気持ちはあった。しかしその次の選挙でエストラーダが大統領になる可能性が高まっており、妻が『まさかの時のために備えよう（*Manigurado tayo*）』といって申請に踏み切った」、「現アロヨ政権の支持者であることに変わりはない。しかしながら、1986年のピープル・パワーによる政変以降、この国の政情は常に混沌としている。『もし最悪の事態に至ったら』という不安が常につきま

とい、心休まる時がない」。

1997年にカナダ政府より移民ビザが発給された。そして、一足先に妻がカナダへ渡り、現在はスーパーのレジ係りや袋詰めなどの雑業に従事しつつ、既に7年間ほどカナダに滞在している。この間フィリピン国家公務員としての地位は保持したまま、役所には休職届けを出しただけで現在もカナダに滞在している。ジョージも、3年以内のカナダ市民権取得を目指している。半年以上カナダを離れると、市民権取得が困難になるため、ジョージはカナダとフィリピンの間を頻繁に短期間で往復する生活を送っている。またジョージの長男（1982年生）は、アテネオ・デ・マニラ大学経営学部を卒業した後、アメリカへの移住を希望し、そのために既にフィリピンの看護師資格を取得し、現在はアメリカの看護師資格試験の準備中である。

事例9-5：ダンテ・パテルノ（2006年9月27日聞き取り）

ダンテ（1946年生）はマニラの大学にて経営学士、アメリカにて経営学修士、さらにフィリピン大学大学院で交通工学修士号を取得した。ダンテはフィリピン国内の交通・運輸関連企業の重役を歴任した。企業人としての活動の他に、彼は1970年代よりNGO活動に身を投じ、特に環境、教育、海外出稼ぎ労働者の人権・福利に関する活動を行うNGOであるNational Greening Movement Foundationを主宰している。一方ダンテの妻は、フィリピン国内で勤務する看護師である。

ダンテにとり、アメリカへの移住は常に持ち続けてきた選択肢である。彼は言う。「アメリカは魅力的な場所である。その気持ちはいつだって私の心から消え去ることはない。なぜならアメリカは、いつだってさまざまな機会を提供してくれるところだから」。ダンテは、自分も含めたミドルクラス・プロフェッショナルが海外移住を希望するのは、「経済的な理由のみによるのではなく、むしろシステムへの信頼の喪失」であり、そしてそれによって引き起こされる「恐怖の感情（feeling of fear）」によると語る。さらに彼は、「朝目覚めた時に何の心配、不安、恐れもない社会で過ごしたい。特に歳をとってからの社会保障のある所。ニューヨークの方がマニラよりも犯罪率が高いと人は言うが、実感はない。何故なら、マンハッタンの通りを深夜遅くであっても安心して歩く

ことが出来る。一方、私の住んでいるパラニャーケ（マニラ首都圏南部の市）の自宅付近のムスリム・コミュニティからは、しばしば銃声が聞こえてくる。私たちが求めているのは（単に経済的なものではなく）、生活の質（quality of life）なのだ」と述べる。しかしながらダンテは、今すぐにアメリカに移住する可能性に関しては否定し、次のように述べる。「個人的快適さ、安逸のみを求めるべきではない。必要なのは、われわれのコミュニティ、社会、そして人びとが求めていることへの関心である。あっさりと国内でのNGO活動を置き去りにして、海外に移住するなんてことはできない」。

　以上、国家貧困対策委員会海外出稼ぎ労働者セクターを構成する14のNGOのうち3つのNGOのメンバーたちの事例を見た。彼らは、その配偶者や子供などの家族メンバーも含め、高学歴の専門職、管理職の人びとであり、つまり7章で考察の対象としたミドルクラス・プロフェッショナルと同一の階層的背景を有する人びとであるといえる[28]。そして、やはり第7章で考察した看護師資格を取得して海外移住を試みるミドルクラス・プロフェッショナルたちと同様、彼らも海外移住を計画しているか、その家族が既に海外に移住している人びとであった。しかしながらここで注目しなければならないのは、やはり彼らも海外移住という差異化、卓越化の戦略に身を投じつつも、フィリピンの国内外の同胞との物理的精神的関係性を断ち切ることのできないためらいと揺らぎを感じているということである。さらには、同胞、特に脆弱な立場にある、出稼ぎ労働者たちの福利の向上のために活動したいという、より積極的願望を抱えているという点である。

　事例9-3のマイケルは、長年フィリピン国内の労働者支援の活動に取り組ん

---

[28] 国家貧困対策委員会海外出稼ぎ労働者セクターを構成するNGOのうち、紙幅の関係上本文中に紹介できなかった団体に関しても、その主要メンバーたちは、医師、企業経営者／管理職、カトリック修道会師、航海技師などのミドルクラス・プロフェッショナルである。そして、母国と移住先の間で構築されるアイデンティティの両義性に関しても、同様の傾向が指摘できる。さらに、一般にフィリピンのNGOが、ミドルクラス・プロフェッショナルによって構成されることは、しばしば指摘される。彼らが、高い英語運用力や公式文書作成能力を持ち、政治的・技術的専門用語を熟知しているために、政府や海外援助機関との交渉を独占し、それにより支援対象の貧困層住民との間には必然的に支配従属関係や、力の格差が生じてしまう傾向に関してはFerrer（1997）、Hilhorst（2003）、西村（2009）などを参照。

できた。しかし、彼の妻は既にアメリカに移住し、遠くない将来に、彼も妻に続いて渡米する予定でいる。国内の労働者支援と海外移住という選択肢の間で、マイケルは葛藤を抱えているといえる。「現在フィリピン国内で我々が行っているような活動は、アメリカ在住のフィリピン人たちの人権を守るためにも必要だ」という彼の言葉は、そのような葛藤に対する精一杯の妥協であるように思える。また、「お返し」としてNGO活動に従事する事例9-4のジョージは、カナダへの移住を考慮しつつも、やはり最終的な移住は「もし最悪の事態に至ったら」という「万が一の保障（fallback option）」の意味を持つように思える。実際、彼の妻はカナダに移住しつつも、フィリピンの国家公務員としての地位を捨てることが出来ない。最後に、事例9-5のダンテにとって、留学先でもあったアメリカは非常に身近な存在であり、移住のオプションは常に持っていると思われる。そのような彼にとっても、フィリピン国内の「コミュニティ、社会、そして人びとが求めていることへの関心」を捨て去ることはできないのである。

　第7章では、自己あるいは家族の差異化、卓越化の試みとして海外移住を企図しつつも、国を去ることをためらい、国内に退路や居場所を確保しようとする両義性を、トランスナショナルな社会的場に巻き込まれた今日のフィリピン人ミドルクラス・プロフェッショナルのアイデンティティの性格として指摘した。そのような国内とのつながりの確保は、往々にして個人的な利害や打算に基づく行為と考えることもできる。しかしながら本章において検討した事例は、ミドルクラス・プロフェッショナルが、退路や居場所とともに求める国内各階層の人びと、同胞とのつながりが、しばしば個人的な利害、打算を越えて、一定の社会改革を実現するための紐帯と共同性を生み出す可能性を持つものであることを示している。

　この点は、フィリピン人政治学者のテマリオ・リベラによるフィリピン人ミドルクラスの政治意識の議論とも共通する。リベラは、フィリピン人ミドルクラスは、その願望を「外国の浜辺が提示するさまざまな約束（"the promises of foreign shores"）」によって達成しようとすると述べる（Rivera 2006：195）。とりわけ、エストラーダ政権の不安定性は、ミドルクラスのライフスタイルと希望にとって、直接的な脅威と危険となり、その後の度重なる汚職によってもた

らされた経済的危機は、「ミドルクラスの快適な生活の維持を困難にし、さらに彼らによって共有される正義と公正さの価値を攻撃したのであった」（Rivera 2006：195）。「相も変わらぬ行政機関の無能さと多くのニリートの無責任さ」の中で、ミドルクラスが取り得る政治的選択肢として、リベラは本章で議論した、振り子の両極を揺れ動く、両義的なアイデンティティと同様な側面を指摘する。すなわち、ミドルクラスの政治への態度は、往々にして、「政府への働きかけを諦め、海外での機会を捜し求め、国を捨てる（voting with one's feet）ことで、自分のみが豊かになろうとする、シニカルな脱政治化（de-politicization）をもたらす」。だがその一方で、「改革志向的な政治家や官僚と連携して、選挙制度や政党などの政治制度を活性化していく」のも、同じくミドルクラスなのである（Rivera 2006：199-200）。

第3節　考察

　本章の資料は、トランスナショナルな社会的場における分断と共同性に関して、どのようなことを示唆していたであろうか。グローバリゼーションのさまざまな論者が述べるように、雇用の流動化とフレキシブルかつ競合的な労働形態に適応する主体を要請するネオリベラリズムのヘゲモニーのもとで、従来確固とした集団として存在した社会階層や、それに基づいたアイデンティティは、一層個人化し、断片化し、さらには拡散消失してゆく（Crompton 2008、ハーヴェイ 2007）。フィリピン人ミドルクラス・プロフェッショナルのアイデンティティは、そのような個人化と断片化の影響を受けると同時に、彼らの海外移住への志向性は、他階層からの差異化、卓越化を一層推し進め、それによって、母国と移住先を含むトランスナショナルな社会的場は、より格差と分断が顕在化する場となるであろう。

　しかしながら、本章が明らかにしようと試みたのは、単にトランスナショナルな社会的場におけるさまざまな機会とネットワークを操作しつつ、望ましい自己の獲得と上昇を遂げてゆくミドルクラス、その結果一層顕著になる社会階層間の分断という状況のみではない。むしろ、差異化と自己卓越化の実践に従事しつつも、その実践を貫徹することに対するためらいと揺らぎを感じざるを

得ない、フィリピン人ミドルクラスのアイデンティティが内包する両義性により、彼らと国内諸階層の人びととの関係はより複雑化する事態を、本章の事例は示している。

　本章で検討したミドルクラス・プロフェッショナルたちは、海外移住を具体的に企図しつつも、あくまでをそれを「万が一の保障」と語る。つまり、国家に対して不安、不信、閉塞感を抱きつつも、最終的に国を去ることは、彼らにとってたやすいことではない。こうして、フィリピン人ミドルクラスによるアイデンティティ構築の実践は、一面においてはその差異化と卓越化の過程で諸階層間の分断化と断絶を生ぜしめる。しかしながら他方で、それは異階層の人びととの接合の回路をも内包するものであり、しばしばその接合によって、暫定的ながらも連帯と共同性が生じるのである。

　もちろん本論における共同性とは、人びとの均質なアイデンティティやモラルの共有や運動の長期的持続を念頭に置いたものではない。むしろそれは社会階層間のみならず、階層内部においても差異と複数性が顕在化するなかで、状況依存的にネットワークの接合と断絶が繰り返されるような、人びとのゆるいつながりである。しかし、伝統的な階級の細分化と分極化、格差と不平等を伴った社会全般における個人化（individualization）というネオリベラルな状況を前提としたとき、今日いかなる結社、アソシエーション、中間集団による共同性の追求も、統一的な目標や均質のアイデンティティに基づいた持続性を、与件として想定することはできない。むしろ本章で検討してきたように、きわめて個人的な利益の追求に基づく自己卓越化の実践に従事する人びとの、そのミドルクラスというポジションゆえに求めざるを得ない社会や人びととのつながりが、ある特定の状況においては、「95年法」改正運動のような一定の社会改革の成果を生み出すこともある。本論が提示した事例は、社会階層間の排除と包摂、差異化と同一化の動態が、グローバル化の進展とともに一層複雑化する現代世界に極めて特徴的な、社会的領域における人びとのつながりのあり方を示しているといえるのではなかろうか。

終　章
結　論

　本書では、人びとが互いの生を保障するために形成してきた相互性としての
「社会的なもの」の再考を意図した。近代西欧福祉国家を背景とする議論にお
いて「社会的なもの」は、顔の見える間柄のつながりよりも、匿名的な関係性
を指してきた。それは、人びとの相互性のなかでも、有機的対面的な連帯では
なく、むしろ形式的匿名的、あるいは非人称的な連帯を支える思想と制度とし
て捉えられてきた（齋藤 2004、新川 2004）。西欧の歴史的文脈に即して言い換
えれば、「社会的なもの」とは、家族、村落、地域社会などの伝統的共同体的、
あるいは親密な紐帯に基づく連帯から、近代福祉国家が徴税と再分配を通じて、
匿名の相互扶助を実現するメカニズムを形成する過程で生み出されてきたもの
であった（新川 2004）。他方で本書の出発点は、このような非人称的連帯にも
とづく福祉国家の綻びと限界が顕在化する今日の世界において、「社会的なも
の」をどのように再想像／創造してゆけばよいのかという問いであった。その
問いに答えるべく、本書では、フィリピン社会のエスノグラフィーを検討して
きた。

　序章においても述べたように、今日のフィリピンは、福祉国家の成熟を待た
ずして、急速かつ圧倒的なグローバリゼーションとネオリベラリズムの浸透を
経験しつつある。そのようなフィリピンにおける社会政策は、社会的包摂をネ
オリベラリズムの論理によってもたらそうとする特徴を持っていた。しかし、
そのような「社会的なもの」と「経済的なもの」の奇妙な同居は、一方で「脆
弱な国家」における社会政策を推進する駆動力となるが、同時にさまざまな難
点と矛盾を内包するものであった。そこでは、匿名性と非人称性の原理にもと
づく社会的連帯ではなく、むしろ「経済的なもの」の尺度である生産性と効率
性を基準にした序列化と分断が顕在化していたといえる。

ここでは、本書全体の結論として、まずそのような「社会的なもの」と「経済的なもの」の併存、あるいは相互浸透がもたらす状況を、各章の議論を振り返りながらまとめる。次に、生産性と効率性を基準とした社会的包摂がもたらす諸矛盾の中から、いかなるつながりが立ち現れてくるのかを、各章の事例に即して検討してみたい。最後に、そのようなつながりの諸相から、ポスト・ネオリベラリズムの時代における「社会的なもの」の可能性をいかに新たに構想してゆくことができるのか、本書の議論が示唆することを論じる。

「社会的なもの」と「経済的なもの」の相互浸透

　第1章のコミュニティ抵当事業の事例では、近隣住民間で組織されるアソシエーションがプログラム推進の中心となっていた。アソシエーションの活用は、フィリピンにおける1980年代末以降の民主化と地方分権化の流れの中で、社会開発の主流となった「能力付与アプローチ」に沿うものであった。確かにこのようなプログラムによって、かつての「不法占拠者（squatter）」の中から、一定数の合法的土地所有者が生まれていた。しかし他方で、アソシエーションによって強調される、「生産的な労働」に従事することのできない住民たちにとり、土地所有はいまだ遠い夢であった。コミュニティの生産性と効率性が「成功のカギ」とされるプログラムの施行過程において、行商人などの生業はスティグマ化され、周辺化されていくのであった。第2章で検討した条件付現金給付（4Ps）政策は、「人的資本への投資」という基本的理念によって、ミドルクラスからの「施し的人気取り政策」との批判をかわしつつ、プログラムを正当化することが可能となっていた。まさに、ネオリベラリズムの論理は、プログラム遂行の駆動力となっていたといえよう。そして、一定の受益者たちからは、自らの生活習慣を見直すようになったという語りや、子供の教育に対する熱意の強化という効果が見られた。しかしその反面、プログラムによってはスラムの日常生活に内在するリスクと脆弱性を軽減することはできず、プログラムの意図するエンパワーメントの有効性に対して、ある者は疑問を抱き、ある者は単に無関心であったといえる。「人的資本への投資」による社会的包摂というプログラムの理念とは裏腹に、人びとは災害、非正規就労、病い、そして子どもの継続的就学の困難さに直面し続けていた。

　第2部の海域資源管理の事例においても、コミュニティの資源利用の秩序は、「経済的なもの」によって「社会的なもの」が侵食される過程で、再編されていたといえる。それは、生計手段を持たない零細漁民の生存維持をも可能にする従来の資源利用形態から、市場価値の高い資源を優先的に保護し、活用する形態への再編であったといえる。新たな資源利用と管理のレジームにおいて、漁民たちは、資源の市場価値を高める「管理人」である限りにおいて、資源へのアクセスを認められる。他方で、多くの住民に生活の糧を提供しつつも、資源の市場価値の保護と増大に寄与することのない生計活動は、「経済的なもの」による秩序が特権化されるコミュニティにおいては周辺化され、排除されていくのであった。

　第3部の考察の対象とした「トランスナショナルな社会的場」においても、「社会的なもの」と「経済的なもの」の同居、あるいは相互浸透から生じるさまざまな矛盾が見られた。現代世界の重要な特徴の1つである、「再生産労働の国際分業の再編」は、フィリピンの労働力に巨大なマーケットを提供した。労働力の最適な配置を任務とする「ブローカー国家」体制にとって、「従順さ」、「ホスピタリティ」、「TLC（Tender Loving Care）」など、再生産労働が要求する感情的特質は、グローバルな労働力市場に自国民を売り込む際の重要なリソースとなった。そのような優秀な再生産労働力としての人的資本に不可欠の要素が、海外の就労先におけるさまざまなリスクに対し、自助努力と自己責任で対処するための知識と能力であった。しかし、このような「トランスナショナルな社会的場」からの国家の後退は、紛争、雇用主からの虐待、家族の崩壊など、個人によっては担いきれないリスクの増殖を生み出すのであった（第6章）。一方、このような海外出稼ぎ労働者をその一部として含む下層の大衆（*masa*）と、上層エリート双方からの差異化と卓越化として、海外移住を試みるのが、ミドルクラス・プロフェッショナルであった。これらのミドルクラス・プロフェッショナルの移住願望を具体化し、さらに触発してゆく看護師養成学校は、再生産労働の国際的市場に適合的な人的資本の育成を図る、「ブローカー国家」体制の一角を担っているといえる。一般に、フィリピンを含む途上国、新興国の新しい民主主義国家において、ミドルクラスは国内社会階層の分断を克服し、広範な社会的連帯と市民的公共圏を構築するための役割を期待される。しかし、

そのような期待とは裏腹に、ミドルクラス・プロフェッショナルの差異化と卓越化の行為は、「トランスナショナルな社会的場」の分断化、細分化、そして個人化を深めることになるのである（第7章）。一方、ミドルクラス・プロフェッショナルの親とともにアメリカへ移住した子供たちは、不均衡な資源の交換と非対称な権力の配分によって秩序づけられる「トランスナショナルな社会的場」において、さまざまな他者との相互行為を通した、日常的な「社会的地位をめぐる闘争」（Levitt and Glick Schiller 2004：1008）に従事する（第8章）。彼ら移民1.5世代は、移住という犠牲の代償として、子供に「唯一確実な職業」を得させようとする移民第1世代と、アメリカ的個人主義を過剰に内面化したかのような第2世代との間で、さまざまな抑圧と葛藤を経験していたのであった。

　序章で議論したごとく、本書では、「社会的なもの」を、われわれの生を可能にし、保護し、束縛から解放するものであると同時に、われわれの生を規範化し、規律化し、管理する領域であるとした。そのような両義的なものとして「社会的なもの」を成り立たせているのは、統治性の権力作用であり、それはわれわれの生そのものを「一種の恒久的企業」となるよう方向付け、社会はそれによって「その最も細かい粒に至るまで企業モデルによって形式化」されることになる（フーコー 2008［2004］：297）。ここまで振り返ったような、フィリピンの社会開発とグローバル化が内包するさまざまな矛盾は、「社会的なもの」と「経済的なもの」の相互浸透により、個人が有用な「人的資本」という尺度によって主体化され、そのような主体同士の「生産性／非生産性」、「効率性／非効率性」といった基準にもとづく序列化が深化することで生み出されていたといえよう。

活性化するインフォーマルなつながり

　このような「社会的なもの」の再編と同時に明らかになったのが、「経済的なもの」による秩序には統合されることのない、さまざまなつながりの存在であった。そのようなつながりとは、ネオリベラルな統治性の及ばない領域における単なる残余や、伝統の残滓ではなく、あるいはネオリベラルな統治性に頑強に抵抗する、伝統的で原初的な紐帯でもない。すでに序章にて述べたように、

本書はそのような「（ポスト）近代／伝統」、あるいは「開かれた市民社会／閉じた共同体」といった二項対立的視点に立つものではない。むしろ各章の事例から明らかになったのは、ネオリベラルな統治性の浸透とともに顕在化し活性化する、インフォーマルかつ親密なつながり、そしてそれによって生まれる共同性の様態であった。以下では、この点を、再び各章の議論を振り返りつつ明確にしてゆきたい。

　第1部の各章では、都市貧困層を対象とした社会政策の施行過程で顕在化する、クライエンテリズム的なつながりが持つ意味について論じた。第1章でみたアソシエーションは、1980年代後半以降のフィリピンの民主化の過程で、「参加型民主主義」を実現すべく登場した制度であった。しかし、CMP（Community Mortgage Program、コミュニティ抵当事業）の担い手として、アソシエーションが貧困層住民の間で機能し始めた時、住民たちによってもはやそれは「参加型民主主義」という抽象的で形式的な価値とは結び付けられず、むしろ具体的な資源へのアクセスの1つの経路として解釈されていたといえる。貧困層住民は、日々の生活において、いくつものパーソナルな紐帯にもとづく、資源へのアクセスの経路を維持している。具体的にはそれは、地区議会議員（barangay councilors）や市議会議員（city councilors）などの地方政治家をはじめ、地区選出の国会議員などの政治家、親族や近隣住民、海外在住の親族・友人、さらには高利貸しのボンバイ（印僑）なども含むだろう。アソシエーションは、CMP施行の過程で、これら人びとの手持ちのネットワークに組み込まれ、新たな資源へのアクセスの経路の1つとして機能することになった。もちろん、アソシエーションの一部の役員たちと地方政治家が、互いの利害によってきわめて閉鎖的な関係を結ぶ時、住民たちの疑念と不信を買い、アソシエーションは機能停止に陥りかねない。しかし市長をはじめとする地方政治家たちと強固なパトロン－クライアント関係を築きつつも、「透明性」を強調する事で住民たちの信頼を得て、非正規居住者たちの居住の安定と保障が達成されつつある状況も見られた。住民たちは、アソシエーションを「参加型民主主義」という抽象的形式的な概念によってではなく、クライエンテリズムという、より身近で、かつ了解可能なロジックによって解釈することで、それを財とサービスの分配のためのインフォーマルな回路として飼い慣らし、生の保障を可能

にしていたのであった。

　第2章では、4Ps（Conditional Cash Transfer、条件付き現金給付）の「人的資本への投資」というロジックが、皮肉にも、その正反対の価値を持つ、クライエンテリズム的なつながりによる資源の再分配の希求を顕在化させる状況を検討した。そのような希求は、単なる貧困者の「依存の文化」ではない。むしろ、それは「人的資本への投資」によっては対処し得ない圧倒的なリスクと脆弱性、権力の格差、そして資源配分の不均衡に直面する人びとによって願望される、親密なつながりに基づく相互依存性と互酬性であり、それによって可能になる「新たな再分配の政治」（Ferguson 2015）であるといえよう。

　第2部においては、自然資源管理の要請する規律化が浸透する過程で、コミュニティが外部のさまざまな他者に対して開かれ、接合され、協働することで、海域資源利用者たちの生の保障を可能にする制度の「文脈化」が進展していた。コミュニティは、家族、親族らの本源的（primordial）な紐帯を内包しつつも、資源の共同管理（co-management）を行う諸アクター、すなわち地方自治体に属する資源管理協議会（MFARMC）、漁業水産資源局（BFAR）などの中央政府行政機関、そしてNGOなどに開かれていた。ここでも、本源的かつ親密な紐帯は、資源管理の公共性の浸透に頑強に抵抗し、居座る残余ではなかった。むしろ、公共性とそれが要求する規律化との相互交渉のもとに、家族、親族などの親密な紐帯は新たに活性化されつつ再編され（事例4-4参照）、それによって漁業資源利用の再編が可能になり、コミュニティは格差と階層性を内包しつつも、人びとの生計を可能にする一定のバランスが維持されていたのだった（第4章）。同様に、人びとの高い移動性によって特徴づけられる海域世界の社会関係は、出自の共有などによって集団を収斂させ閉鎖的に統合するのではなく、日々の衣食住の実践を共有する者の間に、開かれたアイデンティティを構築する。資源管理体制の浸透によって周辺化される漁民の生も、このような解放的でフレキシブルなコミュニティ的つながりによって可能となっていた（第5章）。

　第3部の各章は、トランスナショナルな社会的場へのネオリベラルな統治性の浸透の一方で、人びとによって語られ、紡がれる親密なつながりに注目した。第6章では、海外出稼ぎの広範な展開によって新たに生み出されるリスクに対

し、出稼ぎ労働者たちの出身地域の近隣のつながりが作動し、NGOや政府との新たな接合を生み出すなかで、リスクへの対応がなされている状況を検討した。このようなリスクの対応において、確かに国家やNGOの存在は欠かせない。しかし、それらのアクターとのネットワークを作動させ、特定の状況における個別の苦難を抱える個人への支援を可能にしていたのは、その苦しみを共にすることのできる近隣関係にもとづく親密なつながりであった。また、「社会的地位をめぐる闘争」によって差異化され、分断化されるトランスナショナルな社会的場において、人びとの生を保障し、アイデンティティの資源となっていたものは、家族を中心とする親密なつながりであった。経済的自立、業績主義、個人主義が求められる移住先アメリカにおいて、表象としての「家族」は、移住先におけるいまだ不安定な社会化の途上にある若き移民たちにとり、「われわれフィリピン人」の核にあるものとして語られていた。しかし、調和的な「家族」の表象は、幼少期の故郷にて存在していた家族や、移住先で生活をともにする家族の現状を忠実に反映したものではなかった。むしろ、現実の家族は、「行き場のない」、「のぞみのない」フィリピンの状況の中で、経済的基盤や心理的一体性を失いつつあり、また移住先アメリカにおいては、ポスト福祉国家の競合的な再生産労働市場に参入するための、「市場価値（marketability）」と「雇用可能性（employability）」を身に付けることを子どもに要請し、そのような価値に見合った進路を子どもに強いる抑圧的、拘束的な存在であった。にもかかわらず、1.5世代移民にとって、「家族」とそのつながりを語ることは、自らの「根こそぎにされる経験」としての移住を捉え返しつつ、それに新たな意味を付与することで、統合的な自己を回復するための、重要な象徴的資源となっていた（第8章）。第9章で検討したミドルクラス・プロフェッショナルを中心とした、ゆるやかで暫時的な連帯と共同性の事例も、同様に家族をその契機としていたといえる。ここに見られた連帯は、諸階層間における統合的なアイデンティティや、モラルの共有にもとづく強固で持続的なものではなかった。それは、ミドルクラス・プロフェッショナルたちが、家族を思うがゆえに、物理的にも心理的にも母国と移住先の間を、振り子のように揺らぎ続けざるをえない両義性を内包していた。第9章の事例が示唆していたのは、このようにゆるやかで暫定的な連帯であっても、具体的な社会改革と同

朋意識の醸成の可能性を決して排除しないということである。

ポスト・ネオリベラリズムの時代における「社会的なもの」に向けて

　本書では、「社会的なもの」の再想像／創造という課題に取り組むために、フィリピンにおけるさまざまなつながりのエスノグラフィーを提示した。そのつながりは、非人称の連帯とは対照的な、パーソナルかつインフォーマルなつながりであった。しかし、そのようなつながりを、いわば「社会的なもの以前」の伝統的かつ有機的対面的連帯の残滓として捉えるのは適切ではなかろう。なぜならそれらのつながりは、今日のネオリベラルな統治性を支える「自助」、「自律」、「エンパワーメント」、「市民的主体」、「生産的なコミュニティ」といった諸規範に触発され、活性化されながら生成し、顕在化したといえるからである。そして、それらのつながりは、クライエンテリズム、コミュニティ、家族といった親密で本源的な紐帯に依拠しつつも、その外部の公共性へと開かれることによって、人びとの生を保障し、それに意味をあたえる資源ともなっていた。

　序章で言及したイレートが論じたように、近代植民地主義は、「家族／国家」、「個別的（particularistic）／国民的（nationalistic）」、「暴力／法」、「クライエンタリズム／真正な民主主義」といったいくつかのもの二分法的認識枠組みによって、「かれら（非西欧）」と「われわれ（西欧）」を差異化してきた（Ileto 1999）。本書の意図は、このような二分法による「西欧」と「非西欧」それぞれの実体化を回避しつつ、今日要請される社会的連帯のあり方と可能性を、フィリピンという固有の場所から考えることであった。イレートはこれらの二分法を、西欧のオリエンタリズム的他者認識が内包する本質化の戦略であり、自らの陰画、あるいは鏡像としての他者に投影されたイメージであると論じた。本書の論旨からすれば、そのような二分法は、近代西欧福祉国家とそれを範型とする「社会的なもの」の諸研究が、同様にして他者に投影した、非（あるいは前）福祉国家のイメージであると考えられよう。そのような、ヨーロッパの福祉国家が投射する、否定形あるいは、欠如態としての他者イメージを相対化しつつ、本書では、むしろ「パブリックかつナショナルな領域」と「プライベートかつローカル、あるいは家族的な領域」（Ileto 1999：61）の双方に同時に属しつつ、

あるいは双方を行き来する実践から開ける連帯のあり方を論じてきた。

　非人称の相互性や公共性は、本書に登場した都市貧困者、地方村落住民、あるいは海外出稼ぎ労働者の生の保障にとって、必ずしも十分に有効な手段とならないばかりか、生権力的装置として、人びとを内側から微細に統治し、管理するシステムであった。序章でも触れたアンセルが論じるように、しばしば「人びとは、規範的な民主主義を、彼らの苦しみに無関心なものとして経験する」（Ansell 2014：18）。そこでは、形式的な民主主義ではなく、むしろ「親密な階層性（intimate hierarchy）」としてのパトロン－クライアント関係が、貧者の間の「間主観的な共感（intersubjective compassion）」を生み、彼らの生を保障する（Ansell 2014：18）。また、南部アフリカの諸事例からファーガソンが論じたように、資源の正当な分与を求める人びとは、抽象的観念としての「市民権」や「自由」ではなく、顔の見える有力者とのあいだに取り結ばれるパーソナルな従属と依存関係を、むしろ積極的に求め、そのようなヒエラルキカルな秩序に自らを組み込むことで、生存のための分配と承認を得ようとしていた（Ferguson 2015）。

　このような、いわば「南から」の「社会的なもの」の諸議論の中でも、本書との関連で興味深いのが、田辺明生によるインド・オリッサ州における「モラル社会」の議論である（田辺 2006、Tanabe 2002、2007）。それによると、西欧近代の公共圏の概念は、人間の自然的な生命としてのゾーエーと、個体や集団に特有の1回限りの生を指すビオスという、古代ギリシャ以来の区別に基づいていた。つまり、動物的な生命の再生産の場としての親密圏と対照的な領域として、市民の政治活動の領域としての公共圏が想定されていた。しかし、田辺によれば、インドにおいてはプライベートな身体に関わる事象としてのゾーエーは、パブリックな政治・社会的行為を支えるビオスと区別されることはなく、後者との関係で周縁化されることもない。むしろ、親密で私的な生と政治的公共的な生は相互に浸透しあい、地縁・血縁・カーストなどによって幾重にも結ばれた関係性の中での生命の基盤となる諸行為（例えば何を食べ、誰と交わるか）が、「社会・政体のモラル秩序および自己のそこにおける位置づけを構成する」（田辺 2006：100）。このようなコミュニティの親密性の中で育まれる生命とモラルを基盤にして開かれるのは、「均質的な市民社会ではなく、不均質

で混成的な公共圏」である（常田・田辺 2012：369）。換言すれば、それはコミュニティの生活世界に根差した「ヴァナキュラーな民主主義」が立ち上がる空間である。それによって可能になるのは、「自らがおかれた社会的関係性のなかで自己の固有存在としてのケイパビリティと尊厳を確保するために、その関係性のありかた自体を変えていこうとする営為」としての「関係性の政治」である（田辺 2006：103）。

　田辺の議論は、これまで近代の普遍的な制度や原理として論じられてきた「社会的なもの」を、ローカルで固有（ヴァナキュラー）な生活世界における生命やモラルの観念から捉え返すことの意義と必要性を示唆しているといえよう。本書が論じてきたインフォーマルかつパーソナルなつながりは、形式的で非人称の公共性が生み出す諸制度を、コミュニティの文脈から解釈し直し、修正を加え、選択的に取り込む実践としての、「関係性の政治」を可能にしていたといえよう。このような「不均質で混成的な公共圏」においてこそ、生活の場に浸透するグローバリゼーションとネオリベラルな統治性によってもたらされる、今日のリスクと不確実性に対峙する人びとの生の保障が可能になるといえよう。本書が論じてきたような、インフォーマルかつパーソナルなつながりを内包し、それに依拠しつつも、非人称の公共性との回路をも維持した共同性への注目は、ポスト・ネオリベラリズムの時代における「社会的なもの」の構想へとつながるだろう。

あとがき

　1998年6月、フィリピンのスペインからの独立100周年記念の一環で作成された T シャツに、以下のような文言がプリントされていた：

I CAN DO ANYTHING !

I SURVIVED :

Spanish Colonization, American Rules, Japanese Occupation,

The Radical '60s, Martial Law, Bloodless EDSA Revolution,

7 Coups, Mt. Pinatubo, Peso Devaluation, El Nino

'YAN ANG PINOY, 100 TAON NA AKO

（私にできないことは何もない！

（なぜなら）私は生き抜いたから：

スペイン植民地期、アメリカの統治、日本の占領、

過激な '60年代、戒厳令、エドサ無血革命、

7度のクーデター、ピナツボ火山の大噴火、ペソ切下げ、エルニーニョ、

これぞ100歳のフィリピン人。）

　ここには、植民地からの最初の独立後100年を経た、フィリピンという国の「自画像」が描かれている。もちろん、その後も度重なる政変やクーデター、イスラーム反政府勢力との武力紛争、毎年のように発生する甚大な自然災害など、「国難」と呼べる出来事は尽きることがない。にもかかわらず、「私にできないことは何もない」と言い切ってしまえる「レジリエンス」（しぶとさ、打たれ強さ）こそ、この国の「自画像」の主題としてあるものといえよう。
　思えば、私が学生時代に初めてフィリピンの地を踏んでから、今日に至るまで飽きもせずフィリピン訪問を繰り返しているのも、このレジリエンスがどこから来るのか、そのことがいつも心に引っかかっていた（もっと素直に言えば、

それに魅了された）からかもしれない。そして、その問いに対する現時点での1つの答えが、本書で論じてきたさまざまな「つながり」であった。

とはいえ、もちろん私はこのようなフィリピン人のレジリエンスを、もろ手を挙げて全面肯定するものではない。家族、親戚、近隣、バランガイにおける人びとの濃密なつながりは、まさにすべてをかなえる「魔法の杖」のように思えることもあれば、しばしばそれは重苦しく煩わしい「しがらみ」にも転化する。さらに、そのようなつながりは、内輪の者には心地よいが、一歩外にいる者に対しては、良くて無関心、多くは妬み、陰口、中傷、最悪の場合には暴力による攻撃の刃を向ける。しばしば目を覆いたくなるような事態を生む、このようなつながりに対して、愛憎相半ばする気持ちを抱えながら、すでに四半世紀もの間フィリピンへの訪問を繰り返してきた。その間、つながりが単なる親密圏を超え、より広い共同性に結びつく可能性はないのだろうかと考えるなかで、浮かび上がったキーワードが、「社会的なもの」であった。2000年代以降の世界的なネオリベラリズムの席捲へのアンチテーゼとして、さまざまな論者によって「社会的なもの」が言及されてきた。西欧や日本を対象としていたそれらの議論に対し、フィリピンといういわば「想定外の」場所からの「社会的なもの」の民族誌が、何らかの示唆を与えることができるのではないかというのが本書執筆の意図であった。もちろんその成否は読者諸氏の評価にゆだねるしかない。

本書は、過去10年ほどの間に発表してきた論文に対し、1冊の本として一貫したテーマのもとに論じるために、加筆修正を施したものである。各章が依拠した論文は以下の通りである。

- ・　序論　書下ろし
- ・　第1章　Governing Through Exclusion: The Un/Making of the "Citizen" and "Community" through Neoliberal Urban Development in Metro Manila, Philippines, *Japanese Review of Cultural Anthropology*, Vol.11： 67-101, 2010年.
- ・　第2章　「スラムの貧困統治にみる包摂と非包摂──フィリピンにおける条件付現金給付の事例から」『アジア経済』54（1）：47-80、2013年。

- 第3章・第4章 「グリーン・ネオリベラリズムとエイジェンシーの共同体
  ——フィリピンの海域資源管理の事例から」『文化人類学』73巻4号、477
  –498頁、2009年。
- 第5章 Crafting Livelihood in the Era of Neoliberal Environmentality, in
  Eder, James and Oscar Evangelista eds., *Palawan and Its Global
  Connections*, pp.161-194, Ateneo de Manila University Press, 2014年。
- 第6章 「後退する国家を生きる女性たち——フィリピンの海外雇用と条
  件付き現金給付の事例から」、『現代アジアの女性たち——グローバル化社
  会を生きる』福原裕二、吉村慎太郎編、新水社、235–252頁、2014年。
- 第7章・第9章 「トランスナショナルな社会空間における差異と共同性
  ——フィリピン人ミドルクラス・アイデンティティに関する考察」『文化
  人類学』74巻3号、1-24頁、2009年。
- 第8章 「越境する子どものアイデンティティと『家族』の表象——アメ
  リカ合衆国におけるフィリピン系1.5世代移民の事例から」『文化人類学』
  78（3）：367–398, 2013年。
- 終章 書下ろし

　これらの研究は多くの研究助成によって可能になった。ここにそのすべてを
列記することはできないが、特にアメリカでの調査を可能にしてくれた下記の
プロジェクトを明記し、ここに深謝の意を表したい。

- 科研費補助金基盤研究B海外学術調査（2012年度〜2014年度）、「フィリピ
  ン系移民第1.5世代による社会生活の構築に関する比較研究」（代表者長坂
  格、課題番号24401039）
- 科研費補助金基盤研究B海外学術調査（2009年度〜2011年度）、「移民第1.5
  世代の子ども達の適応過程に関する国際比較研究−フィリピン系移民の事
  例」（代表者長坂格、課題番号21402032）

　本書が完成するまでの間には、フィリピンと日本でのさまざまな人びとの温
いご協力を得た。調査地においてお世話になった人びとの名前を挙げればきり

がないが、すでに20年以上の付き合いとなっているマリキナ市マランダイ地区のジュリエット・レイエスさんとパラワン州プエルト・プリンセサ市在住のコロンバ・ファアハルドさんには、特に感謝したい。また、私が代表として現在進めている科研プロジェクト（基盤研究B海外学術調査「社会的なものの再編とリスクの統治——フィリピンの脆弱性とレジリエンスの民族誌から、課題番号15H05171）に研究分担者として加わっていただいている東賢太朗さん（名古屋大学）、太田和宏さん（神戸大学）、日下渉さん（名古屋大学）、辰巳頼子さん（清泉女子大学）、長坂格さん（広島大学）とのさまざまな場での議論から多くのものを得ることができた。特に、広島大学の同僚でもある長坂格さんには本書の草稿の一部を読んでいただき、貴重なコメントをいただいた。ここに記して深謝の意を表したい。また、現在の奉職先である広島大学大学院国際協力研究科のゼミ生の皆さんにも感謝したい。国際色豊かな彼ら彼女らとの交流は、時にエネルギーを消尽させられつつも、本書執筆のためのモチベーションとなっていたことは間違いない。特にタイからの留学生Chaopreecha Jakraphanには、本書中の地図を作成してもらった。また、本書の出版を受け入れていただいた明石書店、そして編集の各段階で多大なお世話になった兼子千亜紀さんと関正則さんには、心からお礼を申し上げたい。なお本書の出版には、平成29年度JSPS科研費補助金研究成果公開促進費（学術図書、課題番号17HP5129）の助成を受けた。

　最後に、私事にわたり恐縮であるが、しばしば抽象的で自己満足の議論に閉じこもりがちな私を、ネイティブの眼と感覚で厳しく批判しつつ、常に現実世界に引き戻してくれたのみでなく、フィリピン社会との「つながり」を与えてくれた妻マリア・ロサリオに感謝しつつ本書を捧げたい。

2017年10月
初秋の山々を望む西条の研究室にて

関　恒樹

参考文献

Abinales, Patriciao N. and Amoroso, Donna J. 2005. *State and Society in the Philippines*. Quezon City: Anvil.

Adams, William M. and Jon Hutton 2007. People, Parks and Poverty: Political Ecology and Biodiversity Conservation. *Conservation and Society* 5(2): 147-183.

Agrawal, Arun 2003. Sustainable Governance of Common-Pool Resources: Context, Methods, and Politics. *Annual Review of Anthropology* 32: 243-262.

2005a. Environmentality: Community, Intimate Government, and the Making of Environmental Subjects in Kumaon, India. *Current Anthropology* 46(2): 161-190.

2005b. *Environmentality: Technologies of Government and the Making of Subjects*. Durham: Duke University Press.

Aguilar, Filomeno 2003. Global Migrations, Old Forms of Labor, and New Transborder Class Relations.『東南アジア研究』41(2): 137-161.

2004. Is There a Transnation? Migrancy and the Natinal Homeland among Overseas Filpinos, In Brenda S. A. Yeoh and Katie Willis (eds.) *State/Nation/Transnation: Perspective on Transnationalism in the Asia-Pacific*. London & New York: Routledge, pp.93-119.

Allison, Anne and Charlie Piot 2011. "New Editors' Greeting." *Cultural Anthropology* 26(1): 1–5.

Ansell, Aaron 2014. *Zero Hunger: Political Culture and Antipoverty Policy in Northeast Brazil*. Chapel Hill: The University of North Carolina Press.

Antolihao, Lou 2004. *Culture of Improvisation: Informal Settlements and Slum Upgrading in a Metro Manila Locality*. Quezon City: Institute of Philippine Culture, Ateneo de Manila University.

Appadurai, Arjun 2002. Deep Democracy: Urban Governmentality and the Horizon of Politics, *Public Culture* 14(1): 21-47.

Astuti, Rita 1995. *People of the Sea: Identity and Descent among the Vezo of Madagascar*. Cambridge: Cambridge University Press.

Austin, Rebecca et al. 2009. The Accidental Scholar as Activist: From Ecocolonialism to Effective Transnational Alliances in Palawan's Environmental Movement (Poster Presentation at Society for Applied Anthropology, 69th Annual Meeting, Santa Fe, New Mexico).

Auyero, Javier 2001. *Poor People's Politics: Peronist Survival Networks and the Legacy of Evita*. Durham Duke University Press.

東賢太朗・市野澤潤平・木村周平・飯田卓（編著）2014.『リスクの人類学——不確実な世界を生きる』世界思想社.

Ballesteros, Marife M. 2005. *Rethinking Institutional Reforms in the Philippine Housing Sector*, Quezon City: Philippine Institute for Development Studies.

Bakker, Karen 2005. Neoliberalizing Nature? Market Environmentalism in Water Supply in England and Wales, *Annals of the Association of American Geographers* 95(3): 542-565.

Bautista, Maria Cynthia Rose Banzon 2001. People Power 2: 'The Revenge of the Elite on the Masses'?, In Amando Doronila (ed.), *Between Fires: Fifteen Perspectives on the Estrada Crisis*, Quezon City: An Inquirer Books Publication, pp.1-42.

Berlanga, Mauro and Faust, Betty B. 2007. We Thought We Wanted a Reserve: One Community's Disillusionment with Government Conservation Management, *Conservation and Society* 5(4): 450-477.

Berner, Erhard 1997. *Defending a Place in the City: Localities and the Struggle for Urban Land in Metro Manila*, Quezon City: Ateneo de Manila University Press.

2000. Poverty Alleviation and the Eviction of the Poorest: Towards Urban Land Reform in the Philippines, *International Journal of Urban and Regional Research* 24(3): 554-566.

2001. Learning from Informal Markets: Innovative Approaches to Land and Housing Provision, *Development in Practice* 11(2&3): 292-307.

Biersack, Aletta 2006. Reimagining Political Ecology: Culture/Power/History/Nature. In Aletta Biersack and James B. Greenberg, (eds.) *Reimagining Political Ecology*. Durham: Duke University Press, pp.3-40.

Bird, Richard and Edgard R. Rodriguez 1999. Decentralization and Poverty Alleviation: International Experience and the Case of the Philippines, *Public Administration and Development* 19: 299-319.

Boris, Eileen and Rhacel Salazar Parreñas 2010. *Intimate Labors: Cultures, Technologies, and the Politics of Care*. Stanford: Stanford University Press.

ブルデュー, ピエール 2000. 『ディスタンクシオンII』(石川洋二郎訳), 藤原書店.

Bridge, Gavin 2007. Acts of Enclosure: Claim Staking and Land Conversion in Guyana's Gold Fields, in Nik Heynen, James McCarthy, Scott Prudham and Paul Robbins (eds.), *Neoliberal Environments: False Promises and Unnatural Consequences*. London and New York: Routledge, pp.74-86.

Bryant, Raymond L. and Sinéad Bailey 1997. *Third World Political Ecology*. London and New York: Routledge.

Brockington, Dan 2004. Community Conservation, Inequality and Injustice: Myths of Power in Protected Area Management, *Conservation & Society* 2(2): 411-432.

2008. Powerful Environmentalisms: Conservation, Celebrity and Capitalism, *Media, Culture & Society* 30(4): 551-568.

2009. *Celebrity and the Environment: Fame, Wealth and Power in Conservation*. London: Zed Books.

Brockington, Dan and Rosaleen Duffy 2010. Capitalism and Conservation: The Production and Reproduction of Biodiversity Conservation, *Antipode* 42(3): 469-484.

Brockington, Dan and Katherine Scholfield 2010. The Conservation Mode of Production and Conservation NGOs in sub-Saharan Africa, *Antipode* 42(3): 551-575.

Burchell, Graham 1996. Liberal Government and Techniques of the Self, In Andrew Barry, T. Osborne, and N. Rose (eds.), *Foucault and Political Reason: Liberalism, Neo-liberalism, and Rationalities of Government*. Chicago: University of Chicago Press, 19-36.

Büscher, Bram and Wolfram Dressler 2007. Linking Neoprotectionism and Environmental Governance: On the Rapidly Increasing Tensions between Actors in the Environment-Development Nexus, *Conservation and Society* 5(4): 586-611.

Butcher, John G. 2004. *The Closing of the Frontier: A History of the Marine Fisheries of Southeast Asia c.* 1850-2000. Singapore: ISEAS Publications.

Cannell, Fanella 1999. *Power and Intimacy in the Christian Philippines*. Cambridge: Cambridge University Press.

Carrier, James G. 2010. Protecting the Environment the Natural Way: Ethical Consumption and Commodity Fetishism. *Antipode* 42(3): 672-689.

Carrier, James G. and Donald Macleod V.L. 2005. Bursting the Bubble: The Socio-Cultural Context of Ecotourism, *Journal of Royal Anthropological Institute* 11: 315-334.

Carsten, Janet 1995. The Politics of Forgetting: Migration, Kinship and Memory on the Periphery of the Southeast Asian State, *Journal of the Royal Anthropological Institute* 1(2): 317-335.

カステル, ロベール 2015. 『社会喪失の時代――プレカリテの社会学』（北垣徹訳）, 明石書店.

Castree, Noel 2008 Neoliberalising Nature: Processes, Effects, and Evaluations, *Environment and Planning A* 40: 153-173.

Casino, Faith Christian Q. 2001. *Microfinance Approach to Housing: The Community Mortgage Program*. Discussion Paper Series No. 2001-28. Makati City: Philippine Institute for Development Studies.

張 慶燮 2013. 「個人主義なき個人化：『圧縮された近代』と東アジアの曖昧な家族危機」, 落合恵美子編『親密圏と公共圏の再編成――アジア近代からの問い』京都大学学術出版会, 39-65頁.

CFO (Commission on Filipino Overseas) 2016. Stock Estimate of Overseas Filipinos as of Dec. 2013, http://www.cfo.gov.ph/index.php?option=com_content&view=article&id=1340:stock-estimate-of-overseas-filipinos&catid=134:statisticsstock-estimate&Itemid=814（2016年5月23日閲覧）.

CFO (Commission on Filipino Overseas) 2013. Number of Registered Filipino Emigrants by Major Countries of Destination: 1981-2012, http://www.cfo.gov.ph/images/stories/pdf/bymajorcountry2012pdf（2012年7月18日閲覧）.

Choy, Catherine Ceniza 2003. *Empire of Care: Nursing and Migration in Filipino American History*. Durham: Duke University Press.

City of Daly City (City Profile) 2013. http://www.dalycity.org/About_Daly_City/City_Profile.htm（2013年10月10日閲覧）

Clarke, John, Dave Bainton, Noémi Lendvai and Paul Stubbs 2015. *Making Policy Move: Towards a Politics of Translation and Assemblage*. Bristol: Policy Press.

Claudio, Lisandro E. 2013. *Taming People's Power: The EDSA Revolutions and their Contradictions*, Quezon City: Ateneo de Manila University Press.

Correia, David 2005. From Agropastoralism to Sustained Yield Forestry: Industrial Restructuring, Rural Change, and the Land-grant Commons in Northern Mexico, *Capitalism Nature Socialism* 16(1): 25-44.

Crompton, Rosemary 2008. *Class & Stratification* (3rd Edition). Cambridge: Polity Press.

Cruikshank, Barbara 1999. *The Will to Empower: Democratic Citizens and Other Subjects*. Ithaca and London: Cornell University Press.

Danico, Mary Yu 2004. *The 1.5 Generation: Becoming Korean American in Hawai'i*. Honolulu: University of Hawai'i Press.

Dean, Mitchell 2010. *Governmentality: Power and Rule in Modern Society, 2nd edition*. London: Sage.

Donzelot, Jacques 1991. The Mobilization of Society, In Graham Burchell, Colin Gordon and Peter Miller (eds.), *The Foucault Effect: Studies in Governmentality*. Chicago: The University of Chicago Press, pp.169-179.

Dressler, Wolfram H. 2009. *Old Thoughts in New Ideas: State Conservation Measures, Development and Livelihood on Palawan Island.* Quezon City: Ateneo de Manila University Press.

Duffy, Rosaleen and Moore, Lorraine 2010. Neoliberalising Nature? Elephant-Back Tourism in Thailand and Botswana. *Antipode* 42(3): 742-766.

Dumont, Jean-Paul, 1992. *Visayan Vignettes: Ethnographic Traces of a Philippine Island.* Chicago: University of Chicago Press.

Dunn, Elizabeth C. 2004. *Privatizing Poland: Baby Food, Big Business, and the Remaking of Labor.* Ithaca: Cornell University Press.

Eaton, Kent 2001. Political Obstacles to Decentralization: Evidence from Argentina and the Philippines, *Development and Change* 32: 101-127.

Eder, James F., and Janet O. Fernandez 1996. Palawan, A Last Frontier. In James F. Eder and Janet O. Fernandez (eds.), *Palawan at the Crossroads: Development and the Environment on a Philippine Frontier.* Quezon City: Ateneo de Manila University Press, pp.1-22.

Ehrenreich, Barbara 1990. *Fear of Falling: The Inner Life of the Middle Class.* New York: Harper Perennial.

エスピン・アンデルセン，ヨスタ　2000（1999）．『ポスト工業経済の社会的基礎──市場・福祉国家・家族の政治経済学』，桜井書店．

Espiritu, Yen Le 2003. *Home Bound: Filipino American Lives across Cultures, Communities, and Countries.* Berkeley: University of California Press.

Espiritu, Yen Le and Diane Wolf 2001. The Paradox of Assimilation: Children of Filipino Immigrants in San Diego, In Ruben Rumbaut G. and Alejandro Portes (eds.), *Ethnicities: Children of Immigrants in America.* Berkeley: University of California Press, pp. 157-186.

Fabinyi, Michael 2014. Fishing and Socio Economic Change in the Calamianes Islands, In James Eder and Oscar L. Evangelista (eds.), *Palawan and Its Global Connections.* Quezon City: Ateneo de Manila University, pp. 140-160.

Fabros, Alinaya 2016. *Outsourceable Selves: An Enthnography of Call Center Work in a Global Economy of Sign and Selves.* Quezon City: Ateneo de Manila University Press.

Fallow, James. 1987. "A Damaged Culture: A New Philippines?", *The Atlantic Monthly,* November 1987（http://www.theatlantic.com/technology/archive/1987/11/a-damaged-culture-a-new-philippines/7414/）

Ferguson, James 2009. *The Use of Neoliberalism. Antipode* 41(S1): 166-184.

　　2015. *Give a Man a Fish: Reflections on the New Politics of Distribution.* Durham: Duke University. Press

Fernando, Marides C. and Eric C. Maliwat 2009. *Urbanidad: Reponsible Living, Rewarding Life,* Quezon City: Crossover Books.

Ferrer, Miriam Coronel, ed. 1997. *Civil Society Making Civil Society,* Quezon City: The Third World Study Center.

Fiszbein, Ariel. and Norbert Schady 2009. *Conditional Cash Transfer: Reducing Present and Future Poverty,* Washington, DC: The World Bank.

Fletcher, Robert 2010. Neoliberal Environmentality: Towards a Poststructuralist Political Ecology of the Conservation Debate, *Conservation and Society* 8(3): 171-181.

Fortwangler, Crystal 2007. Friends with Money: Private Support for a National Park in the

US Virgin Islands, *Conservation and Society* 5(4): 504-533.

フーコー，ミシェル 1986.『性の歴史Ⅰ――知への意志』（渡辺守章訳）新潮社.

　　1996.「主体と権力」山田徹郎訳『ミシェル・フーコー――構造主義と解釈学を超えて』筑摩書房，287-307頁.

　　2006.「統治性」（小林康夫・石田英敬・松浦寿輝編）『フーコー・コレクション6　生政治・統治』筑摩書房，238-277頁.

　　2007.『ミシェル・フーコー講義集成1　安全・領土・人口』（高桑和己訳）筑摩書房.

　　2008.『ミシェル・フーコー講義集成8　生政治の誕生』（慎改康之訳）筑摩書房.

福田晋吾　2012.「海外製品流入とフィリピンの地場製造業――製靴業の事例から」『東南アジア研究』50(1)：72-108.

Ganti, Tejaswini 2014. Neoliberalism, *Annual Review of Anthropology*, 43: 89-104.

Gardner Katy 2012. Transnational Migration and the Study of Children: An Introduction, *Journal of Ethnic and Migration Studies* 38(6): 889-912.

Garrido, Marco 2008. Civil and Uncivil Society: Symbolic Boundaries and Civic Exclusion in Metro Manila. *Philippine Studies* 56(4): 443-465.

　　2013a. The Ideology of the Dual City: The Modernist Ethic in the Corporate Development of Makati City, Metro Manila, *International Journal of Urban and Regional Research* 37(1): 165-85.

　　2013b. The Sense of Place behind Segregating Practices: An Ethnographic Approach to the Symbolic Partitioning of Metro Manila, *Social Forces* 91(4): 1343-1363.

Geertz, Clifford and Hildred Geertz, 1964. Teknonymy in Bali: Parenthood, Age-grading and Genealogical Amnesia, *Journal of the Royal Anthropological Institution* 94: 94-108.

ジョージ，シバ・マリアム　2011［2005］.『女が先に移り住むとき――在米インド人看護師のトランスナショナルな生活世界』伊藤るり監訳，有信堂.

ギデンズ，アンソニー　1999［1998］.『第三の道――効率と公正の新たな同盟』佐和隆光訳，日本経済新聞出版社.

Glick Schiller, Nina 2011. Localized Neoliberalism, Multiculturalism and Global Religion: Exploring the Agency of Migrants and City Boosters. *Economy and Society* 40(2): 211-238.

Goldman, Michael 2001. The Birth of a Discipline: Producing Authoritative Green Knowledge, World Bank-Style. *Ethnography* 2(2): 191-217.

　　2004. Eco-Governmentality and Other Transnational Practices of a "Green" World Bank, In Richard Peet and Michael Watts (eds.), *Liberation Ecologies: Environment, Development, Social Movements* (2nd ed.), New York: Routledge, pp.166-192.

　　2005 *Imperial Nature: The World Bank and Struggles for Social Justice in the Age of Globalization*. New Haven: Yale University Press.

ゴールドマン，マイケル　2008［2005］.『緑の帝国――世界銀行とグリーン・ネオリベラリズム』（山口富子監訳），京都大学学術出版会.

Gonzalez, Dennis T. 2009. *The Will to Change: Marikina and Its Innovations*. Marikina City: City of Marikina & Ateneo School of Governance.

Goode, Judith and Jeff Maskovsky (eds.) 2001. *The New Poverty Studies: The Ethnography of Power, Politics, and Impoverished People in the United States*. New York and London: New York University Press.

Gordon, Colin 1991. Governmental Rationality: An Introduction, In Graham Burchell, Collin Gordon, and Peter Miller (eds.), *The Foucault Effect: Studies in Governmentality*. Chicago: The University of Chicago Press, pp.1-51.

ゴルツ，アンドレ　1997.『労働のメタモルフォーゼ　働くことの意味を求めて──経済的理性批判』（真下俊樹訳）緑風出版.

Gough, Ian and Geof Wood 2004. *Insecurity and Welfare Regimes in Asia, Africa and Latin America: Social Policy in Development Context*. Cambridge: Cambridge University Press.

Grandia, Liza 2007. Between Bolivar and Bureaucracy: The Mesoamerican Biological Corridor, *Conservation and Society* 5(4): 478-503.

Guevarra, Anna Romina 2010. *Marketing Dreams, Manufacturing Heroes: The Transnational Labor Brokering of Filipino Workers*. New Brunswick: Rutgers University Press.

浜口伸明・髙橋百合子　2008.「条件付現金給付による貧困対策の政治経済学的考察：ラテンアメリカの事例から」『国民経済雑誌』197(3)：49-64.

Hanson, Paul W. 2007. Governmentality, Language Ideology, and the Production of Needs in Malagasy Conservation and Development, *Cultural Anthropology* 22(2): 244-284.

Harvey, David 1989. From Managerialism to Entrepreneurialism: The Transformation in Urban Governance in Late Capitalism. *Geografika Annaler* 71B(1): 3-17.

ハーヴェイ，デヴィッド　2007.『新自由主義──その歴史的展開と現在』（渡辺治監訳，森田成也ほか訳）作品社.

Hedman, Eva-Lotta E. 2006. *In the Name of Civil Society: From Free Election Movements to People Power in the Philippines*. Honolulu: University of Hawai'i Press.

Heynen, Nik and Harold A. Perkins 2005. Scalar Dialectics in Green: Urban Private Property and the Contradictions of the Neoliberalization of Nature, *Capitalism Nature Socialism* 16(1): 99-113.

Heynen, Nik and Paul Robbins 2005. The Neoliberalization of Nature: Governance, Privatization, Enclosure and Valuation, *Capitalism Nature Socialism* 16(1): 5-8.

Heynen, Nik, James McCarthy, Scott Prudham and Paul Robbins 2007. Introduction: False Promises, in Nik Heynen, James McCarthy, Scott Prudham and Paul Robbins (eds.), *Neoliberal Environments: False Promises and Unnatural Consequences*. London and New York: Routledge, pp.1-21.

檜垣立哉（編著）2011.『生権力論の現在──フーコーから現代を読む』勁草書房.

Hilhorst, Dorothea 2003. *The Real World of NGOs: Discourses, Diversity and Development*, Quezon City: Ateneo de Manila University Press.

Hochschild, Arile Russel 2000. Global Care Chains and Emotional Surplus Value, In W. Hutton and A. Giddens (eds.), *On the Edge: Living with Global Capitalism*. London: Jonathan Cape, pp.130-146.

Holifield, Ryan 2004. Neoliberalism and Environmental Justice in the United States Environmental Protection Agency: Translating Policy into Managerial Practice in Hazardous Waste Remediation, *Geoforum* 35: 285-297.

Hollander, Gail 2007. Weak or Strong Multifunctionality? Agri-environmental Resistance to Neoliberal Trade Policies, In Nik Heynen, James McCarthy, Scott Prudham and Paul Robbins (eds.), *Neoliberal Environments: False Promises and Unnatural Consequences*. London and New York: Routledge, pp.126-138.

Holmes, George 2010. The Rich, the Powerful and the Endangered: Conservation Elites, Networks and the Dominican Republic, *Antipode* 42(3): 624-646.

Hutchison, Jane 2007. The 'Disallowed' Political Participation of Manila's Urban Poor, *Democratization* 14(5): 853-872.

Hyatt, Susan Brin, Boone W. Shear and Susan Wright (eds.), 2015. *Learning under Neoliberalism: Ethnographies of Governance in Higher Education*, New York and Oxford: Berghahn.

市野澤潤平　2014.「リスク・コンシャスな主体――イントロダクション」東賢太朗・市野澤潤平・木村周平・飯田卓（編著）『リスクの人類学――不確実な世界を生きる』，世界思想社，121-131頁．

五十嵐誠一　2004.『フィリピンの民主化と市民社会――移行・定着・発展の政治力学』成文堂．

Igoe, Jim 2004. *Conservation and Globalization: A Study of National Parks and Indigenous Communities from East Africa to South Dakota*. Belmont, CA: Wadsworth.

Igoe, Jim and Dan Brockington 2007. Neoliberal Conservation: A Brief Introduction, *Conservation and Society* 5(4): 432-449.

Igoe, Jim and Beth Croucher 2007. Conservation, Commerce, and Communities: The Story of Community-Based Wildlife Management Areas in Tanzania's Northern Tourist Circuit, *Conservation and Society* 5(4): 534-561.

Igoe, Jim, Katja Neves, and Dan Brockington 2010. A Spectacular Eco-Tour around the Historic Bloc: Theorising the Convergence of Biodiversity Conservation and Capitalist Expansion, *Antipode* 42(3): 486-512.

Ileto, Reynaldo C. 1999. *Knowing America's Colony: A Hundred Years from the Philippine War*, Philippine Studies Occasional Papers Series No.13, Center for Philippine Studies. Honolulu: University of Hawai'i.

Ishi, Tomoji 1987. Class Conflict, the State, and Linkage: The International Migration cf Nurses from the Philippines. *Berkeley Journal of Sociology* 32: 281-312.

石岡丈昇　2012.『ローカルボクサーと貧困世界――マニラのボクシングジムにみる身体文化』世界思想社．

岩崎育夫　1998.「アジア市民社会論：概念・実態・展望」『アジアと市民社会――国家と社会の政治力学』岩崎育夫（編），アジア経済研究所，3-38頁．

Jocano, Landa F. 1975. *Slum as a Way of Life: A Study of Coping Behavior in an Urban Environment*, Quezon City: New Day Publishers.

Karaos, Anna Marie A. and Gerald M. Nicolas 2009. More than Building Homes: Institutionalizing Innovation through the Community Mortgage Program, In Ruel R. Hermoso, F. T. Aldaba, and M. Racelis (eds.), *Agenda for Hope: Ideas on Building a Nation*, Quezon City: Ateneo de Manila University Loyola Schools, pp.79-98.

Kawanaka, Takeshi 2002. *Power in a Philippine City*, Chiba: IDE-JETRO.

Kerkvliet, Benedict, 1991. *Everyday Politics in the Philippines: Class and Status Relations in a Central Luzon Village*, Berkeley: University of California Press.

木場紗綾　2012.「『選択と競争』のスラムにおける生存戦略――マニラの住民組織の25年」『歴史学研究』888：24-39頁．

木村昌孝　2002.「フィリピンの中間層生成と政治変容」『アジア中間層の生成と特質』，服部民夫・船津鶴代・鳥居高（編），アジア経済研究所，169-200頁．

Kingfisher, Catherine 2002. Introduction: The Global Feminization of Poverty, In Catherine Kingfisher ed. *Western Welfare in Decline: Globalization and Women's Poverty*. Philadelphia: University of Pennsylvania Press, pp.3-12.

　　　　2013. *A Policy Travelogue: Tracing Welfare Reform in Aoteroa/New Zealand and Canada*, New York and Oxford: Berghahn.

木下昭　2009.『エスニック学生組織に見る「祖国」――フィリピン系アメリカ人のナショナリズムと文化』不二出版．

Kipnis, Andrew 2008. Audit Cultures: Neoliberal Governmentality, Socialist Legacy, or Technologies of Governing? *American Anthropologist* 35(2): 275-289.

　　2011. *Governing Educational Desire: Culture, politics, and Schooling in China.* Chicago: The University of Chicago Press.

日下　渉　2007.「秩序構築の闘争と都市貧困層のエイジェンシー――マニラ首都圏における街頭商人の事例から」『アジア研究』53（4）：20-36.

　　2008.「フィリピン市民社会の隘路――『二重公共圏』における『市民』と『大衆』の道徳的対立」『東南アジア研究』46（3）：420-441.

　　2013.『反市民の政治学――フィリピンの民主主義と道徳』法政大学出版局.

Kusaka, Wataru 2010. Governing Informalities of the Urban Poor: Street Vendors and Social Order Making in Metro Manila, In Yuko Kasuya and Nathan G. Quimpo (eds.), *The Politics of Change in the Philippines.* Manila: Anvil, pp.362-390.

Lazar, Sian 2004. Education for Credit: Development as Citizenship Project in Bolovia, *Critique of Anthropology* 24(3): 301-19.

Lee, Michael 1995. The Community Mortgage Program: An Almost-Successful Alternative for Some Urban Poor. *Habitat International* 19(4): 529-546.

Lemos, Maria Carmen and Arun Agrawal 2006. Environmental Governance, *Annual Review of Environment and Resources* 31: 297-325.

Levine, Arielle 2007. Staying Afloat: State Agencies, Local Communities, and International Involvement in Marine Protected Area Management in Zanzibar. Tanzania, *Conservation and Society* 5(4): 562-585.

Levitt, Peggy and Nina Glick Schiller 2004. Conceptualizing Simultaneity: A Transnational Social Field Perspective on Society. *International Migration Review* 38(3): 1002-1039.

Levitt, Peggy and Mary C. Waters eds. 2002. *The Changing Face of Home: The Transnational Lives of the Second Generation.* New York: Russell Sage Foundation.

Li, Tania Murray 2007a. *The Will to Improve: Governmentality, Development, and the Practice of Politics.* Durham: Duke University Press.

　　2007b. Practices of Assemblage and Community Forest Management, *Economy and Society* 36(2): 263-293.

　　2009. To Make Live or Let Die? Rural Dispossession and the Protection of Surplus Populations, *Antipode* 41(s1): 63-93.

Llanto, Gilberto M. and Aniceto Orbeta C. 2001. *The State of Philippine Housing Programs: A Critical Look at How Philippine Housing Subsidies Work.* Makati City: Philippine Institute for Development Studies.

Luke, Timothy W. 1999. Environmentality as Green Governmentality, In Eric Darier ed. *Discourses of the Environment.* Oxford: Blackwell Publishers, pp.121-151.

　　2005. On Environmentality: Geo-Power and Eco-Knowledge in the Discourses of Contemporary Environmentalism, In Nora Haenn and Richard R. Wilk (eds.), *The Environment in Anthropology: A Reader in Ecology, Culture, and Sustainable Development.* New York: New York University Press, pp.257-269.

MacDonald, Kenneth Iain 2010. The Devil is in the (Bio) diversity: Private Sector "Engagement" and the Restructuring of Biodiversity Conservation, *Antipode* 42(3): 513-550.

真島一郎　2006.「中間集団論――社会的なるものの起点から回帰へ」『文化人類学』71（1）：24-49.

牧野久美子　2015.「南アフリカの子ども手当改革――社会的投資の視点からの再評価」『新

興国の現金給付政策：アイディア・言説の視点から』宇佐美耕一・牧野久美子（編），IDE-JETROアジア経済研究所，97-129頁．

Manasan, Rosario G. ed. 2002. *Managing Urbanization: Under a Decentralized Governance Framework*. Makati City: Philippine Institute of Development Studies.

Mansfield, Becky 2004a. Neoliberalism in the Oceans: "Rationalization," Property Rights, and the Commons Question, *Geoforum* 35: 313-326.

　2004b. Rules of Privatization: Contradictions ion Neoliberal Regulation of North Pacific Fisheries, *Annals of the Association of American Geographers* 94(3): 565-584.

松田素二　2004.「変異する共同体：創発的連帯論を超えて」『文化人類学』69（2）：236-277.

　2006.「セルフの人類学に向けて：遍在する個人性の可能性」『ミクロ人類学の実践――エイジェンシー，ネットワーク，身体』田中雅一・松田素二（編），世界思想社，1-37頁．

McAfee, Kathleen 1999. Selling Nature to Save It? Biodiversity and Green Developmentalism, *Environment and Planning* D 17: 133-154.

　2003. Neoliberalism on the Molecular Scale: Economics and Genetic Reductionism in Biotechnology Battles, *Geoforum* 34: 203-219.

McCarthy, James 2004. Privatizing Condition of Production: Trade Agreements as Neoliberal Environmental Governance, *Geoforum* 35: 327-341.

　2005. Commons as Counterhegemonic Projects, *Capitalism Nature Socialism* 16(1): 9-24.

McCarthy, James and Scott Prudham 2004. Neoliberal Nature and the Nature of Neoliberalism, *Geoforum* 35: 275-283.

McCoy Alfred W. ed. 1994a. *An Anarchy of Families: State and Family in the Philippines*. Quezon City: Ateneo de Manila University Press.

McCoy, Alfred W. 1994b. "An Anarchy of Families": The Historiography of State and Family in the Philippines, In McCoy Alfred W. ed. *An Anarchy of Families: State and Family in the Philippines*, Quezon City: Ateneo de Manila University Press, pp. 1-32.

Miller, Peter and Nikolas Rose 1990. Governing Economic Life, *Economy and Society* 19(1): 1-31.

Morgen, Sandra and Jeff Maskovsky 2003. The Anthropology of Welfare "Reform": New Perspective on U.S. Urban Poverty in the Post-Welfare Era, *Annual Review of Anthropology* 32: 315-338.

森明子（編）　2014.『ヨーロッパ人類学の視座――ソシアルなものを問い直す』世界思想社．

Muehlebach, Andrea. 2012. *The Moral Neoliberal: Welfare and Citizenship in Italy*. Chicago: The University of Chicago Press.

Murphy, Denis ed. 2008. *Philippine NGO Report on the Implementation of the International Covenant on Economic, Social and Cultural Rights Concerning the Right to Adequate Housing*. Quezon City: John Carrol Institute on Church and Social Issues.

長坂格　2011.「フィリピンからの第1.5世代移住者――子ども期に移住した人々の国際比較研究に向けての覚書」『グローカリゼーションと越境』，上杉富之編，成城大学民俗学研究所グローカル研究センター，49-83頁．

Nagasaka, Itaru, and Asuncion Fresnoza-Flot 2015. Introduction, in Itaru Nagasaka and Asuncion Fresnoza-Flot (eds.), *Mobile Childhoods in Filipino Transnational Families: Migrant Children with Similar Roots in Different Routes*. London and New York: Routledge, pp.1-19.

ネグリ，アントニオ＆マイケル・ハート，2003［2000］．『＜帝国＞――グローバル化の世界秩序とマルチチュードの可能性』（水嶋一憲・酒井隆史・浜邦彦・吉田俊実訳），以文社．

Neves, Katja 2010. Cashing in on Cetourism: A Critical Ecological Engagement with Dominant E-NGO Discourses on Whaling, Cetacean Conservation, and Whale Watching, *Antipode* 43(3): 719-741.

西村謙一　2009.「フィリピン市民社会論」『東アジア市民社会の展望』，田坂敏雄（編），御茶の水書房，29-56頁.

NSCB (NATIONAL STATISTICAL COORDINATION BOARD) 2009. Statistics: Labor and Employment. http://www.nscb.gov.ph/secstat/d_labor.asp（2009年10月14日閲覧）

落合恵美子　2013.「アジア近代における親密圏と公共圏の再編成：『圧縮された近代』と『家族主義』」，『親密圏と公共圏の再編成——アジア近代からの問い』（落合恵美子編），京都大学学術出版会，1-38頁.

小ヶ谷千穂　2007.「国際労働移動とジェンダー——フィリピンの事例から」宇田川妙子・中谷文美編『ジェンダー人類学を読む——地域別・テーマ別基本文献レビュー』世界思想社，240-259頁.

　　　2009.「再生産労働のグローバル化の新たな展開——フィリピンから見る『技能化』傾向からの考察」『社会学評論』60（3）：364-378.

　　　2016.『移動を生きる——フィリピン移住女性と複数のモビリティ』有信堂.

Okongwu, Anne Francis and Joan P. Mencher 2000. The Anthropology of Public Policy: Shifting Terrains, *Annual Review of Anthropology* 29: 107-24.

奥田若菜　2017.『貧困と連帯の人類学：ブラジルの路上市場における一方的贈与』春風社.

Olofson, Harold and Araceli Tiukinhoy 1992 "Plain Soldiers": *Muro-ami Fishing in Cebu*, *Philippine Studies* 40(1): 35-52.

Olofson, Harold, Bernie Cañizares, and Farah de Jose 2000. A People in Travail I: Labor Relations History of Veteran Muro-ami Fisherfolk in the Central Philippines, *Philippine Quarterly of Culture and Society* 28(2): 224-262.

重田園江　2010.『連帯の哲学 I ——フランス社会連帯主義』勁草書房.

Ong, Aihwa 1999. *Fiexible Ciizenship: The Cultural Logic of Transnationalitiy*. Durham: Duke University Press.

　　　2006. *Neoliberalism as Exception: Mutations in Citizenship and Sovereignty*.Durham: Duke University Press.

Ong, Paul and Tania Azores 1994. The Migration and Incorporation of Filipino Nurses. In Paul Ong, Edna Banacich and Lucie Cheng (eds.), *The New Asian Immigration in Los Angeles and Global Restructuring*. Philadelphia: Temple University Press, pp. 164-195.

Ong, Paul, Edna Bonacich, and Lucie Cheng 1994. The Political Economy of Capitalist Restructuring and the New Asian Immigration. In Paul Ong, Edna Banacich and Lucie Cheng (eds.), *The New Asian Immigration in Los Angeles and Global Restructuring*. Philadelphia: Temple University Press, pp.3-35.

Ong, Paul and John M. Liu 1994. U.S. Immigration Policies and Asian Migration. In Paul Ong, Edna Banacich and Lucie Cheng (eds.), *The New Asian Immigration in Los Angeles and Global Restructuring*. Philadelphia: Temple University Press, pp.45-73.

Ortega, Arnisson Andre 2016. *Neoliberalizing Spaces in the Philippines: Suburbanization, Transnational Migration, and Dispossession*. London: Lexington Books.

Osborne, Thomas and Nikolas Rose 1999. Governing Cities: Notes on the Spatialisation of Virtue, *Environment and Planning D: Society and Space* 17: 737-760.

Parreñas, Rhacel Salazar 2001. *Servants of Globalization: Women, Migration, and Domestic*

Work. Stanford: Stanford University Press.

2005. *Children of Global Migration: Transnational Families and Gendered Woes*. Stanford: Stanford University Press.

2008. *The Force of Domesticity: Filipina Migrants and Globalization*. New York: New York University Press.

Parnell, Phillip C. 2002. The Composite State: The Poor and the Nation in Manila, In Carol Greenhouse J. et al. (eds.), *Ethnography in Unstable Places: Everyday Lives in Contexts of Dramatic Political Change*. Durham: Duke University Press, pp. 146-177.

Peck, Jamie 2001. *Workfare States*, New York and London: Guilford Press.

Peet, Richard and Michael Watts (eds.) 2004. *Liberation Ecologies: Environment, Development, Social Movements (second edition)*, London and New York: Routledge.

Pinches, Michael 1992a. "All that we have is our muscle and sweat:" The Rise of Wage Labor in a Manila Squatter Community, In Michael Pinches and S. Lakha (eds.), *Wage Labor and Social Change: the Proletariat in Asia and the Pacific*, Quezon City: New Day Publishing, pp.105-138.

1992b. Proletarian Ritual: Class Degradation and the Dialectics of Resistance in Manila, *Pilipinas* 19: 69-92.

1994. Modernisation and the Quest for Modernity: Architectural Form, Squatter Settlements and the New Society in Manila, In Mark Askew and William Logan (eds.), *Cultural Identity and Urban Change in Southeast Asia: Interpretative Essays*, Geelong: Deakin University Press, pp. 13-42.

1996. The Philippines' New Rich: Capitalist Transformation Amidst Economic Gloom, In Richard Robison and David S.G. Goodman (eds.), *The New Rich in Asia: Mobile Phones, McDonalds and Middle-Class Revolution*. London and New York: Routledge, pp.105-133.

1999. Cultural Relations, Class and the New Rich of Asia, In Michael Pinches ed., *Culture and Privilege in Capitalist* Asia. London and New York: Routledge, pp.1-55.

2001. Class and National Identity: The Case of Filipino Migrant Workers, In Jane Hutchison and Andrew Brown (eds.), *Organising Labour in Globalising Asia*. London and New York: Routledge, pp.187-243.

POEA (PHILIPPINE OVERSEAS EMPLOYMENT ADMINISTRATION) 2008. Overseas Employment Statistics. http://www.poea.gov.ph/html/statistics.html（2009 年 8 月 5 日閲覧）

ポランニー，カール　2009 [2001]，『大転換——市場社会の形成と崩壊』（野口建彦・栖原学訳）東洋経済新報社．

Porio, Emma 2004. The Community Mortgage Programme: An Innovative Social Housing Programme in the Philippines and Its Outcomes, In Diana Mitlin and David Satterthwaite (eds.), *Empowering Squatter Citizen: Local Government, Civil Society and Urban Poverty Reduction*. London and Sterling VA: Earthcan, pp. 54-81.

Portes, Alejandro and Ruben G. Rumbaut 2001. *Legacies: The Story of the Immigrant Second Generation*. Berkeley: University of California Press.

Prudham, Scott 2004. Poisoning the Well: Neoliberalism and the Contamination of Municipal Water in Walkerton, Ontario, *Geoforum* 2004: 343-359.

Rebullia, Ma. Lourdes et.al. 1999. *Housing the Urban Poor: Policies, Approaches, Issues*, Quezon City: UP Center for Integrative and Development Studies.

Reid, Ben 2005. Poverty Alleviation and Participatory Development in the Philippines.

Journal of Contemporary Asia 35(1): 29-52.

Richland, Justin B. 2009. On Neoliberalism and Other Social Diseases: The 2008 Sociocultural Anthropology Year in Review, *American Anthropologist* 111(2): 170-176.

Rivera, Temario C. 2006. The Middle Classes in Philippine Politics. In Teresa S. Tadem and Noel M. Morada (eds.), *Philippine Politics and Governance: Challenges to Democratization and Development.* Quezon City: Department of Political Science, College of Social Sciences and Philosophy, University of the Philippines, 179-203.

Robbins, Paul and April Luginbuhl 2005. The Last Enclosure: Resisting Privatization of Wildlife in the Western United States, *Capitalism Nature Socialism* 16(1): 45-61.

Robertson, Morgan M. 2004. The Neoliberalization of Ecosystem Services: Wetland Mitigation Banking and Problems in Environmental Governance, *Geoforum* 35 (2004): 361-373.

Robison, Richard and David S.G. Goodman (eds.) 1996. *The New Rich in Asia: Mobile Phones, McDonalds and Middle-Class Revolution.* London and New York: Routledge.

Rodriguez, Robyn Magalit 2010. *Migrants for Export: How the Philippine State Brokers Labor to the World.* Minneapolis: University of Minnesota Press.

ロザンヴァロン，ピエール　2006（1995）．『連帯の新たなる哲学——福祉国家再考』（北垣徹訳）勁草書房．

Rose, Nikolas 1996a. The Death of the Social?: Re-figuring the Territory of Government, *Economy and Society* 25(3): 327-56.

　　1996b. Governing "advanced" liberal democracies. In A Barry, T Osborne, N Rose (eds.), *Foucault and Political Reason: Liberalism, Neo-liberalism, and Rationalities of Government,* Chicago: University of Chicago Press, pp.37-64.

　　1999. *Powers of Freedom: Reframing Political Thought,* Cambridge: Cambridge University Press.

Rose, Nikolas, Pat O'Malley, and Mariana Valverde 2006. Governmentality, *Annual Review of Law and Social Science* 2006(2): 83-104.

Rumbaut, Ruben G. and Alejandro Portes eds. 2001. *Ethnicities: Children of Immigrants in America.* Berkeley: University of California Press.

Russel, Andrew and Iain R. Edgar (eds.) 1998. *The Anthropology of Welfare.* London and New York: Routledge.

齋藤純一　2004.「社会的連帯の変容と課題」齋藤純一編著『講座・福祉国家のゆくえ5　福祉国家／社会的連帯の理由』ミネルヴァ書房．

Schaffer, Frederic C. 2005. Clean Elections and the Great Unwashed: Vote Buying and Voter Education in the Philippines, Occasional Paper No. 21 (Institute for Advanced Study). http://www.sss.ias.edu/publications/papers/paper21.pdf (accessed 19 Feb 2009)

　　2008. *The Hidden Costs of Clean Election Reform.* Ithaca: Cornell University Press.

Sachedina, Hassanali T. 2010 Disconnected Nature: The Scaling Up of African Wildlife Foundation and its Impacts on Biodiversity Conservation and Local Livelihoods, *Antipode* 42(3): 603-623.

Scott, James C. 1998. *Seeing Like a State: How Certain Schemes to Improve the Human Condition Have Failed.* New Haven and London: Yale University Press.

Seki, Koki 2000. Social Change and Migration: A Case from Palawan, In Iwao Ushijima and Cynthia N. Zayas (eds.), *Bisayan knowledge, Movement, and Identity,* Quezon City:

University of the Philippine Press, pp.271-294.

関　恒樹　2007.『海域世界の民族誌——フィリピン島嶼部における移動・生業・アイデンティティ』，世界思想社.

関口知子　2008.「越境世代の子どもたち——新移住者第二世代の言語とアイデンティティ」『南山短期大学紀要』36：75-97.

Shatkin, Gavin 2000. Obstacles to Empowerment: Local Politics and Civil Society in Metropolitan Manila, the Philippines, *Urban Studies* 37(12): 2357-2375.

　　　2004. Planning to Forget: Informal Settlements as "Forgotten Places" in Globalizing Metro Manila, *Urban Studies* 41(12): 2469-2484.

　　　2007. *Collective Action and Urban Poverty Alleviation: Community Organization and the Struggle for Shelter in Manila*. Hampshire: Ashgate.

　　　2008. The City and the Bottom Line: Urban megaprojects and the Privatization of Planning in Southeast Asia, *Environment and Planning A* 40: 383-401.

新川敏光　2004.「福祉国家の危機と再編：新たな社会的連帯の可能性を求めて」齋藤純一編著『講座・福祉国家のゆくえ5　福祉国家／社会的連帯の理由』ミネルヴァ書房.

塩原良和　2005.『ネオリベラリズムの時代の多文化主義——オーストラリアン・マルチカルチュアリズムの変容』三元社.

　　　2010.「ネオリベラル多文化主義とグローバル化する『選別／排除』の論理」『社会科学』86：63-89.

Shore, Cris and Susan Wright (eds.) 1997. *The Anthropology of Policy*, London and New York: Routledge.

Shore, Cris and Susan Wright 2000. Coercive Accountability: The Rise of Audit Culture in Higher Education, In Strathern, M. ed. *Audit Cultures: Anthropological Studies in Accountability, Ethics and the Academy*. London and New York: Routledge, pp.57-89.

Shore, Cris, Susan Wright, and Davide Però 2011. *Policy Worlds: Anthropology and the Analysis of Contemporary Power*, New York and Oxford: Berghahn Books.

Sidel, John T. 1999. *Capital, Coercion, and Crime: Bossism in the Philippines*. Stanford Stanford University Press.

Snelder, Denyse J. and G. Persoon 2005. Comanagement of Natural Resources: Introduction. In Denyse Snelder and Eileen C. Bernardo (eds.), *Comanagement in Practice: The Challenges and Complexities of Implementation in the Northen Sierra Madre Mountain Region*, Quezon City: Ateneo de Manila University Press, pp.3-34.

Sodikoff, Genese 2007. An Exceptional Strike: A Micro-history of 'People versus Park' in Madagascar, *Journal of Political Ecology* 14: 10-33.

Soon, Chuan Yean 2015. *Tulong: an Articulation of Politics in the Christian Philippines*, Manila: University of Santo Tomas Publishing House.

Spierenburg, Marja and Wels, Harry 2010. Conservation Philanthropists, Royalty and Business Elites in Nature Conservation in Southern Africa. *Antipode* 42(3): 647-670.

St. Martin, Kevin 2005. Disrupting Enclosure in New England Fisheries. *Capitalism Nature Socialism* 16(1): 63-80.

Strathern, M. ed. 2000. *Audit Cultures: Anthropological Studies in Accountability, Ethics and the Academy*. London and New York: Routledge

Swyngedouw, Erik 2005. Dispossessing H2O: The Contested Terrain of Water Privatization, *Capitalism Nature Socialism* 16(1): 81-98.

Swyngedouw, Eric, Frank Moulaert, and Arantxa Rodriguez 2002. Neoliberal Urbanization in Europe: Large-Scale Urban Development Projects and the New Urban Policy.

Antipode 34(3): 542-577.

Szanton, David L., 1970. *Entrepreneurship in a Rural Philippine Community*. Ph.D. dissertation, University of Chicago.

　　　1981 [1971]. *Estancia in Transition: Economic Growth in a Rural Philippine Community*, Quezon City: Ateneo de Manila University Press.

Szanton, Maria Cristina Blanc 1972. *A Right to Survive: Subsistence Marketing in a Lowland Philippine Town*, Quezon City: Ateneo de Manila University Press.

田巻松雄　2000.「フィリピン社会の変容と中間層・市民社会」『アジア社会の構造変動と新中間層の形成』，古野屋正伍・北川隆吉・加納弘勝（編），こうち書房，82-106頁.

田辺明生　2006.「デモクラシーと生モラル政治――中間集団の現代的可能性に関する一考察」『文化人類学』71-1：94-118.

Tanabe, Akio 2002. Moral Society, Political Society and Civil Society in Post-Colonial India: A View from Orissa Locality, *Journal of Japanese Association for South Asian Studies*, 14: 40-67.

　　　2007. Toward Vernacular Democracy: Moral Society and Post-Colonial Transformation in Rural Orissa, India, *American Ethnologist*, 34(3): 558-574.

田辺繁治　2005.「コミュニティ再考――実践と統治の視点から」『社会人類学年報』31：1-29.

　　　2008.『ケアのコミュニティ――北タイのエイズ自助グループが切り開くもの』，岩波書店.

　　　2012.「情動のコミュニティ――北タイ・エイズ自助グループの事例から」『実践としてのコミュニティ――移動・国家・運動』平井京之介（編），京都大学学術出版会，247-271頁.

田中雅一　2002.「主体からエージェントのコミュニティへ――日常的実践への視角」『日常的実践のエスノグラフィ』田辺繁治・松田素二（編），世界思想社，337-360頁.

田中拓道　2006.『貧困と共和国――19世紀フランスにおける社会的連帯の誕生』人文書院.

常田夕美子・田辺明夫　2012.「関係性の政治：開発と生存をめぐるグローカルネットワーク」『人間圏の再構築――熱帯社会の潜在力』速水洋子・西真如・木村周平（編），京都大学学術出版会，333-371頁.

上野加代子　2011.『国境を越えるアジアの家事労働者――女性たちの生活戦略』，世界思想社.

Umali, Agustin F. 1950. *Guide to the Classification of Fishing Gear in the Philippines*, Washington D.C.: Fish and Wildlife Service. United States Department of Interior.

United Nations Human Settlements Programme 2003. *The Challenge of Slums: Global Report on Human Settlements*. London: Earthscan Publications Ltd.

宇佐美耕一・牧野久美子（編）　2015.『新興国の現金給付政策：アイディア・言説の視点から』IDE-JETROアジア経済研究所.

Veneracion, Cynthia C. 2004. *Partnerships for Slum Improvement: The ADB-JFPR and DSWD Projections in Muntinlupa City and Payatas, Quezon City*. Quezon City: Institute of Philippine Culture, Ateneo de Manila University.

Vergara, Benito M. 2009. *Pinoy Capital: The Filipino Nation in Daly City*. Philadelphia: Temple University Press.

Weber, Rachel 2002. Extracting Value from the City: Neoliberalism and Urban Redevelopment, *Antipode* 34(3): 519-540.

West, Paige 2005. Translation, Value, and Space: Theorizing an Ethnographic and Engaged Environmental Anthropology, *American Anthropologist* 107(4): 632-642.

　　　2006. *Conservation is Our Government Now: The Politics of Ecology in Papua New*

Guinea. Durham: Duke University Press.

 2010. Making the Market: Specialty Coffee, Generational Pitches, and Papua New Guinea, *Antipode* 42(3): 690-718.

West, Paige and Dan Brockington 2006. An Anthropological Perspective on Some Unexpected Consequences of Protected Areas, *Conservation Biology* 20(3): 609-616.

West, Paige and Carrier, James G. 2004. Ecotourism and Authenticity: Getting Away from it all?, *Current Anthropology* 45(4): 483-498.

West, Paige, James Igoe, and Dan Brockington 2006. Parks and Peoples: The Social Impact of Protected Areas, *Annual Review of Anthropology*, 35: 251-277.

Wilshusen, Peter R. 2010. The Receiving End of Reform: Everyday Reponses to Neoliberalisation in Southern Mexico, *Antipode* 42(3): 767-799.

Wolf, Diane L. 2002. There's No Place Like "Home": Emotional Transnationalism and the Struggles of Second-Generation Filipinos, In Peggy Levitt and Mary C. Waters (eds.), *The Changing Face of Home: The Transnational Lives of the Second Generation*. New York: Russell Sage Foundation, pp.255-294.

米谷園江　1996.「ミシェル・フーコーの統治性研究」『思想』870：77-105.

Young, Douglas and Roger Keil 2007. Re-regulating the Urban Water Regime in Neoliberal Toronto, in Nik Heynen, James McCarthy, Scott Prudham and Paul Robbins (eds.), *Neoliberal Environments: False Promises and Unnatural Consequences*. London and New York: Routledge, pp.139-150.

＜新聞記事＞

Agoncillo, Jodee A. 2017. "Gunmen Took Baby in Mom's Arms Before Killing Her in Front of Kids." *Philippine Daily Inquirer*, 1 March.

Amarado, Romy G. 2008. "Gov Worries Cash Aid Will Promote Mendicancy." *Philippine Daily Inquirer*, 6 November.

Bloom, Karin Schelzig 2008. "Teaching People to Fish: Conditional Cash Transfers in the Philippines." *Philippine Star*, 4 June.

Cabacungan, Gil C Jr. 2011. "Beneficiaries of Gov't Cash Scheme Turn to Loan Sharks." *Philippine Daily Inquirer*, 1 August.

Salaverria, Leila 2010a. "More Lawmakers Oppose Cash Transfer Scheme." *Philippine Daily Inquirer*, 12 October.

 2010b. "Dev't Expert Says Cash Transfer OK, but How Will Poor be Choosen?" *Philippine Daily Inquirer*, 29 November.

 2010c. "GMA Hits P21-B Cash Transfer." *Philippine Daily Inquirer*, 14 October.

Mallari, Delfin T. Jr. 2011. "Agta Tribe Seeks Exemption from Antipoverty Requirements." *Philippine Daily Inquirer*, 11 January.

Vigilia, Wendell 2010. "Cash Transfers: Dole-out or Lifebuoy?" *Malaya News*, 21 September.

＜未公開刊行物＞

Institute of Philippine Culture 2010. *Final Report of the First Wave Qualitative Evaluation of the Pantawid Pamilyang Pilipino Program (4Ps)*, unpublished report.

事項索引

人名索引

［著者プロフィール］

関恒樹（せき こうき）

1968年生まれ。立教大学大学院文学研究科博士後期課程満期退学。博士
（文学）、専門は文化人類学。現在、広島大学大学院国際協力研究科准教授。
主な著書・論文に以下がある。

・『海域世界の民族誌――フィリピン島嶼部における移動・生業・アイデ
　ンティティ』（世界思想社、2007年）

・Capitalizing on Desire: Reconfiguring 'the Social' and the Government
　of Poverty in the Philippines, *Development and Change* 46(6)：1253–
　1276, 2015

・Crafting Livelihood in the Era of Neoliberal Environmentality, in Eder,
　James and Oscar Evangelista eds., *Palawan and Its Global Connections*,
　pp.161–194, Ateneo de Manila University Press, 2014

・Difference and Alliance in Transnational Social Fields: The Pendular
　Identity of the Filipino Middle Class," *Philippine Studies* Vol.60(2)：
　187–222, 2012

「社会的なもの」の人類学

フィリピンのグローバル化と開発にみるつながりの諸相

2017 年 12 月 8 日　初版第 1 刷発行

著　者	関　　恒　樹
発行者	石　井　昭　男
発行所	株式会社 明石書店

〒101-0021 東京都千代田区外神田 6-9-5
電　話　　03（5818）1171
ＦＡＸ　　03（5818）1174
振　替　　00100-7-24505
http://www.akashi.co.jp

組　版	朝日メディアインターナショナル株式会社
装　丁	明石書店デザイン室
印　刷	モリモト印刷株式会社
製　本	モリモト印刷株式会社

（定価はカバーに表示してあります）　　　　ISBN978-4-7503-4602-1

〈価格は本体価格です〉

〈価格は本体価格です〉